U0619386

刘尔思 编著

# 云南省工业园区融资体系建设研究

YUNNANSHENG GONGYE YUANQU
RONGZITIXI JIANSHE YANJIU

经济管理出版社
ECONOMY & MANAGEMENT PUBLISHING HOUSE

图书在版编目（CIP）数据

云南省工业园区融资体系建设研究/刘尔思编著 . —北京：经济管理出版社，2016. 7
ISBN 978 - 7 - 5096 - 4353 - 2

Ⅰ. ①云…　Ⅱ. ①刘…　Ⅲ. ①工业园区—融资体系—研究—云南省　Ⅳ. ①F832. 774

中国版本图书馆 CIP 数据核字（2016）第 074959 号

组稿编辑：陆雅丽
责任编辑：杜　菲
责任印制：黄章平
责任校对：雨　千

出版发行：经济管理出版社
　　　　　（北京市海淀区北蜂窝 8 号中雅大厦 A 座 11 层　100038）
网　　　址：www. E - mp. com. cn
电　　　话：(010) 51915602
印　　　刷：北京九州迅驰传媒文化有限公司
经　　　销：新华书店
开　　　本：720mm × 1000mm/16
印　　　张：18
字　　　数：286 千字
版　　　次：2016 年 7 月第 1 版　2016 年 7 月第 1 次印刷
书　　　号：ISBN 978 - 7 - 5096 - 4353 - 2
定　　　价：68. 00 元

**课题委托单位：** 云南省工业信息化委员会　工业园区处

**课题组成员组长：** 刘尔思

**课题组成员：** 段春锦　罗宏峰　吕娅娴　杨秀伟　杨　樱　彭　博
段云龙　马　丽　张李丹　铁　婧　冯姝姝　张菁菁
王　静　邓　威　王　艺

# 前　言

　　工业园区是一个国家或地区政府根据自身经济发展的内在要求，通过土地集中开发、企业生产聚集的园区开放管理模式，促进各种生产要素在园区汇集，突出产业特色，提高工业化的集约强度，发挥集群竞争优势，使之成为适应市场竞争和产业升级的现代工业生产方式。我国自1978年开始进行工业园区建设，截至2014年6月，全国共设立215个国家级经济技术开发区，114个国家高新技术开发区，工业园区和高新技术开发区遍布全国30个省、市、自治区。2014年上半年全国工业园区共实现地区生产总值36409亿元，工业增加值26005亿元，同比占全国GDP和工业增加值的13.53%和21%（根据2015年国家统计局、商务部、财政部等部门的相关统计数据计算得出）。实践证明，工业园区在促进我国工业优化布局、转变经济增长方式、扩大地区经济总量、促进政府职能转变等方面起到重要作用，全国各地工业园区通过块状经济和产业集群集聚效应拉动区域经济在快速高效发展中获得巨大的经济、社会效益。2014年11月，国务院办公厅发布《关于促进国家级经济技术开发区转型升级创新发展的若干意见》，明确指出，促进工业园区转变发展方式，鼓励工业园区由政府主导向市场主导转变，鼓励有条件的国家级经济技术开发区同社会资本共办"区中园"。

　　云南省地处我国西南边疆，是我国面向东南亚、南亚国家的重要门户，工业园区建设发展得到各级政府部门的高度重视，省委、省政府提出产业强滇战略，特别是结合桥头堡战略发展，工业园区建设发展得到快速推进。据统计，截至2014年底，国家和云南省各级地方政府先后批准了141个类型、层次不同的工业园区（其中已建成120个，在建12个，未建9个）。在批准建设的各类各级工业园区中，按级别分为：国家级园区6个，省级园区66

个，市县级园区 69 个。工业园区的建设，极大地促进了云南工业发展模式的转变，成为云南产业结构调整和新型工业化建设样板以及经济增长的引擎。

2013 年，全省在建并纳入统计的 121 个工业园区完成全部工业总产值 8823.75 亿元，同比增长 22.76%；规模以上企业完成工业增加值 2637.84 亿元，增长 19.6%；全部工业企业实现主营业务收入 8253.48 亿元，增长 20.63%；全部企业完成利润 403.15 亿元，增长 26.25%；全部企业实现税金 854.07 亿元，增长 14.93%；企业安排就业 80.73 万人。

以 2013 年的统计数据为例，云南省所有园区总产值是 8823.75 亿元，而全省的 GDP 总量为 11720.91 亿元，园区产值对全省工业增加值贡献率高达 75% 以上。不仅如此，自 2011 年开始，连续三年云南省园区工业增加值占全省 GDP 总量的比重呈持续增高的趋势，占比分别为 61%、70% 和 75%，凸显出工业园区建设对云南省经济发展发挥着至关重要的作用。

2014 年，云南省制定了实施服务业发展三年行动计划和新一轮建设创新型云南行动计划，努力打好园区经济战役，加快产业聚集区建设，促进一批工业园区转型升级。省委、省政府提出云南作为"一带一路"建设中连接交汇的战略支点和面对南亚、东南亚的辐射中心，要认真贯彻国家战略构想，依托区位优势，积极承接东部地区清洁载能产业、原材料深加工产业、先进装备制造业和节能环保新兴产业转移，加强能源基地建设，促进矿电结合，把云南建成"一带一路"中面向东南亚和印度洋沿岸国家的外向型产业基地和进出口商品生产加工基地。同时，省政府提出"35512"工作体系，即打造 30 个样板工业园区、50 个产业示范基地、50 个两化融合基地、100 个转型升级示范企业、200 个重点项目。按照"企业集中、资本聚集、产业集群、土地集约"的要求，对昆明经开区、昆明高新区、曲靖经开区、杨林经开区、蒙自经开区、祥云工业园等 30 个工业园区进行重点扶持、集中打造，为全省工业园区建设树立标杆，带动全省工业园区提档升级。

云南省工业园区建设呈现出以下特征：一是工业园区快速发展，成为云南省经济、税收、就业增长的主要支撑；二是工业园区工业增加值高，对地区经济增长贡献大；三是政策支撑全面，各级政府重视工业园建设；四是云南省工业园区分布各地，工业总类涉及面广，部分园区产业集聚效应突出。

云南省工业园区建设从无到有，在短短20多年间，发展成效显著，为云南省经济建设做出积极贡献。

工业园区的建设和发展是一个庞大艰巨的系统工程，需要相关政府部门、相关生产企业、金融机构的参与，需要汇集各类生产要素对基础设施进行建设，需要对园区内的生产、生活进行管理和服务，需要确定园区功能定位、制定园区发展战略、进行招商引资等方方面面的工作。由于云南省工业园区建设起步晚，基础薄弱，区域经济发展不平衡等，工业园区建设和发展中遇到许多困难和问题，尤为突出的是园区建设受资金瓶颈制约，财政扶持压力大，资金供给困难，债务成本高等问题。课题组抽样调研了21个有代表性的工业园区，对园区融资平台公司数量、注册资金、资产规模以及资产负债率、融资平台建设等情况进行分析，发现21个工业园区大部分通过商业银行市场、政府扶持和项目市场融资，间接融资模式为云南省工业园区最主要的融资模式，抽样调查的21个园区，100%采用了间接融资模式，尤其是通过各类政策性银行、商业银行贷款和信托公司借款为主，仅有少数规模较大、实力较强，基础好的园区采用了直接融资的模式。

由于主要依靠间接融资模式，云南省工业园区建设普遍存在以下问题：一是融资能力远不能满足园区对前期基础设施建设的资金需求。表现在融资效用不可持续，建设项目与融资方式错位，园区债务规模快速扩张、利息负担重、债务风险大，园区增量资本形成率低，再融资能力弱，变更规划频繁，融资预算无法满足需求。二是园区融资平台作用不显著，层次差异大，管理不规范。突出表现在：政府注资不到位，部分融资平台形同虚设；园区融资平台负债率过高，再融资能力不足等；园区融资平台行政化倾向严重，平台建设不到位等。三是融资渠道不通畅。突出表现在：渠道单一，政策落实不到位，政府行政化倾向严重，授权不充分，产业结构调整效果不明显等。四是园区融资模式较单一。主要表现在：园区建设存在"等、靠、要"现象，项目融资风险增大，直接融资模式单一，平台债务规模增大，利息负担加重，过分依赖土地融资等。

由于融资难以满足建设需要，使得工业园区规模小，发展不平衡，园区个体差异性大；各园区功能不清晰，重复率高，产业集聚效应难以形成；产业功能定位不清，园区类型趋同、同质化竞争严重；园区管理机制缺乏活力，行政化倾向严重，管理效能不高；园区管理机制缺乏创新、人力资本效能发挥有限。

2014 年 10 月 2 日，国务院出台《关于加强地方政府性债务管理的意见》（以下简称《意见》），即国发 43 号文。《意见》要求"剥离融资平台公司的政府融资职能，融资平台公司不得新增政府性债务"，平台公司的"代政府融资"职能将不可持续，意味着融资平台政府融资功能将被逐步剥离，这是中央对地方政府融资行为规范管理的持续，未来融资平台公司将会进行渐进式的调整、改造。《意见》明确"政府债务不得通过企业举借，企业债务不得推给政府偿还"，一直以来银行等资金机构看重的融资平台"政府背景"将逐渐失去价值，政府背书、政府信用等将逐渐失去效用，未来平台公司将作为一般性企业，其融资能力取决于有效资产、未来盈利能力等。《意见》提出"剥离融资平台公司政府融资职能，融资平台公司不得新增政府债务"，"投资者或特别目的公司可以通过银行贷款、企业债、项目收益债券、资产证券化等市场化方式举债并承担偿债责任"，这意味着未来政府融资平台的公益性项目融资职能将被剥离，将转型为以经营性业务为主的一般工商企业。《意见》的出台，对云南省工业园区融资体系和能力的建设与创新提出了新的思路和挑战。

课题组对云南省工业园区的调查认为，面对未来建设任务和巨额融资需求，在国家宏观融资政策调整的背景下，要完成园区建设目标存在较大的问题。园区建设面临的困难除了建设路径方法不多、园区基础薄弱、规模和发展速度后劲不足、项目落地不到位、重复和同质化现象严重、园区区位和交通与市场要素制约外，其最大的制约因素是园区金融支撑体系严重缺乏，体现在融资渠道、融资方式、融资环境、融资能力等方面。园区失去金融支撑，失去融资服务，其结果即投资不足、设施不足、项目不足、发展不足。因此，加快云南省园区建设的重要任务之一是强化金融对园区的支持力度，特别是加强园区融资体系建设，通过资本、资金的支持，加快云南省园区产业招商、产业布局、产业集聚、产业升级、产业创新的步伐。

针对云南省工业园区融资需求的分析，课题组结合省内外园区建设的成功经验，梳理了各类模式的融资案例，提出构建破解云南省工业园区金融体系的路径和方法，特别提出工业园区融资体系建设应从两个方面着手：

一是加强工业园区融资能力建设：强化云南工业园区产业功能定位和项目规划，整合与确定园区特色功能，完善园区目标规划；构建园区融资目标与产业发展目标的对接机制，通过金融资源配置推动园区产业集中集聚；完善园区项目分类与融资主体的职能责任，推进园区投融资体系的改革和创新；建立项目入园评价机制，提高项目集聚、产业集聚与金融集聚的能力，实现金融扶持体系与产业发展体系相容的园区融资服务体系；构建园区产业发展协调机制，建立各类产业发展基金，鼓励大企业和龙头企业依托园区金融资源扩大内部化能力；创建"飞地园区模式"，打破地域、交通和各地割据发展的模式，化解资源环境与建设发展的矛盾，充分调动各方积极性。

二是创新工业园区融资体系建设：构建云南工业园区金融政策支持体系，加大园区企业参与各类资本市场融资的政策支持，鼓励民间金融机构和社会资本参与园区融资平台建设，构建工业园区稳固的融资体系；发挥各类金融机构支持园区建设的创新功能，鼓励金融机构入驻园区，支持金融机构创新园区融资模式，充分发挥各类金融机构对园区融资绩效评估与风险监测；构建园区现代金融服务体系，按园区项目特色、功能、成熟度及其建设阶段对接金融机构，创建云南省工业园区发展基金；创新园区内部财税保障体系和管理服务体系，拓宽培育园区财源渠道，壮大园区财政实力，拓宽园区财政融资渠道；改进园区土地集中收储与交易平台公司建设转型创新，利用过渡期强化园区内土地集中收储和收益平衡调剂机制，探索土地资产基金化融资创新和多元化发展机制，探索园区土地、资源特许经营机制，最大限度吸引金融资本、社会资本参与园区基础设施建设；盘活园区无形资产，将园区分散的优质资产、资源等特许经营权统一到投融资平台上，增强园区无形资产的筹措效用；加强土地交易平台建设和转型创新，实现实体化、跨区域化、多元化、市场化和规范化转变；注重园区金融人才培养与融资团队建设，完善园区人力资源战略目标，加强园区金融人才需求规划，构建园区人力资源管理与服务体系，提升人才载体与业务集聚的辐射能力，强化园区融资体系环境建设；推行园区"6"个"1"融资工程建设。构建"一个"园区内部融资平台公司，扶持"一群"特色鲜明、供应链较长的企业，整合"一批"园区内部资产资源实现土地收储集中化，加强"一串"园区内部项目的包装和融资能力建设，编制"一套"符合金融机构要求的融资方案，紧密联系"一批"金融机构协同构建稳定的融资方式，全方位推进园区融资体系建设。完善园区金融服务体系建设，探索园区融资模式创新，拓展园区平台公司的功能作用，拓宽融资渠道，构建园区全方位、立体式的融资体系；理顺工业园区现行管理体制，提高融资效率，创新园区闭合式融资管理模式，完善园区企业治理结构，不断提升运营管理能力；完善政府办园区与市场化运作合力机制建设，强化园区自我融资的主动性，强化园区融资责任意识，规范园区行政权力运行，探索园区融资服务业务外包试点，探索股份制园区建设，强化园区与城区的协同开发建设，尽快制定云南省开发区特许经营权管理规定，明确特许经营的范围、项目类别、经营期限、收费原则，为特许经营提供政策法规依据。

面对国家"一带一路"建设步伐的加快和区域竞争格局的日趋明显，云南省工业园区建设必须敢于直面自己的弱点和不足，寻找科学决策和市场化路径，勇于创新和担当实干，工业园区才能起到推进经济结构调整、加速资源集约化整合、提高区域竞争力推进器和经济持续稳定发展的作用。

2015 年 12 月 9 日

# 目　录

第一章　云南省工业园区发展及融资体系建设现状 ·················· 1

一、云南省工业园区发展现状 ····························· 1

二、云南省工业园区融资体系建设现状 ················· 26

第二章　云南工业园区资金需求及融资体系建设与创新 ·········· 47

一、加强工业园区融资能力建设（"6"个"1"融资工程建设）··· 59

二、创新工业园区融资体系建设 ······················· 72

三、园区融资渠道建设与创新 ························· 121

四、加强园区融资环境创新 ··························· 142

五、加强园区融资策略体系建设 ····················· 150

六、云南省各工业园区未来三年建设发展资金需求与融资模式
对策 ············································· 155

第三章　云南工业园区融资体系建设的总体原则和对策措施 ··· 173

一、云南工业园区融资体系建设的总体原则 ··········· 173

二、云南工业园区融资体系建设的具体对策措施 ······· 175

第四章　工业园区融资模式创新及案例 ················· 193

一、产权融资模式案例——成渝两地产权机构的合作项目 ······· 193

二、产业投资基金融资模式案例 ······················· 195

三、产业发展基金融资模式案例——沈阳市浑南新区产业发展基金
　　融资模式 ……………………………………………………… 200

四、股权（或 PE）融资模式案例——昆明经济技术开发区股权
　　融资模式 ……………………………………………………… 201

五、供应链融资案例——联合包裹服务公司（UPS）与沃尔玛的
　　合作的供应链融资模式 ……………………………………… 202

六、PPP 融资模式案例——北京地铁四号线的 PPP 模式分析 ……… 204

七、保理融资模式案例—— 浙江苏泊尔厨具有限公司保理融资
　　模式 …………………………………………………………… 207

八、园区梯形融资综合创新模式案例——成都高新产业园区研究 … 209

九、银—政、银—园合作融资创新模式案例——苏州工业园融资
　　案例分析 ……………………………………………………… 215

十、网络金融融资案例——张江高科技园区企业易贷通融资模式 … 226

十一、项目融资模式案例——BOT、BT 项目融资模式 …………… 230

十二、土地收储出让融资模式案例——杨林工业园土地出让融资
　　　模式 ………………………………………………………… 234

十三、园区基础设施建设债券融资模式案例——苏州工业园区为
　　　园区基础设施建设债券融资模式 ………………………… 236

十四、园区联合债券融资模式案例——扬州经济开发区开发总公司
　　　联合债券融资模式 ………………………………………… 237

十五、结构化融资方案——某银行园区公司结构化融资产品方案 … 241

十六、保险资金融资案例设计——城市建设如何利用保险投融资
　　　平台案例介绍 ……………………………………………… 244

十七、保理融资设计 ………………………………………………… 249

十八、园区梯形融资综合创新模式设计 ………………………… 253

十九、园区地方城投债融资——2012 年大理经济开发投资集团有限
　　　公司市政项目建设债券 …………………………………… 256

二十、园区外国政府贷款融资——昆明经济技术开发区利用德国
　　　政府促进性贷款 …………………………………………… 263

二十一、园区政策性银行融资——中国进出口银行湖南分行对
　　　　资兴市经济开发区资五工业园的贷款 ……………… 267

二十二、园区融资租赁融资——滨海新区的泰达大街的光学仪器
　　　　公司融资租赁 ……………………………………… 270

二十三、园区国外银行机构贷款融资——辽宁省营口经济技术开发区
　　　　中心医院利用北欧投资银行贷款 ……………………… 272

二十四、运用"设施使用"融资——澳大利亚昆士兰州港口扩建
　　　　项目 ………………………………………………… 274

后　记 …………………………………………………………… 277

# 第一章 云南省工业园区发展及融资体系建设现状

## 一、云南省工业园区发展现状

### （一）云南省工业园区总体发展成就

工业园区是一个国家或地区政府根据自身经济发展的内在要求，通过行政手段划出一定区域，聚集各种生产要素，突出产业特色，提高工业化的集约强度，发挥集群竞争优势，使之成为适应市场竞争和产业升级的现代工业生产模式。工业园区有多种类型，在我国主要有工业园、经济技术开发区、高新技术开发区、保税区、出口加工区等。工业园区建设通过块状经济和产业集群的集聚效应拉动区域经济快速高效发展。我国自 1978 年开始进行工业园区建设，在促进工业优化布局、转变经济增长方式、扩大地区经济总量、转变政府职能等方面起到重要作用，获得了巨大的经济和社会效益。

云南省地处我国西南边疆，受区域经济及自然地理条件的制约，基础设施落后、工业基础薄弱、经济发展滞后，直到西部大开发战略开始启动后，工业园区才开始从沿海地区逐渐转移过来。1992 年由国务院批准成立的国家级高新技术开发区——昆明高新技术开发区，是云南省第一个工业园区，同年由省政府批准成立嵩明杨林经济技术开发区（原名为云南杨林工业开发区，于 2013 年升级为国家级开发区）、曲靖经济技术开发区（于 2010 年升级为国家级开发区）、蒙自经济技术开发区（原红河工业园，已升级为国家级开发区）、楚雄工业园、大理创新工业园等省级工业园区。随后，国家和云南省各级地方政府在省内先后批准了 141 个类型、层次不同的工业园区（其中已建成 120 个，在建 12 个，未建 9 个），使得我省工业发展模式发生较大的转变，工业园区成为云南省经济增长的引擎，成为产业结构调整和新型工业化的样板。

截至 2013 年底，云南省批准建设的 141 个工业园区按级别分为：国家级园区 6 个；省级园区 66 个；市县级园区 69 个；建成和在建设的 132 个园区行政区分布为，昆明 19 个、玉溪 11 个、楚雄 10 个、曲靖 13 个、昭通 9 个、红河 13 个、文山 10 个、丽江 6 个、大理 12 个、临沧 8 个、普洱 10 个、西双版纳 3 个、迪庆 1 个、怒江 2 个、德宏 6 个。各地园区所占比例如图 1－1 所示。

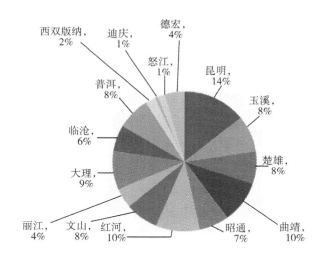

**图 1－1　云南省各工业园区分布**

资料来源：云南省工业和信息化委员会园区处。

2000 年后，云南省工业园区规模不断扩大，层次稳步提升，近年来，省委省政府提出产业强滇战略，特别是结合桥头堡战略发展，工业园区建设发展得到快速推进，各地园区对当地经济的贡献越来越显著，呈现出以下特征：

1. 工业园区快速发展，成为云南省经济、税收、就业增长的主要支撑

2011 年，全省在建并纳入统计的 101 个工业园区完成全部工业总产值 5431 亿元，同比增长 31.98%；完成全部主营业务收入 5304 亿元，增长 33.35%；实现规模以上工业增加值 1590 亿元，增长 25.7%；完成利润 323.98 亿元，增长 30.49%；实现税金 560.44 亿元，增长 28.49%；安排就业 68.37 万人。

2012 年，全省工业园区完成全部工业总产值 7182.49 亿元，同比增长 32.24%；规模以上企业完成工业增加值 2205.55 亿元，增长 38.7%；全部工业企业实现主营业务收入 6841.98 亿元，增长 28.98%；全部企业完成利润 319.33 亿元；全部企业实现税金 743.12 亿元，增长 32.59%。

2013 年，全省在建并纳入统计的 121 个工业园区完成全部工业总产值 8823.75 亿元，同比增长 22.76%；规模以上企业完成工业增加值 2637.84 亿元，增长 19.6%；全部工业企业实现主营业务收入 8253.48 亿元，增长 20.63%；全部企业完成利润 403.15 亿元，增长 26.25%（上年同期基数相对低）；全部企业实现税金 854.07 亿元，增长 14.93%；安排就业 80.73 万人。

近三年工业园区主要指标如图 1 - 2 所示。

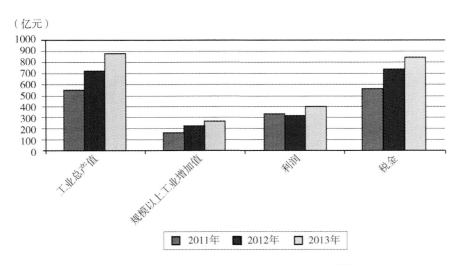

图 1 - 2　2011 ~ 2013 年云南省工业园区主要经济指标

注：工业总产值和规模以上工业增加值单位为 10 亿元；利润和税金单位为亿元。

资料来源：云南省工业和信息化委员会园区处。

从图 1 - 2 可以看出，云南省近三年来工业园区建设的经济效益和社会效益都呈现连续增长的趋势，效果显著，形势喜人。

2. 工业园区工业增加值高，对地区经济增长贡献大

以 2013 年的统计数据为例，云南省所有园区总产值是 8823.75 亿元，而全省的 GDP 总量为 11720.91 亿元，园区产值对全省工业增加值贡献率高达 75% 以上。不仅如此，自 2011 年开始，连续三年，云南省园区工业增加值占全省 GDP 总量的比重呈持续增高的趋势，三年占比分别为 61%、70% 和 75%（见图 1 - 3），凸显出工业园区建设对云南省经济发展发挥着至关重要的作用。

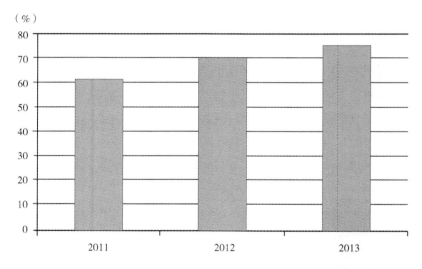

（%）

**图 1 - 3   2011 ~ 2013 年云南省工业园区增加值对全省经济的贡献率**
资料来源：云南省工业和信息化委员会园区处和云南省统计资料整理。

不同级别产业园区对全省经济的贡献率也不尽相同。2013 年国家级产业园区的产值是 2268.15 亿元，对全省 GDP 的贡献率是 26%，平均每个国家级工业园的贡献率是 5.14%；省级工业园产值对 GDP 的贡献率是 64%，平均贡献率为 0.97%；州市级工业园数量虽多，但贡献率只有 10%，平均每个州市级工业园对云南省 GDP 的贡献率不足 0.15%（见图 1 - 4）。

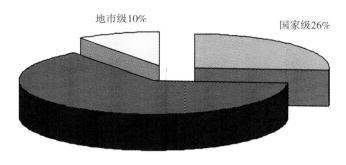

图 1-4 2013 年各类型园区对云南省工业增加值贡献率

　　工业园区对园区所属地州经济发展的贡献也是非常大的。2012 年昆明市工业园区的贡献率占到 93%，玉溪市工业园区产值占全市 GDP 的 89% 以上，曲靖市、楚雄州、红河州、大理州的园区产值占本地区 GDP 产值的比重也超过 50%，具体如表 1-1 所示。

表 1-1　2012 年全省及地区工业园对本地区 GDP 的贡献

| | 地区 GDP（亿元） | 园区产值（亿元） | 园区产值占比（%） | 园区对所属地区 GDP 贡献率（%） |
|---|---|---|---|---|
| 昆明 | 3011.14 | 2807.77 | 39 | 93 |
| 曲靖 | 1400.17 | 940.36 | 13 | 67 |
| 玉溪 | 1124.54 | 1000.17 | 16 | 89 |
| 保山 | 389.96 | 118.81 | 2 | 30 |
| 昭通 | 555.60 | 165.49 | 2 | 30 |
| 丽江 | 212.24 | 54.27 | 1 | 26 |
| 普洱 | 366.85 | 87.53 | 1 | 24 |
| 临沧 | 352.98 | 63.51 | 1 | 18 |
| 楚雄 | 570.02 | 376.42 | 5 | 66 |
| 红河 | 905.43 | 610.36 | 8 | 67 |
| 文山 | 478.02 | 185.65 | 3 | 39 |

续表

|  | 地区 GDP<br>（亿元） | 园区产值<br>（亿元） | 园区产值占<br>比（%） | 园区对所属地区 GDP<br>贡献率（%） |
|---|---|---|---|---|
| 西双版纳 | 232.64 | 9.01 | 0 | 4 |
| 大理 | 672.09 | 534.77 | 7 | 80 |
| 德宏 | 201.00 | 62.51 | 1 | 31 |
| 怒江 | 74.94 | 20.39 | 0 | 27 |
| 迪庆 | 113.63 | 21.10 | 0 | 19 |
| 全省 | 10309.47 | 7182.49 | 100 | 70 |

资料来源：云南省工业和信息化委员会园区处。

3. 政策支撑全面，各级政府重视工业园建设

2003 年，云南省委、省政府召开全省推进新型工业化发展大会，出台《中共云南省委、云南省人民政府关于走新型工业化发展道路实施工业强省战略的决定》（云发［2003］21 号）和《云南省人民政府关于印发新型工业化发展规划纲要的通知》（云政发［2004］8 号），明确提出在全省规划建设30 个重点工业园区，拉开了云南省工业园区规划建设的序幕。2006 年，省政府下发了《云南省"十一五"新型工业化发展规划纲要》（云政发［2006］156 号），公布了全省40 个省级重点工业园区和省级特色产业工业园区名单。为强化对工业园区建设发展的政策支持，省政府先后出台了《云南省人民政府关于加快工业园区建设的意见》（云政发［2009］79 号）、《云南省人民政府关于加快工业园区标准厂房建设的意见》（云政发［2010］23 号）、《云南省人民政府关于进一步加强工业园区综合服务体系建设的意见》（云政发［2011］178 号）。这些政策性文件的制定和实施，形成了园区发展的政策支撑体系，有力地推动了全省工业园区建设和发展。与此同时，全省各州市县高度重视工业园区建设发展工作，纷纷出台强有力的政策措施，推动工业园区快速发展。2008 年至今，省政府每年都把工业园区建设列入"全省 20 个重大建设项目"之一进行督查。全省各级各部门对发展园区的认识进一步深化，各部门相互配合、协调沟通，发展工业园区的合力基本形成。

在此基础上，为进一步加大对园区建设的政策支持，推动管理体制机制

改革，2012 年，省委、省政府下发了《中共云南省委、云南省人民政府关于推动工业跨越发展的决定》（云发［2012］5 号），首次明确将工业园区管委会纳入编制管理；开辟绿色通道，对园区用地实行批次审批、单列定向下达，园区管委会在园区规划范围内享有土地一级开发权，省级工业园区实行财税单列等具有突破性的政策措施。尤为重要的是，2012 年 10 月省政府下发了《云南省工业园区管理办法》（省政府令 179 号）。这是全国范围内有关工业园区建设发展的第一个省级政府规章，该办法就工业园区的宏观管理职能、管委会的职责、园区的成立审批等进行了明确，进一步规范了全省工业园区的建设管理。

2014 年，省政府又提出"35512"工作体系，即打造 30 个样板工业园区、50 个产业示范基地、50 个两化融合基地、100 个转型升级示范企业、200 个重点项目。按照"企业集中、资本聚集、产业集群、土地集约"的要求，对昆明经开区、昆明高新区、曲靖经开区、杨林经开区、蒙自经开区、祥云工业园等 30 个工业园区进行重点扶持、集中打造，为全省工业园区建设树立标杆，带动全省工业园区提档升级。

云南省工业园区建设从无到有，在短短 20 多年间，工业园区发展成效显著，为云南省进入全国万亿元俱乐部做出积极贡献。

4. 云南省工业园区分布各地，工业总类涉及面广，部分园区产业集聚效应好

在普遍调研的基础上，课题组选取了云南省有代表性的 21 个省级以上（含省级）工业园区进行抽样调研。抽样样本构成为 5 个国家级工业园区，16 个省级工业园区；地区分布为昆明 6 个、曲靖 3 个、楚雄 2 个、玉溪 1 个、红河 3 个、文山 2 个、大理 2 个、保山 1 个、德宏 1 个。调研发现，云南省各地州市县几乎都建立有规模不同的工业园区，有的地市建有多个工业园区，昆明等中心城市初步形成相对完整的园区产业体系。抽样调研样本的 21 个园区及其产业构成如表 1-2 所示。

表 1 - 2　云南省 21 个抽样样本工业园区 2013 年主要经济指标概况

| 序号 | 园区名称 | 级别 | 归属地州 | 2013年总产值（亿元） | 2013年主营业务收入（亿元） | 2013年利润总额（亿元） | 2013年税金总额（亿元） | 利润占总产值比例（%） | 重点发展产业 |
|------|---------|------|---------|-----------------|--------------------|-----------------|-----------------|----------------|------------|
| 1 | 昆明经济技术开发区 | 国家级 | 昆明 | 327.0 | 306.0 | 18.4 | 17.9 | 6 | 光电子信息产业、装备制造业、生物资源开发、烟草及配套、药品、保健品及食品制造业 |
| 2 | 昆明高新技术产业开发区 | 国家级 | 昆明 | 770.0 | 908.0 | 24.1 | 24.0 | 3 | 生物医药技术、电子信息技术、新材料技术、光机电一体化技术等 |
| 3 | 杨林经济技术开发区 | 国家级 | 昆明 | 121.7 | 118.7 | 2.4 | 2.5 | 2 | 汽车制造及零部件配套产业、机械装备制造、食品饮料、新型材料等 |
| 4 | 安宁工业园区 | 省级 | 昆明 | 565.0 | 504.1 | 8.1 | 16.5 | 1 | 以冶金及机械装备、石油化工、传统磷化工特色产业、轻型加工制造业、高新技术产业、新型建材产业及钢铁、磷化工、石油化工、电子电器设备制造 |
| 5 | 晋宁工业园区 | 省级 | 昆明 | 132.0 | 113.5 | 5.9 | 8.0 | 4 | 精细磷化工、商贸物流、生物资源加工、生态旅游、新型建材、装备制造及配套产业 |
| 6 | 富民工业园区 | 省级 | 昆明 | 48.6 | 46.6 | 2.4 | 1.1 | 5 | 钛盐化工、新型建材、新能源、环保产业、农副产品加工、生物工程和机械加工、商贸批发和物流 |

续表

| 序号 | 园区名称 | 级别 | 归属地州 | 2013年总产值（亿元） | 2013年主营业务收入（亿元） | 2013年利润总额（亿元） | 2013年税金总额（亿元） | 利润占总产值比例（%） | 重点发展产业 |
|---|---|---|---|---|---|---|---|---|---|
| 7 | 曲靖经济技术开发区 | 国家级 | 曲靖 | 545.5 | 522.3 | -6.6 | 20.5 | -1 | 有色金属、光伏电子、汽车装备制造、特色轻工业和现代农业 |
| 8 | 宣威特色工业园区 | 省级 | 曲靖 | 170.2 | 154.9 | -2.1 | 5.3 | -1 | 磷化工、循环经济、食品轻工业 |
| 9 | 陆良工业园区 | 省级 | 曲靖 | 56.7 | 52.2 | 2.6 | 2.9 | 5 | 纺织业、电子产品、生物资源加工、新型建材、木本油料等生物资源加工、煤化工、硅化工 |
| 10 | 楚雄工业园区 | 省级 | 楚雄 | 192.1 | 162.2 | 12.8 | 67.2 | 7 | 制药业、绿色食品、生物医药、冶金、化工、建材、机械制造及加工、造纸印刷、烟草及配套产业、装备制造及配套产业、冶金化工、能源及装备制造、生物及创新产业 |
| 11 | 禄丰工业园区 | 省级 | 楚雄 | 124.4 | 100.0 | 1.8 | 3.4 | 1 | 冶金、化工、建材、机电、高新技术产业 |
| 12 | 红塔工业园区 | 省级 | 玉溪 | 762.0 | 787.0 | 75.0 | 266.0 | 10 | 烟草及其配套产业、生物制药产业、农特产品加工、高新技术产业 |
| 13 | 蒙自经济技术开发区 | 国家级 | 红河 | 504.0 | 413.6 | -10.8 | 7.0 | -2 | 冶金及其精深加工、能源化工、生物资源加工、稀贵金属材料、战略性新兴产业和现代服务业 |

| 序号 | 园区名称 | 级别 | 归属地州 | 2013年总产值（亿元） | 2013年主营业务收入（亿元） | 2013年利润总额（亿元） | 2013年税金总额（亿元） | 利润占总产值比例（％） | 重点发展产业 |
|---|---|---|---|---|---|---|---|---|---|
| 14 | 弥勒工业园区 | 省级 | 红河 | 46.6 | 41.6 | 3.0 | 1.6 | 7 | 烟草配套产业、生物资源创新开发产业、高附加值载能产业 |
| 15 | 泸西工业园区 | 省级 | 红河 | 52.5 | 45.5 | 1.7 | 1.1 | 3 | 煤化工、冶金、电石、建材、生物食品加工、生物资源、农特产品加工等 |
| 16 | 文山三七产业园区 | 省级 | 文山 | 46.1 | 28.7 | 5.3 | 2.9 | 11 | 生物资源开发 |
| 17 | 砚山工业园区 | 省级 | 文山 | 101.7 | 91.5 | 4.4 | 2.7 | 4 | 冶金、建材、化工、农副产品加工、生物资源开发 |
| 18 | 大理创新工业园区 | 省级 | 大理 | 310.3 | 285.4 | 29.0 | 45.6 | 9 | 建材工业，水泥及各类新型建材的生产制造，生物制药与食品加工，各类轻工、日用化工产品生产，汽车制造与机械加工，纺织服装工业 |
| 19 | 祥云财富工业园区 | 省级 | 大理 | 111.2 | 91.7 | 4.9 | 3.4 | 4 | 电矿结合，以有色金属冶炼为主，深加工和轻工业为补充，建设配套的商贸金融服务业 |
| 20 | 保山工业园区 | 省级 | 保山 | 36.2 | 37.0 | 1.0 | 4.9 | 3 | 农特产品精深加工、生物资源开发、现代物流等服务配套产业、新技术新材料、光机电产品制造、森工产品、烟草加工等 |

续表

| 序号 | 园区名称 | 级别 | 归属地州 | 2013年总产值（亿元） | 2013年主营业务收入（亿元） | 2013年利润总额（亿元） | 2013年税金总额（亿元） | 利润占总产值比例（%） | 重点发展产业 |
|---|---|---|---|---|---|---|---|---|---|
| 21 | 瑞丽工业园区 | 省级 | 德宏 | 9.2 | 9.5 | 0.2 | 0.2 | 2 | 新型工业、建材业、竹木业、食品业、物流配装业、生物制药、珠宝、农副产品精深加工、旅游工艺品、配装制造、矿冶、制糖、橡胶、造纸、建材、汽车组装业、IT产业、医药产业、饮料生产、轻纺加工、机电装配、电子产品 |

资料来源：云南省工业和信息化委员会园区处。

　　从抽样调研的情况看，云南省园区初步建立了各有特色的产业平台，各园区比较优势突出，产业集聚明显，对地方经济的拉动作用较强。四个国家级园区初步形成拉动地方经济的引擎，如 2013 年昆明高新区产值达 770 亿元；红塔工业园区产值达 762 亿元；安宁工业园产值达 565 亿元；蒙自经开区产值达 504 亿元。

## （二）云南省工业园区建设发展中存在的问题

　　工业园区的建设和发展是一个庞大艰巨的系统工程，需要协调国土资源、城建、环保、工商、税务等相关政府部门参与，需要筹措资金对园区内电网、道路、给排水等基础设施进行建设，需要对园区内的生产、生活进行管理和服务，需要制定园区发展战略、确定园区功能定位、进行招商引资、选择入园企业，等等。由于云南工业园区建设起步晚、基础薄弱、区域发展不足等因素，使得工业园区建设和发展遇到许多困难和问题。

　　课题组通过云南省 21 个工业园的抽样调研分析，发现比较突出的问题是：

1. 云南省工业园区规模小，发展不平衡，园区个体差异性大

云南省工业园区的规模都不大，全省统计数据表明，产值不到 100 亿元的园区共有 97 个，占已建成 120 个园区总数的 80.83%，其中产值不到 10 亿元的有 24 个，占已建成园区比重的 20%。云南省工业园之间的差别非常大，主要表现在层级不同，园区产值差距大，如昆明高新区 2013 年的产值达到 770 亿元，而同期绿春工业园的总产值只有 0.1 亿元。2013 年总产值不足 1 亿元的工业园就有 4 个，80% 的工业园总产值都低于 100 亿元。园区规模和产值比重如表 1-3 所示。

表 1-3　2013 年云南省工业园区规模类型及产值状况

| 园区规模类别 | 园区数量（个） | 占总数份额（%） | 园区合计产值（亿元） | 占总产值份额（%） |
|---|---|---|---|---|
| 500 亿元以上 | 4 | 3.33 | 2601.00 | 29.80 |
| 200 亿~499 亿元 | 5 | 4.17 | 1495.27 | 16.95 |
| 100 亿~199 亿元 | 14 | 11.67 | 1884.60 | 21.36 |
| 10 亿~99 亿元 | 73 | 60.83 | 2734.72 | 31.00 |
| 10 亿元以下 | 24 | 20.00 | 108.16 | 1.20 |

资料来源：云南省工业和信息化委员会园区处、工业处。

表 1-3 说明：全省不到 17% 的工业园区贡献了全省工业园总产值的 68%，而 83% 的工业园区合计只创造了全省工业园总产值的 32%，呈现出园区总体规模不大，园区个体间差别大的问题。

2. 园区功能不清晰，重复率高，产业集聚效应难以形成

工业园区建设的目的是通过块状经济和产业集群的集聚效应拉动区域经济快速高效地发展。但对 21 个工业园区的抽样调研发现，云南省各园区产业功能定位不清，园区类型趋同，同质化竞争严重（见表 1-4）。

表 1-4　21 个园区产业类型重复状况

| 序号 | 园区名称 | 信息技术 | 机械制造 | 生物资源开发 | 冶金化工 | 农业及食品 |
|---|---|---|---|---|---|---|
| 1 | 昆明经济技术开发区 |  |  |  |  |  |
| 2 | 昆明高新技术产业开发区 |  |  |  |  |  |

续表

| 序号 | 园区名称 | 信息技术 | 机械制造 | 生物资源开发 | 冶金化工 | 农业及食品 |
|---|---|---|---|---|---|---|
| 3 | 杨林经济技术开发区 | | ■ | | ■ | ■ |
| 4 | 安宁工业园区 | | ■ | ■ | ■ | |
| 5 | 晋宁工业园区 | | ■ | ■ | ■ | |
| 6 | 富民工业园区 | | ■ | ■ | ■ | |
| 7 | 曲靖经济技术开发区 | ■ | ■ | ■ | ■ | ■ |
| 8 | 宣威特色工业园区 | | ■ | ■ | ■ | ■ |
| 9 | 陆良工业园区 | | ■ | ■ | ■ | ■ |
| 10 | 楚雄工业园区 | | ■ | ■ | ■ | ■ |
| 11 | 禄丰工业园区 | | ■ | ■ | ■ | |
| 12 | 红塔工业园区 | | ■ | ■ | | ■ |
| 13 | 蒙自经济技术开发区 | | ■ | ■ | ■ | ■ |
| 14 | 弥勒工业园区 | | ■ | ■ | ■ | ■ |
| 15 | 泸西工业园区 | | ■ | ■ | ■ | ■ |
| 16 | 文山三七产业园区 | | | ■ | | ■ |
| 17 | 砚山工业园区 | | ■ | ■ | ■ | ■ |
| 18 | 大理创新工业园区 | | ■ | ■ | | ■ |
| 19 | 祥云财富工业园区 | | ■ | ■ | ■ | ■ |
| 20 | 保山工业园区 | | ■ | ■ | ■ | ■ |
| 21 | 瑞丽工业园区 | ■ | ■ | ■ | ■ | ■ |

资料来源：云南省工业和信息化委员会园区处。

　　本次抽样调研的 21 个园区的另一特点是各园区发展的产业类型贪多求全，产业类型重复性高。其中重复率最高的产业类型是机械制造和生物资源开发，抽样调研 21 家工业园中就有 15 家园区将机械制造和生物资源开发定位为各自的重点发展产业，重复率高达 71%；重点发展冶金化工类产业的园区 14 家，重复率达 67%；重点发展农业及食品产业的园区 12 家，重复率57%。一些园区已形成产业孤岛，产业不配套，功能不清晰，如陆良工业园区电子产业、化工产业、丝绸产业等共聚，产业关联度不强、辅助支撑配套不足等，产业孤岛现象突出。此外，同类产业园区区位分散，同一产业园区关联度不高，划地为界，互相竞争，集聚效应不强。由于各园区产业类型趋同所造成的同质化竞争迫使各园区普遍开展竞争性招商引资和遍地招商引资，拼优惠政策，压低土地价格、抬高税收返还率甚至不顾政策和法规做出不负责任的优惠承诺，出现土地出让金和税收大量流失现象。

3. 园区建设受资金瓶颈制约，财政支持压力大，资金供给困难，债务成本高

全省工业园区发展受制于资金压力，各园区资金供给能力差异大。国家级园区资金供给能力较强，负债率较低；省级以下部分工业园区建设资金缺口大，负债率较高，成本压力大；省级以下园区，虽然负债率不高，但优质资产少，融资困难，园区内基础设施建设滞后，有的甚至长期处于停滞状态，严重影响园区建设发展。部分园区融资能力弱，谨慎负债，有的甚至不敢负债；部分园区负债过重，信用透支严重，个别园区已几乎处于"金融黑名单"状态，如石林工业园区、盈江工业园区、普洱工业园区、师宗工业园区等。有的园区过于追求政绩，造成园区过度负债，短期资金用于基础设施建设等长期投资，导致负债累累、偿债困难。有的园区融资渠道有限，融资模式单一，金融扶持政策难以落实，直接融资条件苛刻，难以支撑园区开发需要。全省工业园区受国家宏观融资政策调整，地方债务平台清理及土地收入融资限制，加重园区融资难度，使得园区建设获得资金供给的困难加大。课题组对云南省纳入统计的 95 家工业园区的财务进行调查（其中 16 家未获得财务数据），工业园区资产负债情况如表 1-5 所示。

**表 1-5 云南省工业园区融资平台资产负债明细**

| 序号 | 园区名称 | 平台公司 | 地区 | 级别 | 注册资本（亿元） | 总资产（亿元） | 总负债（亿元） | 资产负债率（%） |
|---|---|---|---|---|---|---|---|---|
| 1 | 保山工业园区 | 保山金盛工业开发有限公司 | 保山 | 省级 | 0.70 | 8.97 | 6.95 | 77.48 |
| 2 | 保山市水长工业园区 | 保山市水长投资开发有限责任公司 | 保山 | 州市及以下 | 0.50 | 4.23 | 2.21 | 52.25 |

续表

| 序号 | 园区名称 | 平台公司 | 地区 | 级别 | 注册资本（亿元） | 总资产（亿元） | 总负债（亿元） | 资产负债率（%） |
|---|---|---|---|---|---|---|---|---|
| 3 | 保山市水长工业园区 | 保山市水长工业园区土地收购储备中心 | 保山 | 州市及以下 | 0.01 | 10.58 | 1.00 | 9.45 |
| 4 | 磨憨进出口贸易加工园区 | 磨憨开发投资有限责任公司 | 西双版纳 | 省级 | 0.10 | 2.07 | 0.19 | 9.18 |
| 5 | 磨憨进出口贸易加工园区 | 西双版纳磨憨企业发展贷款担保有限责任公司 | 西双版纳 | 省级 | 0.05 | 0.05 | 0.01 | 10.00 |
| 6 | 勐海工业园区 | | 西双版纳 | 省级 | | | | |
| 7 | 西双版纳景洪工业园区 | 西双版纳景洪工业园区投资开发有限公司 | 西双版纳 | 省级 | 0.20 | 3.03 | 2.72 | 89.77 |
| 8 | 玉溪市高新区 | 玉溪高新区投资管理公司 | 玉溪 | 国家级 | 1.55 | 8.37 | 2.98 | 35.60 |
| 9 | 红塔工业园区 | 红塔工业园区建设投资有限公司 | 玉溪 | 省级 | 1.00 | 1.40 | 0.40 | 28.85 |
| 10 | 研和工业园区 | 玉溪工业投资有限公司 | 玉溪 | 省级 | 0.50 | 2.67 | 0.79 | 29.51 |
| 11 | 通海工业园区 | 通海天健工业园区开发有限公司 | 玉溪 | 州市及以下 | 0.40 | 2.13 | 1.91 | 89.36 |

续表

| 序号 | 园区名称 | 平台公司 | 地区 | 级别 | 注册资本（亿元） | 总资产（亿元） | 总负债（亿元） | 资产负债率（%） |
|---|---|---|---|---|---|---|---|---|
| 12 | 新平工业园区 | 新平工业投资开发有限公司 | 玉溪 | 州市及以下 | 0.05 | 5.85 | 3.62 | 61.83 |
| 13 | 易门工业园区 | 易门兴易投资开发有限公司 | 玉溪 | 州市及以下 | 0.10 | 2.14 | 1.69 | 79.11 |
| 14 | 华宁工业园区 | 华宁县华融投资有限公司 | 玉溪 | 州市及以下 | 0.10 | 1.29 | 1.20 | 92.86 |
| 15 | 大化产业园区 | 玉溪市大化产业园区开发建设投资有限公司 | 玉溪 | 州市及以下 | 0.10 | | | |
| 16 | 澄江工业园区 | 澄江河阳投资开发有限公司 | 玉溪 | 州市及以下 | 0.10 | 0.89 | 0.79 | 89.02 |
| 17 | 元江工业园区 | 元江县恒达投资有限责任公司 | 玉溪 | 州市及以下 | 0.10 | 0.69 | 0.62 | 89.08 |
| 18 | 江川龙泉山园区 | 江川工业园区投资开发有限公司 | 玉溪 | 州市及以下 | 0.20 | 2.11 | 1.91 | 90.55 |
| 19 | 水富工业园区 | 水富工业园区投资开发有限公司 | 昭通 | 省级 | | | | |
| 20 | 彝良工业园 | 云南乾润融资担保公司 | 昭通 | 州市及以下 | 2.00 | 2.80 | 0 | 0 |

| 序号 | 园区名称 | 平台公司 | 地区 | 级别 | 注册资本（亿元） | 总资产（亿元） | 总负债（亿元） | 资产负债率（％） |
|------|----------|----------|------|------|------------------|----------------|----------------|------------------|
| 21 | 盐津县工业园区 | 盐津县瑞通开发投资有限公司 | 昭通 | 州市及以下 | 0.20 | 0.24 | 0.05 | 20.42 |
| 22 | 镇雄县工业园区 | 镇雄工业投资开发有限责任公司 | 昭通 | 州市及以下 | 1.00 | 1.00 | 0 | 0 |
| 23 | 鲁甸工业园区 | 云南汇工投资开发有限公司 | 昭通 | 州市及以下 | 0.60 | 0.65 | 0.07 | 10.77 |
| 24 | 昭阳工业园区 | 昭阳工业投资开发经营有限公司 | 昭通 | 省级 | 3.00 | 9.02 | 5.77 | 63.92 |
| 25 | 盈江工业园区 | 盈江兴盈投资有限公司 | 德宏 | 州市及以下 | 0.55 | 8.97 | 8.97 | 100.00 |
| 26 | 陇川工业园区 | 陇川黄金时代投资有限公司 | 德宏 | 州市及以下 | 0.30 | 0.30 | 0 | 0 |
| 27 | 芒市工业园区 | 芒市工业园区投资管理有限公司 | 德宏 | 省级 | 0.10 | 0.10 | 0 | 0 |
| 28 | 大理创新工业园区 | 大理经开实业有限公司 | 大理 | 国家级 | 1.70 | 3.36 | 1.83 | 54.41 |
| 29 | 漾濞彝族自治县工业园区 | 漾濞彝族自治县工业投资有限公司 | 大理 | 州市及以下 | 0.10 | 0.06 | 0 | 0 |
| 30 | 祥云财富工业园区 | 祥云工业投资有限责任公司 | 大理 | 省级 | 0.52 | 1.46 | 1.05 | 71.92 |
| 31 | 宾川县工业园区 | 宾川县工业园区投资开发有限公司 | 大理 | 州市及以下 | 0.60 | 2.31 | 1.69 | 73.25 |
| 32 | 弥渡县工业园区 | 弥渡工业园区投资开发有限公司 | 大理 | 州市及以下 | 0.20 | 0.22 | 0.06 | 25.53 |

续表

| 序号 | 园区名称 | 平台公司 | 地区 | 级别 | 注册资本（亿元） | 总资产（亿元） | 总负债（亿元） | 资产负债率（%） |
|---|---|---|---|---|---|---|---|---|
| 33 | 南涧县工业园区 | 南涧县工业园区开发投资有限责任公司 | 大理 | 州市及以下 | 0.17 | 0.36 | 0.16 | 45.03 |
| 34 | 巍山县工业园区 | 巍山县工业园区开发建设投资有限公司 | 大理 | 州市及以下 | 0.21 | 0.34 | 0.19 | 57.06 |
| 35 | 永平县工业园区 | 永平县工业投资有限公司 | 大理 | 州市及以下 | 0.30 | 0.71 | 0.62 | 88.09 |
| 36 | 云龙工业园区 | 云龙县工业园区投资开发有限责任公司 | 大理 | 州市及以下 | 0.24 | 0.36 | 0.28 | 78.89 |
| 37 | 邓川工业园区 | 洱源县邓川工业园区工业投资开发有限责任公司 | 大理 | 省级 | 0.14 | 0.81 | 0.61 | 75.07 |
| 38 | 剑川县工业园区 | 剑川县工业园区投资开发有限责任公司 | 大理 | 州市及以下 | 0.21 | 0.12 |  | 0 |
| 39 | 鹤庆兴鹤工业园区 | 鹤庆县工业投资有限公司 | 大理 | 州市及以下 | 1.36 | 1.14 | 0.48 | 42.18 |
| 40 | 盘龙都市产业园 | 昆明市盘龙区国有资产经营投资集团公司 | 昆明 | 州市及以下 | 0.95 | 44.23 | 37.03 | 83.72 |
| 41 | 呈贡工业园区 | 昆明春欣开发投资有限公司 | 昆明 | 省级 | 0.10 | 3.35 | 3.28 | 97.94 |

续表

| 序号 | 园区名称 | 平台公司 | 地区 | 级别 | 注册资本（亿元） | 总资产（亿元） | 总负债（亿元） | 资产负债率（%） |
|---|---|---|---|---|---|---|---|---|
| 42 | 昆明呈贡信息产业园区 | 昆明信息产业开发投资有限公司 | 昆明 | 省级 | 0.50 | 30.01 | 7.00 | 23.33 |
| 43 | 东川工业园区 | 昆明市东川区盛鑫工业园区投资有限责任公司 | 昆明 | 省级 | 0.75 | 1.18 | 0.44 | 36.94 |
| 44 | 富民工业园区 | 富民工业园区国有资产管理有限公司 | 昆明 | 州市及以下 | 1.00 | 7.58 | 6.52 | 86.04 |
| 45 | 昆明国家高新技术产业开发区 | 昆明国家高新技术产业开发区国有资产经营有限公司 | 昆明 | 国家级 | 5.40 | 82.35 | 45.59 | 55.36 |
| 46 | 昆明海口工业园区 | 昆明海口工业园区投资有限公司 | 昆明 | 省级 | 4.95 | 13.05 | 8.21 | 62.89 |
| 47 | 晋宁工业园区 | 晋宁工业园区投资开发有限责任公司 | 昆明 | 州市及以下 | 0.50 | 9.45 | 5.90 | 62.47 |
| 48 | 昆明经济技术开发区 | 昆明经济技术开发区投资开发（集团）有限公司 | 昆明 | 国家级 | 26.91 | 169.00 | 69.00 | 40.83 |
| 49 | 禄劝工业园区 | 禄劝园旗投资运营管理有限公司 | 昆明 | 州市及以下 | 1.50 | | | |
| 50 | 石林生态工业集中区 | 石林工业开发投资有限公司 | 昆明 | 省级 | 1.09 | 0.99 | 8.87 | 894.60 |
| 51 | 倘甸两区工业园区 | 昆明誉明投资开发有限公司 | 昆明 | 州市及以下 | 0.60 | 14.85 | 7.85 | 52.86 |
| 52 | 昆明五华科技产业园区 | 昆明市五华区科技产业园开发投资有限公司 | 昆明 | 州市及以下 | 1.00 | 17.01 | 14.17 | 83.30 |

| 序号 | 园区名称 | 平台公司 | 地区 | 级别 | 注册资本（亿元） | 总资产（亿元） | 总负债（亿元） | 资产负债率（%） |
|---|---|---|---|---|---|---|---|---|
| 53 | 宜良工业园区 | 宜良县兴源工业园区开发有限公司 | 昆明 | 州市及以下 | 0.10 | 3.33 | 3.24 | 97.09 |
| 54 | 楚雄市苍岭工业园区 | 楚雄苍岭工业开发投资有限责任公司 | 楚雄 | 州市及以下 | 0.10 | | | |
| 55 | 楚雄工业园区 | 楚雄市工业投资有限公司 | 楚雄 | 省级 | 0.30 | 0.08 | 0 | 0.78 |
| 56 | 大姚县工业园区 | 大姚县工业投资有限公司 | 楚雄 | 省级 | 0.30 | 0.37 | 0.12 | 33.62 |
| 57 | 禄丰工业园区 | 禄丰创新开发投资有限公司 | 楚雄 | 省级 | 0.46 | 0.72 | 0.25 | 35.18 |
| 58 | 牟定县工业园区 | 牟定县工业开发投资有限公司 | 楚雄 | 州市及以下 | 0.30 | | | |
| 59 | 南华工业园区 | 南华县工业投资开发有限责任公司 | 楚雄 | 州市及以下 | 0.20 | | | |
| 60 | 武定工业园区 | 武定县开发投资有限公司 | 楚雄 | 州市及以下 | 0.10 | 1.74 | 1.62 | 93.51 |
| 61 | 永仁县工业园区 | 永仁县工业园区开发建设有限公司 | 楚雄 | 州市及以下 | 0.15 | 0.33 | 0.18 | 54.87 |
| 62 | 元谋工业园区 | 元谋县开发投资有限公司 | 楚雄 | 州市及以下 | 0.56 | 0.98 | 0.36 | 37.09 |
| 63 | 丽江市金山高新技术产业经济区 | 丽江市金山高新技术投资开发有限公司 | 丽江 | 州市及以下 | 0.10 | 0.17 | 0.07 | 42.25 |
| 64 | 华坪县工业园区 | 华坪县经济投资开发有限责任公司 | 丽江 | 省级 | 1.00 | | | |
| 65 | 古城国际空港经济区 | 丽江市古城区空港经济区投资开发有限公司 | 丽江 | 州市及以下 | 0.30 | | | |

续表

| 序号 | 园区名称 | 平台公司 | 地区 | 级别 | 注册资本（亿元） | 总资产（亿元） | 总负债（亿元） | 资产负债率（%） |
|---|---|---|---|---|---|---|---|---|
| 66 | 丽江南口工业园区 | 丽江南口工业园投资开发有限公司 | 丽江 | 省级 | 0.02 | 0.10 | 0.09 | 94.70 |
| 67 | 宁蒗工业园区 | 宁蒗彝族自治县工业园区投资开发有限责任公司 | 丽江 | 州市及以下 | 0.30 | | | |
| 68 | 普洱工业园区 | 普洱工业园区建设投资开发有限公司 | 普洱 | 省级 | 0.09 | 1.44 | 1.60 | 111.10 |
| 69 | 普洱工业园区宁洱园 | 宁洱拓鑫投资开发有限公司 | 普洱 | 州市及以下 | 0.10 | | | |
| 70 | 景谷傣族彝族自治县工业园区 | 景谷傣族彝族自治县工业园区建设投资开发有限公司 | 普洱 | 省级 | 0.01 | 0.06 | 0.05 | 83.53 |
| 71 | 景东工业园区 | 景东工业园区投资开发有限责任公司 | 普洱 | 州市及以下 | 0.09 | 0.14 | | |
| 72 | 砚山工业园区 | 砚山七乡工业园区投资开发有限责任公司 | 文山 | 省级 | 0.05 | 0.64 | 0.59 | 92.46 |
| 73 | 丘北县产业园区 | 丘北县华晨投资开发有限责任公司 | 文山 | 省级 | 0.20 | 0.20 | | |
| 74 | 马关边境经济合作区 | 马关亚邦边境经济投资有限公司 | 文山 | 国家级 | 0.10 | 0.10 | | |
| 75 | 临沧工业园区 | 临沧工业园区国有资产投资经营有限公司 | 临沧 | 省级 | 0.20 | 8.82 | 2.31 | 26.22 |

续表

| 序号 | 园区名称 | 平台公司 | 地区 | 级别 | 注册资本（亿元） | 总资产（亿元） | 总负债（亿元） | 资产负债率（%） |
|---|---|---|---|---|---|---|---|---|
| 76 | 凤庆县滇红生态产业园区 | 凤庆县滇红生态产业园区投资开发有限责任公司 | 临沧 | 州市及以下 | 0.50 | 0.55 | 0.25 | 45.45 |
| 77 | 云县新材料光伏产业园区 | 云县新材料光伏产业投资开发有限公司 | 临沧 | 州市及以下 | 0.30 | 0.32 | 0.11 | 33.65 |
| 78 | 永德特色工业园区 | 永德县工业投资有限责任公司 | 临沧 | 州市及以下 | 0.10 | 0.16 | 0.08 | 50.70 |
| 79 | 会泽县工业园区管委会 | 会泽县聚隆工业投资开发有限公司 | 曲靖 | 州市及以下 | 0.16 | 0.56 | 0.40 | 71.43 |
| 80 | 宣威工业园区 | 宣威资本管理有限责任公司 | 曲靖 | 省级 | 1.00 | | | |
| 81 | 师宗县工业园区 | 师宗县天源投资开发有限责任公司 | 曲靖 | 州市及以下 | 0.01 | 0.33 | 0.33 | 100.61 |
| 82 | 曲靖经济技术开发区经济发展局 | 曲靖经济技术开发区建设投资集团有限公司 | 曲靖 | 国家级 | 10.00 | 76.00 | 14.00 | 18.42 |
| 83 | 曲靖煤化工工业园区 | 沾益县三泰投资开发有限公司 | 曲靖 | 省级 | 0.03 | 0.05 | 0.02 | 50.63 |
| 84 | 罗平县工业园区管委会 | 罗平工业园区东恒投资开发有限公司 | 曲靖 | 州市及以下 | 0.50 | 1.50 | | |

续表

| 序号 | 园区名称 | 平台公司 | 地区 | 级别 | 注册资本（亿元） | 总资产（亿元） | 总负债（亿元） | 资产负债率（％） |
|---|---|---|---|---|---|---|---|---|
| 85 | 越州工业园区 | 曲靖市麒麟区工业园区开发投资有限公司 | 曲靖 | 州市及以下 | 0.11 | 0.16 | | |
| 86 | 陆良县工业园区 | 陆良工业园区锦达投资开发有限公司 | 曲靖 | 省级 | 0.43 | 0.35 | 0.09 | 25.50 |
| 87 | 马龙工业园区 | 马龙开发投资公司 | 曲靖 | 州市及以下 | 2.61 | 0.16 | | |
| 88 | 曲靖西城工业园区麻黄片区 | 麒麟区麻黄工业基地投资开发有限公司 | 曲靖 | 省级 | 0.10 | 0.36 | 0.20 | 57.22 |
| 89 | 石屏豆制品特色产业园 | 石屏精晶豆制品投资开发有限责任公司 | 红河 | 州市及以下 | 0.10 | 0.10 | 0 | 3.82 |
| 90 | 建水县工业园区 | 建水县工业园区投资开发有限公司 | 红河 | 省级 | 0.50 | 0.63 | 0.53 | 84.77 |
| 91 | 个旧市特色工业园区 | 个旧市开发投资有限责任公司 | 红河 | 州市及以下 | 7.64 | 11.94 | 4.31 | 36.09 |
| 92 | 个旧市特色工业园区 | 个旧中小企业信用担保有限责任公司 | 红河 | 州市及以下 | 0.31 | 0.36 | 0.03 | 7.14 |
| 93 | 弥勒工业园区 | 弥勒工业园区投资开发有限公司 | 红河 | 省级 | 0.50 | 3.04 | 2.09 | 68.73 |
| 94 | 泸西工业园区 | 泸西工业园区投资开发有限责任公司 | 红河 | 省级 | 0.30 | 3.30 | 1.70 | 51.52 |
| 95 | 红河工业园区 | 红河州红元投资建设开发有限责任公司 | 红河 | 省级 | 0.50 | 11.00 | 6.00 | 54.55 |

| 序号 | 园区名称 | 平台公司 | 地区 | 级别 | 注册资本（亿元） | 总资产（亿元） | 总负债（亿元） | 资产负债率（%） |
|---|---|---|---|---|---|---|---|---|
| | 所有园区合计数 | | | | 95.32 | 613.91 | 305.31 | 63.42 |
| | 按级别统计 | | | 国家级 | 45.66 | 339.17 | 133.40 | 40.93 |
| | | | | 省级 | 19.69 | 109.31 | 61.94 | 81.40 |
| | | | | 州市及以下 | 29.97 | 165.43 | 109.97 | 53.26 |
| | 按地区统计 | | | 保山 | 1.21 | 23.78 | 10.16 | 46.39 |
| | | | | 楚雄 | 2.47 | 4.22 | 2.55 | 42.51 |
| | | | | 大理 | 5.74 | 11.24 | 6.98 | 50.95 |
| | | | | 德宏 | 0.95 | 9.37 | 8.97 | 33.33 |
| | | | | 红河 | 9.86 | 30.38 | 14.66 | 43.80 |
| | | | | 昆明 | 45.35 | 396.37 | 217.09 | 129.03 |
| | | | | 丽江 | 1.72 | 0.27 | 0.16 | 68.48 |
| | | | | 临沧 | 1.10 | 9.85 | 2.75 | 39.01 |
| | | | | 普洱 | 0.29 | 1.64 | 1.65 | 97.32 |
| | | | | 曲靖 | 14.94 | 79.47 | 15.05 | 53.97 |
| | | | | 文山 | 0.35 | 0.94 | 0.59 | 92.46 |
| | | | | 西双版纳 | 0.35 | 5.15 | 2.92 | 36.32 |
| | | | | 玉溪 | 4.20 | 27.54 | 15.90 | 68.58 |
| | | | | 昭通 | 6.80 | 13.71 | 5.88 | 19.02 |

注：合计数按级别统计和按地区统计的资产负债率为园区平均资产负债率。

资料来源：云南省工信委园区处对各工业园区委员会调研数据整理而成。

如表 1 - 5 所示，全省工业园区平均资产负债率为 63.42%，国家级园区负债率为 40.93%，省级园区负债率为 81.40%，州市及以下为 53.26%，反映出云南省园区资产能力、债务能力和建设能力的不均衡状态。

4. 园区管理机制缺乏活力，行政化倾向严重，管理效能不高

理想的管理机制应该包含良好的运行机制、动力机制和约束机制，三者相辅相成，共同提升管理效能。云南省工业园区的管理名义上是由园区的管理委员会进行管理，但实质上其只是地方政府派驻园区的代言人。园区的战

略规划和产业布局、投资项目和土地开发的审批审核权、招商引资、财政支出的预决算甚至园区人事编制、人事任免等都是由地方政府决定，管委会没有相应的决策权。这使得园区管委会的管理活动呈现办事环节多、协调难度大、工作效率低，运行成本高的特点，缺乏活力与动力，既难以发展行政职能，也没有发挥其应有的服务职能。

此外，由政府派驻到园区的管理人员都有一定的行政级别和编制限制，这使得园区管委会一方面受限于编制不足，不得不聘用临时工来充实管理工作，致使园区管委会的基础性管理工作（如数据统计、文档规范等）的规范性、准确性和有效性都难以到位。另一方面，园区管理人员的行政级别意识导致园区的管理和开发经营活动或多或少地延续了政府行政机制的特征，一定程度上出现官僚作风、遇事推诿、互不买账、以管理代替服务等现象，行政化倾向严重。

园区管委会管理机制缺乏活力、行政化倾向严重的直接结果就是导致园区管委会的管理效率、效果、效益等综合管理效能水平不高。

5. 园区管理机制缺乏创新、人力资本效能发挥有限

无论在什么样的环境中，人力资源都是最具能动性和最具爆发力的资源，对总体发展战略目标的实现具有举足轻重的作用。政企不分导致管理缺位。园区国有资产散落在不同的部门或企业，多头管理。没有完全实行"管人、管事、管资产"三统一的管理机制，出资人职责有缺位和越位情况，出资人与代理人的身份混为一体，仍然按照传统的管理模式进行管理，即主管部门管经营、管考核，财政部管资产、管收益的多头管理现象；园区形成"重物轻钱"的理财观念，导致过度依赖土地出让、依赖项目招商、依赖政府拨款的园区建设模式。有的园区资产产权模糊，存量失真，核算不实，使部分闲置资产及其投资收益未能发挥杠杆作用。

课题组对抽样调研的21个工业园区情况调查发现，园区管委会相当程度的工作人员都是从原先的各政府机关职能部门抽调过来，缺乏相应的经济管理知识背景和专业素养，凭经验、凭感觉做事，凭权威工作的现象较突出；部分园区公务员兼任园区企业职务较为普遍，特别是园区管委会领导基本兼任园区开发公司、融资平台公司的负责人，角色混乱；园区管理人员职数严

重不足，部分园区超过一半的员工是临时招聘人员，责任心、事业心不强。此外，专业化人才队伍建设滞后，这对系统化、专业化的要求较高的园区建设无疑是挑战，对工业园区进一步发展形成阻碍。

# 二、云南省工业园区融资体系建设现状

## （一）融资平台建设现状

课题组抽样调研 21 个工业园区的融资平台公司数量、注册资金、资产规模以及资产负债率、融资平台建设等情况，对调研的结果进行归纳如表 1－6 所示。

表 1－6　21 家园区平台公司建设概况

| 序号 | 园区名称 | 平台公司名称 | 成立时间 | 注册资金 | 平台数量 | 平台性质 | | | 融资业务开展情况 |
|---|---|---|---|---|---|---|---|---|---|
| | | | | | | 国有 | 股份制 | 其他 | |
| 1 | 昆明经济技术开发区 | 昆明经济技术开发区投资有限责任公司 | 2006年7月 | 12.4亿元 | 2 | ☑ | | | 现已拥有 2 家全资子公司、3 家控股公司、7 家参股公司，投资公司及相关企业已成为其经济领域的重要力量 |
| | | 经济技术开发区金融中心（PE 中心） | 2012年3月 | 5000万元 | | ☑ | | | 已入驻股权投资类企业 137 家，其中投资于实体项目的股权投资类企业 52 家，二级市场股权投资类企业 85 家，实际到位资金超过 350 亿元 |

续表

| 序号 | 园区名称 | 平台公司名称 | 成立时间 | 注册资金 | 平台数量 | 平台性质 | | | 融资业务开展情况 |
|---|---|---|---|---|---|---|---|---|---|
| | | | | | | 国有 | 股份制 | 其他 | |
| 2 | 昆明高新技术产业开发区 | 昆明国家高新技术产业开发区国有资产经营有限公司 | 2001年6月 | 5.4亿元 | 1 | ☑ | | | 2011~2013年的融资额分别为10.39亿元、10.52亿元、11.74亿元。截至2013年末，公司总资产超67亿元，净资产近30亿元 |
| 3 | 安宁工业园区 | 安宁工业园区投资开发有限公司 | 2008年9月 | 71961万元 | 1 | ☑ | | | 截至2013年12月31日公司总资产为229701万元，总负债为158238万元。资产负债率约为68.89% |
| 4 | 楚雄工业园区 | 楚雄建设投资开发有限公司 | 2004年12月 | 21674万元 | 4 | ☑ | | | 承担了管委会主要的融资任务，成立至今，共计融资118564万元。 |
| | | 开发区土地储备地产交易管理中心 | 2001年 | 5382万元 | | ☑ | | | 开发区土地储备贷款的承贷主体。近年来，为楚雄市贷款2亿元，为开发区贷款8500万元 |
| | | 工信投资公司 | 2012年3月12日 | 1000万元 | | ☑ | | | 委托建华集团融资3000万元，购建华酒店提供给滇西铁路指挥部办公 |
| | | 苍岭投资公司 | 2012年6月27日 | 1000万元 | | ☑ | | | 主要推进苍岭工业园区建设，未来将成为政府融资的主战场 |

| 序号 | 园区名称 | 平台公司名称 | 成立时间 | 注册资金 | 平台数量 | 平台性质 | | | 融资业务开展情况 |
|---|---|---|---|---|---|---|---|---|---|
| | | | | | | 国有 | 股份制 | 其他 | |
| 5 | 富民工业园区 | 富民工业园区国有资产管理有限公司 | 2009年4月 | 10000万元 | 1 | ☑ | | | 采取多渠道、多种方式筹融资金,向禄劝农业发展银行贷款1.5亿元,实施开发地块198.26公顷收储工作;采取吸纳民营资金合作方式,实施大营建材五金加工园土地平整项目 |
| 6 | 红塔工业园区 | 红塔工业园区建设投资有限公司 | 2013年4月 | 1亿元 | 1 | ☑ | | | 本身并没有具体经营的项目,公司的主要任务是融资,但是由于成立时间比较短,在融资方面并没有很大的贡献 |
| 7 | 陆良工业园区 | 陆良工业园区锦达投资开发有限公司 | 2007年10月 | 4300万元 | 1 | ☑ | | | 主要以土地储备来融资,以期征地 |
| 8 | 禄丰工业园区 | 禄丰工业园区开发投资公司 | 2004年2月 | 25000万元 | 1 | ☑ | | | 成立至今尚未开展业务 |
| 9 | 蒙自经济技术开发区 | 红河州红元投资建设开发有限责任公司 | 2003年 | 5000万 | 1 | ☑ | | | 积极地进行融资,为园区的基础设施建设筹措资金。目前,园区融资总额达2.05亿元 |

| 序号 | 园区名称 | 平台公司名称 | 成立时间 | 注册资金 | 平台数量 | 平台性质 | | | 融资业务开展情况 |
|---|---|---|---|---|---|---|---|---|---|
| | | | | | | 国有 | 股份制 | 其他 | |
| 10 | 保山工业园区 | 保山金盛工业开发有限公司 | 2006年9月 | 7000万元 | 4 | ☑ | | | 负责园区土地开发，水、电、路基础设施建设，公租房建设等 |
| | | 保山市博盛投资管理开发有限公司 | | 1000万元 | | | ☑ | | 负责园区标准厂房的统一建设和管理等 |
| | | 保山市人民政府工贸园区管理委员会土地收储中心 | | 500万元 | | ☑ | | | 负责园区土地的收储、开发整理、供应等 |
| | | 保山市永昌投资有限公司 | | | | ☑ | | | 为地市级融资平台公司，拥有发债资格 |
| 11 | 大理创新工业园区 | 大理创新融资担保有限公司 | | | 7 | ☑ | | | |
| | | 大理经开实业有限公司 | | | | | ☑ | | |
| | | 大理市东城区市政工程有限责任公司 | | | | ☑ | | | |
| | | 大理经济开发区土地投资开发有限公司 | | | | ☑ | | | 成功发行了两期债券共计14.5亿元，即"2012大理债"、"2013大理债" |

续表

| 序号 | 园区名称 | 平台公司名称 | 成立时间 | 注册资金 | 平台数量 | 平台性质 | | | 融资业务开展情况 |
|---|---|---|---|---|---|---|---|---|---|
| | | | | | | 国有 | 股份制 | 其他 | |
| 11 | 大理创新工业园区 | 大理建发置业有限责任公司 | | | 7 | | ☑ | | |
| | | 大理创新工业园区投资开发有限责任公司 | | | | | ☑ | | |
| | | 大理创新园区土地收购储备交易中心 | | | | ☑ | | | 园区土地收储 |
| 12 | 泸西工业园区 | 泸西工业园区投资公司 | | | 1 | ☑ | | | 几乎没有开展融资业务 |
| 13 | 弥勒工业园区 | 弥勒工业园区投资开发有限公司 | 2013年 | 5000万元 | 1 | ☑ | | | 主要负责对项目投资和所投资项目进行管理、债权投资、园区土地的前期开发和取得土地使用权开发等,但几乎处于停滞状态 |
| 14 | 曲靖经济技术开发区 | 曲靖经济技术开发区建设投资集团有限公司 | 2013年3月 | 10亿元 | 1 | ☑ | | | 下辖4个业务部和融资担保公司、保障性住房开发投资公司、土地投资开发公司、开发建设公司、创业投资公司、南海新区开发公司6家子公司,拥有2家参股公司 |
| 15 | 瑞丽工业园区 | 瑞丽仁隆投资开发有限责任公司 | | 6000万元 | 1 | ☑ | | | 未开展融资业务,目前不具备发债资格 |

续表

| 序号 | 园区名称 | 平台公司名称 | 成立时间 | 注册资金 | 平台数量 | 平台性质 | | | 融资业务开展情况 |
|---|---|---|---|---|---|---|---|---|---|
| | | | | | | 国有 | 股份制 | 其他 | |
| 16 | 文山三七产业园区 | 文山城投公司 | | | 1 | ☑ | | | 帮助园区进行融资 |
| 17 | 祥云财富工业园区 | 祥云县国有资产经营担保有限责任公司 | | | 4 | ☑ | | | 代表县人民政府行使对祥云县国有资产的管理权和经营权，开展融资担保业务，融资担保贷款累计完成20855万元 |
| | | 祥云工业投资有限责任公司 | | | | | | ☑ | 承接自建项目和政府代建项目，从而为工业园提供融资担保 |
| | | 祥云县城市建设投资开发有限责任公司 | | | | ☑ | | | 以改善城市投资环境和实现城建资产保值增值为目的，代表祥云县人民政府负责城建资产的管理和经营活动 |
| | | 祥云县土地开发投资经营有限责任公司 | | | | ☑ | | | 主要从事城市建设、工业发展、市政建设、山地城镇一期建设土地收储补偿资金筹措、兑付工作 |
| 18 | 宣威特色工业园区 | 宣威工业园区投融资公司 | | | 1 | ☑ | | | 依靠园区内部管委会物业管理公司向银行进行贷款 |

续表

| 序号 | 园区名称 | 平台公司名称 | 成立时间 | 注册资金 | 平台数量 | 平台性质 | | | 融资业务开展情况 |
|---|---|---|---|---|---|---|---|---|---|
| | | | | | | 国有 | 股份制 | 其他 | |
| 19 | 砚山工业园区 | 砚山瑞成工业园区开发有限责任公司 | 2007年 | 1亿元 | 1 | | ☑ | | 主要从事土地收储开发、工业园区建设、融资管理、标准厂房建设等 |
| 20 | 晋宁工业园区 | 晋宁工业园区投资开发有限责任公司 | 2008年9月 | 5000万元 | 1 | ☑ | | | 公司负责对工业园区内国有资产进行投资、管理及投资咨询服务等。2013年以来，晋宁工业园整合资源，包装项目，切实打造园区的融资平台，提高园区投资公司的融资能力和园区开发建设实力，资产由3亿元增加到7亿元 |
| 21 | 杨林经济技术开发区 | 云南泰佳鑫投资有限公司 | 2011年10月 | 22876万元 | 1 | ☑ | | | |

资料来源：各工业园区委员会调研数据整理而成。

　　抽样调研结果得出，21个工业园区设有融资平台公司共计37家，除少数没有开展工作外，大多数平台公司发挥了园区融资功能。21家平台公司按平台公司的所有制来划分，大致可以分为两类：一是国有融资平台，由地方政府发起设立，通过划拨土地、股权、规费等资产，包装出一个资产和现金流均可达融资标准的公司，必要时再辅以财政补贴作为还款承诺，以实现承接各路资金的目的，进而将资金运用于市政建设、公用事业等项目之中。二是股份制融资平台，由企业出资设立，按市场化经营并享有筹资的自主权，同时也相应地承担融资风险。

　　园区融资平台建设取得的成绩有力地支撑了园区的建设发展，特别是在土地收储、银行信贷、项目融资、产业基金、园区债券等方面都起到不可替代的作用。

## （二）融资渠道建设现状

根据课题组抽样的 21 个园区调研发现，园区融资已形成较固定的渠道，这些渠道发挥着积极的作用，如图 1-5 所示。

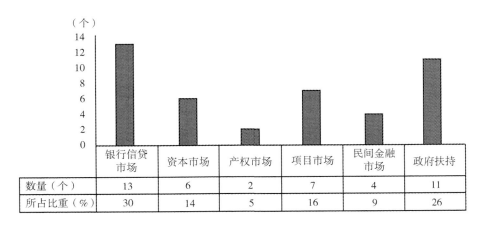

| | 银行信贷市场 | 资本市场 | 产权市场 | 项目市场 | 民间金融市场 | 政府扶持 |
|---|---|---|---|---|---|---|
| 数量（个） | 13 | 6 | 2 | 7 | 4 | 11 |
| 所占比重（%） | 30 | 14 | 5 | 16 | 9 | 26 |

**图 1-5　云南省部分工业园区融资渠道**

资料来源：各工业园区委员调研数据整理而成。

从统计结果可以看出，21 个工业园区大部分以银行信贷市场、政府扶持和项目市场融资为主，其中 13 个工业园区选择通过银行信贷市场获取银行贷款，占所有融资类型的 30%，11 个工业园区资金主要来源于政府扶持，占比 26%，7 个工业园区通过项目市场获取资金，占比 16%，而项目市场中主要依靠 BT 模式。无论选择何种渠道，园区建设缺乏稳定的融资渠道都是无法进行的，因此，可以认为，稳定而畅通的融资渠道是园区建设的根本保障。

## （三）融资模式建设现状

课题组按照模式分类，对 21 个园区的融资模式进行抽样调研发现，云南省园区建设主要采用直接融资、间接融资、项目融资三类模式。21 个工业园区所使用的融资模式如表 1-7 所示。

表1-7 云南省部分工业园区融资模式调查

| 序号 | 园区名称 | 直接融资 | 间接融资 | 项目融资 |
|------|----------|----------|----------|----------|
| 1 | 昆明经济技术开发区 | | ☑ | |
| 2 | 昆明高新技术产业开发区 | ☑ | ☑ | |
| 3 | 曲靖经济技术开发区 | ☑ | ☑ | |
| 4 | 蒙自经济技术开发区 | | ☑ | ☑ |
| 5 | 杨林经济技术开发区 | ☑ | ☑ | ☑ |
| 6 | 保山工业园区 | ☑ | ☑ | |
| 7 | 楚雄工业园区 | ☑ | ☑ | ☑ |
| 8 | 大理创新工业园区 | ☑ | ☑ | ☑ |
| 9 | 富民工业园区 | | ☑ | ☑ |
| 10 | 红塔工业园区 | | ☑ | ☑ |
| 11 | 晋宁工业园区 | | ☑ | ☑ |
| 12 | 泸西工业园区 | | ☑ | ☑ |
| 13 | 陆良工业园区 | | ☑ | |
| 14 | 禄丰工业园区 | ☑ | ☑ | ☑ |
| 15 | 弥勒工业园区 | | ☑ | ☑ |
| 16 | 瑞丽工业园区 | | ☑ | |
| 17 | 文山三七工业园区 | | ☑ | ☑ |
| 18 | 祥云财富工业园区 | | ☑ | |
| 19 | 宣威特色工业园区 | | ☑ | |
| 20 | 砚山工业园区 | | ☑ | ☑ |
| 21 | 安宁工业园区 | | ☑ | |

注：直接融资亦称直接金融。它是没有金融中介机构介入的资金融通方式。直接融资是资金直供方式，资金供求双方通过一定的金融工具直接形成债权债务关系的融资形式。包括商业票据和直接借贷凭证、股票、债券。

间接融资亦称"间接金融"，是指通过金融中介机构进行的资金融通方式。在这种融资方式下，在一定时期里，资金盈余单位将资金存入金融机构或购买金融机构发行的各种证券，再由这些金融机构将集中起来的资金有偿地提供给资金需求单位使用。包括各类银行贷款、信托贷款等。

项目融资是以项目的名义筹措一年期以上的资金，以项目营运收入承担债务偿还责任的融资形式。项目融资形式较多，包括TA、BOT、BT、TOT、PPP等。

资料来源：各工业园区委员会调研数据整理而成。

上述调查统计发现，云南省各类工业园区使用的融资模式具有下列特征：

其一，直接融资、间接融资与项目融资各类融资模式在园区融资中均有使用，且每个园区可能同时使用多个模式。但根据园区的发展基础、规模的不同，在采用的融资模式方面具有差异。

其二，间接融资模式为最主要的融资模式。抽样调查的 21 个工业园区，百分之百采用了间接融资模式。尤其以各类政策性银行、商业银行贷款和信托公司借款为主。仅有较少数规模较大、实力较强，有稳定税收来源的园区获得了银行稳定的授信额度，能够灵活地根据需要使用银行贷款。

其三，仅有规模大、实力强、基础好的部分园区采用了直接融资的模式。在抽样调查的 21 个工业园区中，使用直接融资模式的 7 家，约占整体的 1/3。发行债券是最主要的方式，此外也有少数园区采用股权融资和企业借款的方式。

## （四）融资环境建设现状

工业园区融资环境包括融资政策支持、财政支持、金融支持、融资服务体系建设等方面。

1. 政府对云南省工业园区的融资政策支持

课题组通过表格形式对比融资政策对园区建设城市的效用，抽样调研的 21 家工业园区情况如表 1 - 8 所示。

表 1 - 8　政府对云南省工业园区的融资政策总览

| 年份 | 政府融资政策 | 政策执行效果 |
| --- | --- | --- |
| 2014 | 《国务院关于加强地方政府性债务管理的意见》（国发〔2014〕43 号） | 正在落实 |

| 年份 | 政府融资政策 | 政策执行效果 |
|---|---|---|
| 2012 | 《云南省工业园区管理办法》（云南省人民政府令［2012］179号） | 解决了云南省工业园区管理体制机制不顺、园区的设立和审批不规范、园区的规划用地及开发难等问题，明确了园区企业享受的优惠政策 |
| | 《关于制止地方政府违法违规融资行为的通知》（财预［2012］463号） | 严禁直接或间接吸收公众资金违规集资；加强对融资平台公司注资行为管理；坚决制止地方政府违规担保承诺行为 |
| | 《中共云南省委、云南省人民政府关于推动工业跨越发展的决定》（云发［2012］5号） | 改善工业园区的发展环境、加快工业园区的建设、发展壮大产业和企业、着力提升工业竞争力、推动工业资源节约环境友好发展、强化园区的组织保障 |
| 2011 | 《云南省人民政府办公厅关于印发云南省新型工业化发展专项资金管理办法的通知》（云政办发［2011］165号） | 园区基础设施建设为重点，改善招商引资环境，加快项目入园步伐，充分发挥园区在工业经济发展中的辐射带动作用，促进园区发展的全面性、协调性、可持续性 |
| 2010 | 《云南省省级重点工业园区发展综合考核评价办法（暂行）》（云工信园区［2010］548号） | 按照"突出重点、积极自愿、统管统评"的原则，对全省重点工业园区和申请列入省级重点的工业园区进行考核，推动全省工业园区竞相发展，形成工业园区示范带动经济发展的良好格局，建立长期的、科学合理的评估机制 |
| | 《云南省人民政府关于加快工业园区标准厂房建设的意见》（云政发［2010］23号） | 鼓励多渠道投资建设园区标准厂房。凡在2010～2012年，新建标准厂房每平方米将补助200～300元 |
| | 《国务院关于加强地方政府融资平台公司管理有关问题的通知》（国发［2010］19号） | 对融资平台公司债务进行全面清理，并按照分类管理、区别对待的原则，妥善处理债务偿还和在建项目后续融资问题 |
| 2009 | 《云南省人民政府关于加快工业园区建设的意见》（云政发［2009］79号） | 促进优势特色产业聚集发展，着力创新招商引资方式，促进以园招商、以商建园，加快基础设施建设，全面改善投资环境，促进园区体制机制和开发模式创新，建立激励约束机制，促进全省新型工业化和城镇化又好又快发展 |

| 年份 | 政府融资政策 | 政策执行效果 |
|---|---|---|
| 2008 | 《中共云南省委、云南省人民政府关于进一步加快推进新型工业化的决定》（云发〔2008〕15号） | 实施工业发展"双万亿工程"、重点项目建设"双百工程"，以大投入、大项目、大资本、大企业、大环境带动大发展。着力建设工业园区和工业集中区，培育特色产业集群，优化产业空间布局，打造新型工业化核心区。强化政策保障，深化企业改革，发展开放型经济，改善投资环境，解决要素制约，努力实现全省工业经济又好又快发展 |

资料来源：各工业园区委员会调研数据整理而成。

　　课题组通过抽样调研得出一个基本判断，云南省园区在国家和省政府鼓励工业园的建设政策支持下，工业园区均不同程度地接受国家、省和所在地政府的财政支撑，包括为工业园的发展提供资金支持，极大地改善了园区水、电、路、标准厂房等基础设施建设，配套建设住房、教育、卫生等公共服务设施，不断增强工业园区的承载力和吸引力。

　　此外，各园区内部还出台了数量不一的融资支持政策，如富民工业园区为解决企业在贷款到期时周转资金困难问题，富民县金融服务（工作）办公室及工业园区管理委员会共同研究制定了2014年《富民县中小企业转贷专项资金管理办法（试行）》；陆良工业园区定期召开"优化环境投资征求意见和测评会"，加强政企沟通，全面提升工业园区的服务层次和水平；禄丰工业园从2003～2009年连续出台5个文件，鼓励和支持园区招商引资、融资创新等；弥勒工业园区连续出台《弥勒县招商引资奖励办法》等4个文件加大园区发展；文山工业园实行项目推进工作责任制，每个项目分别确定了挂钩领导、责任单位和责任人，对项目实施进行跟踪服务；楚雄工业园区将部分国有资产、市级党政机关、社会团体、事业单位中可经营性的优良资产划拨到市开发投资公司和楚雄市城市建设投资公司，赋予融资平台经营权，扩大收益，增强融资平台的还款能力；曲靖经济技术开发区建设投资集团有限公司发行债券17亿元，用于曲靖开发区项目建设。总之，在省委、省政府的高度重视下，园区扶持政策极大地改善了云南省园区投融资环境，有力地促进了园区各项事业的发展。

2. 各级财政对工业园区的资金支持

云南省各级政府在财政较困难的情况下，统筹资金支持园区的建设发展（见表1–9）。

表1–9 政府对云南省工业园区的财政支持情况

| 工业园区 | 政府资金支持规模 | 政策效果 |
|---|---|---|
| 保山工业园区 | 2013 年，政府财政投入园区开发的预算内资金约200 万元，政府性基金约4500 万元；2013 年共获取专项资金约1.36 亿元；从关联机构获取资金2 亿元 | 效果明显，支持了园区基础设施建设 |
| 大理工业园区 | 省工业和信息化委员会和州委制定或实施很多扶持政策，项目支持资金1000 万~5000 万元不等 | 对招商引资作用明显 |
| 富民工业园区 | 2010 年以来，已累计划拨园区企业土地预付款15664 万元，省、市、县历年项目扶持资金12845 万元 | 解决了部分基础设施建设资金需求 |
| 红塔工业园区 | 省工信委大力支持安排200 万元支持融资平台的建设 | 引导融资平台规范管理 |
| 泸西工业园区 | 2006~2012 年，省工信委安排园区建设补助资金930 万元，州政府安排补助资金200 万元，县政府安排补助资金900 万元 | 对园区基础设施建设提供了支持 |
| 禄丰工业园 | 2013 年通过市开投公司向楚雄州开投公司争取政府债券资金1.15 亿元，用于城市基础设施和水利基础设施建设 | 接通了园区与城区接合部的道路 |
| 蒙自经济技术开发区 | 红河州财政的扶持基金每年大概拨款2000 万~3000 万用于园区的基础设施建设 | 解决部分园区道路建设资金 |
| 瑞丽工业园 | 省工信局对省内工业园区标准厂房建设有每平方米200 元补贴的政策；德宏州政府每年安排2000 万元用于园区基础设施建设 | 规范了部分园区厂房建设 |
| 砚山经济技术开发区 | 2013 年以来，砚山县通过县级财政每年安排500 万元的园区专项建设资金 | 园区管委会和融资平台业务经费得到保障 |

| 工业园区 | 政府资金支持规模 | 政策效果 |
|---|---|---|
| 杨林工业园区 | 2013 年政府划拨资金 17850 万元，用于扶持园区企业进行重点技术改造项目 | 促进园区企业技术升级改造 |

资料来源：各工业园区委员会调研数据整理而成。

对比工业产值贡献率也可以发现，园区所在地政府的财政支持与要求工业产值贡献成正比，如蒙自经济技术开发区、大理工业园区、杨林工业园区等。这充分说明政府对园区建设处于主导地位，资金扶持是重要的手段，近几年云南省各级财政对园区发展的支持促进了工业园区对地方经济建设的作用。

3. 各类金融机构对园区的支持

课题组对 21 家工业园区的抽样调研还发现，云南省工业园区积极利用园区融资平台与省内各大金融机构、信托、资产管理公司等金融机构开展合作，并签订战略合作协议。对云南省工业园区支持较大的金融机构包括建设银行、农村信用合作联社、农业银行、农业发展银行、交通银行、招商银行、富滇银行、浦发银行、中航信托股份有限公司、长安信托股份有限公司等。各金融机构对云南省工业园区信贷支持情况如表 1 - 10 所示。

**表 1 - 10　金融机构对云南省部分工业园区信贷支持情况**

| 工业园区 | 金融机构参与工业园区融资建设情况 |
|---|---|
| 安宁工业园区 | 中航信托 7.1685 亿元的借款，长安信托 2 亿元借款 |
| 保山工业园区 | 保山金盛工业开发有限公司：2013 年 3 月公司获得农业发展银行保山市分行贷款 3 亿元；2014 年 1 月公司获得建设银行保山市分行助保贷 1750 万元；正在向农业发展银行保山市分行申贷 3 亿元。保山市博盛投资管理开发有限公司：2014 年 1 月该公司获得隆阳区农信社贷款 1000 万元；正在向建设银行保山市分行申贷 5000 万元，向保山市隆阳区农村信用合作联社申请贷款 1.8 亿元<br>保山市人民政府工贸园区管理委员会土地收储中心：2014 年 1 月中心获得农业发展银行保山市分行贷款 1 亿元<br>"助保贷"项目：园区管委会与建设银行保山市分行联合推出该项目，对于园区企业的固定资产投资贷款项目，由园区通过保山市担保中心提供 50% 的担保 |

| 工业园区 | 金融机构参与工业园区融资建设情况 |
|---|---|
| 楚雄工业园区 | 2013 年贷款规模达 34500 万元；2014 年 7 月贷款规模达 5600 万元 |
| 富民工业园区 | 2010 年园区建设启动资金是禄劝农业发展银行 1.5 亿元的贷款；2014 年 8 月，园区与银行开展为企业担保贷款工作，为 23 户入园企业担保贷款 10422 万元；银行协助企业贷款 3 户，贷款金额 2000 万元 |
| 红塔工业园区 | 截至 2014 年已经向银行贷款 1.8 亿元，通过 BT 方式融资 5600 万元，用于土地平整 |
| 昆明市经济技术开发区 | 云南城投股份有限公司募集资金规模超过 100 亿元；PE 中心的中小微融资平台 2013 年交易额 6.76 亿元 |
| 禄丰工业园 | 2011~2012 年，通过市供排水公司水费收费权和收益权质押方式，向交通银行、建设银行申请贷款 2.4 亿元<br>融资平台城建投资开发有限公司与富滇银行、长安信托股份有限公司合作，成功发行安富稳健系列一号 BT 项目收益权财产信托产品，共融资 2 亿元<br>市土地储备中心和开发区土地储备中心已向浦发银行、富滇银行申请工业园区建设土地储备贷款 3.5 亿元<br>园区设立新区股权投资政府引导基金，吸引私募股权投资基金入驻新区，投资新区产业发展 |
| 蒙自经济技术开发区 | 管委会已经和农业银行红河分行签订协议，计划在未来 5 年内向蒙自经济技术开发区管委会及其全资子公司、控股公司和参股公司提供 10 亿元的意向性信用额度 |
| 曲靖经济技术开发区 | 2013 年底通过融资租赁、保险债权计划等方式开展多渠道融资完成资产注入 12.7 亿元<br>2013 年 8 月，先后获得建设银行和招商银行 1.7 亿元、2.4 亿元，合计 4.1 亿元的保障性住房项目开发贷款<br>2014 年实现融资 5 亿元以上，2015 年 3 月建投集团与农业银行签订了 5 亿元《融资合作意向书》，就开发区长征路、翠峰西路和龙潭大道道路工程建设初步达成 2 亿元融资意向 |
| 杨林经济技术开发区 | 2013 年 12 月与富滇银行嵩明支行及四川宜邦融资租赁有限公司按国内保理租赁模式融资 1 亿元<br>2014 年 1 月向嵩明县农村信用合作联社进行固定资产借款 8000 万元；标准厂房以 BT 方式融资 2.28 亿元建设，园区水循环利用节水工程项目以 BOT、TOT 方式融资 1.73 亿元建设，向昆明产业开发投资有限公司以股东借款方式融资 3.3 亿元用于园区土地一级开发 |

　　根据上述金融机构参与工业园区融资建设情况，图 1-6 表明了以上园区金融机构参与融资支持的比重。

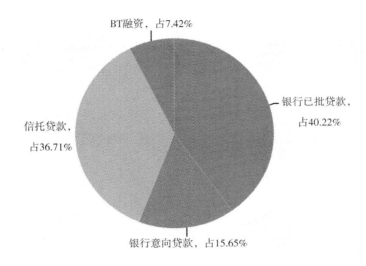

**图 1-6　金融机构参与工业园区融资建设现状**
资料来源：各工业园区委员会调研数据整理而成。

　　根据样本数量分析，无论从金融机构数量还是贷款规模，各类金融机构已构成对园区金融服务的网络和体系，只要符合信贷条件都可以获得融资支持。同时也表明，云南省工业园区建设离不开金融机构的支持，依托金融机构加快园区融资体系建设是云南省园区发展的重要途径。

　　4. 融资服务体系建设对园区的支持

　　虽然云南省工业园区融资服务体系建设还不完善，但各园区仍尽最大努力建设融资服务体系，如部分园区建立有园区服务平台，集中工商、税务、银行、海关等部门联合办公的服务窗口，招商引资措施具体明确，土地储备机制完善，融资平台健全，对园区企业管理及时到位等。调查发现，园区融资服务体系是一个庞大复杂的系统工程，只要用心去做，一定会给园区建设发展带来积极的促进作用，但反之，忽视融资服务体系建设，再好的项目、再好的区位、再好的政策也难以吸引投资、融到资金，园区建设必会受挫。

## （五）云南省工业园区融资体系存在的问题

1. 融资能力弱不能满足工业园区对前期基础设施建设的资金需求

课题组对抽样调查的 21 个工业园区调查发现，园区开发建设面临着水、电、路、气、通信、网络、有线电视和土地平整的"七通一平"前期基础设施建设资金短缺的问题。主要表现在：

（1）间接融资不可持续。园区建设资金主要来自银行等金融机构，基础设施建设直接融资所占比例小。21 个园区采用直接融资的比例不到 30%，融资量不到投资额的 5%。

（2）建设与融资错位。园区基础设施建设项目建设周期长，所需资金量大，而平台公司融资中绝大部分是短期贷款，基于贷款成本及资金灵活性考虑，与园区开发、建设周期与融资方式严重不符。

（3）债务规模增大，利息负担加重，风险加大。一是随着园区建设的不断推进，园区贷款利息负担逐渐加重，高额利息的支付势必加大项目运行成本，加重财政负担；二是大部分融资平台公司财务杠杆过高，甚至已资不抵债，资产负债率过高导致有的平台公司很难再继续承担园区建设的融资任务，且大部分平台公司的还款高峰期在未来一两年内；三是因受经济增速下降等原因的影响，政府未来几年的财税收入不容乐观，这将进一步加剧债务风险，各融资平台公司资产负债率已不能达到银行贷款要求，得不到银行贷款的有效保障，拆东墙、补西墙现象严重，而其他间接融资主体及民间资本又很难进入到园区建设项目中来。

（4）园区增量资本形成率低，再融资能力弱。增量资本产出率（ICOR）是当期固定资本形成总额与 GDP 增加值之比，数值越高，表明投资产出效率越低。课题组运用这一指标衡量云南省园区投资产出分析投资效率，目的是衡量园区投融资形成能力。计算结果得出云南省园区增量资本产出率平均为 4.6，与全国平均 3.9 相比 ICOR 数值明显偏高，说明工业园区融资的实际利率水平高于工业园区产出利润平均水平，这将严重影响云南省园区投入。由于云南省园区普遍实力不强，资产规模较小，净资产形成能力不足，导致园区实际融资利率超过生产经营收益，融资成本较高，使得云南省园区资本形成率普遍较低，投融资困难。

（5）变更规划，预算无法满足需求。受到"工业上山"政策影响，许多工业园区用地选址山高坡陡，土地平整、道路网管建设等需要劈山修路、开山建厂，需要大挖大填进行土地平整，园区变更规划，资金需求超出预算，园区融资能力已无法适应园区建设发展的需求。

2. 园区融资平台作用不显著，层次差异大，管理不规范

调研发现，国家级园区融资平台功能较齐备，勉强能适应园区发展需要，而省级以下园区融资平台基本难以发挥作用，突出表现在：

（1）政府注资不到位，部分融资平台形同虚设。融资平台债务不断增大，贷款利息负担逐渐加重，资产负债率过高导致平台很难再继续承担园区建设的融资任务。

（2）园区融资平台负债率过高。部分园区融资平台负债率高，再融资能力不足。如楚雄工业园区的开发区土地储备地产交易管理中心的资产负债率高达103%。同时能够回收资金的渠道特别是土地、资产收益等不能如期按量回收到平台公司，导致平台公司运作艰难。

（3）园区融资平台行政化倾向严重。首先，融资平台虽然以公司的形式成立，但又不完全按照公司的模式运作，融资自主权和决策权完全由所在地政府决定；其次，平台公司没有资金的支配权，也由政府来主导；最后，几乎所有平台公司都存在挪用借款的现象。

（4）平台建设不到位。大部分园区融资平台公司存在的问题：一是融资平台公司没有融资自主权和决策权，基本由政府做主；二是平台公司没有资金使用的支配权，完全由政府掌控，容易造成平台融资管理中的不规范运作，如夸大项目收益或挪用项目借款；三是基础设施项目或超前建设，搞形象工程；四是部分园区融资平台公司尚未建立融资平台，部分已建立的业务不熟、渠道不通、技术不强、管理不善，融资环境难以适应融资要求；五是部分园区由于规模小、实力弱、条件差，导致园区融资平台功能难以发挥作用。

3. 融资渠道不通畅

目前，云南省园区融资渠道不畅的困难突出表现在：

（1）渠道单一。工业园区融资主体难以通过直接融资方式获得银行贷款，间接融资又加大融资成本，发行债券、信托产品、利用外资和民营资本等市场化融资方式处于起步阶段，加之政府投融资管理体系调整和资本市场等方面的约束，使得融资渠道不畅通，融资能力不足。

（2）政策落实不到位。国家、省、市的支持政策没有落实到位，银行机构大多"嫌贫爱富"，担保抵押不完善，园区内的中小企业融资十分困难。

（3）政府授权不充分。部分园区管委会是政府派出机构，其管理职能须靠政府授权，授权不充分，园区融资平台就难以连接融资通道，权责不清，责任和风险更无人担当。

（4）金融机构加强监管，限制了园区的融资渠道。一方面，国家加强产业结构调整，使得一些传统产业及其关联产业融资受到限制；另一方面，国家加强对地方债务的监管，以土地融资和地方财政担保的条件更加严格，也影响园区融资渠道拓展。

4. 园区融资模式较为单一

在抽样调研的 21 个园区中园区融资模式单一，主要表现在：

（1）园区建设存在"等、靠、要"现象。由于基础设施建设成本比较高、对资金的需求量大、资金来源渠道少、地方财政较困难，导致园区内配套基础设施、公共服务等硬件滞后，功能不完善，"等、靠、要"的建设思路严重制约了招商引资和项目建设推进。

（2）项目融资风险增大。绝大多数园区使用了项目融资模式尤其是基础设施建设大量采用 BT、BOT 模式，这一比例达到 62%，因园区建设资金来源不足，不少园区的基础设施建设采用企业"垫资"方式进行，这实际上就是 BT 的模式，企业承担较大风险，园区后期面临巨大的还款压力。同时，国家目前在清理地方融资平台和地方债务，对运用项目融资方式也采取了限制政策，这对云南省园区项目融资模式的开展增加了难度。

（3）直接融资模式单一。虽然政策鼓励园区使用股权、债权的融资模式，由于直接融资门槛高，在规模大、实力强的园区直接融资可能性较大，而云南省一般规模的园区或发展初期、规模实力不具备的园区达到不到直接融资的资格。由于难以实现直接融资，导致园区过分依赖银行等金融机构贷款融资，如抽样调研的 21 个园区中，依赖银行贷款的融资比重达到 55% 以上，这使得园区基础设施的债务结构长期处于不合理的状态。

（4）平台债务规模增大，利息负担加重。随着园区建设的不断推进，融资平台公司贷款利息负担逐渐加重，高额利息的支付势必会加大项目运行成本、加重财政负担。大部分融资平台公司财务杠杆过高，甚至已资不抵债，资产负债率过高导致有的平台公司很难再继续承担园区建设的融资任务，且大部分平台公司的还款高峰期在未来一两年内。因受经济增速下降等原因的影响，政府未来几年的财税收入不容乐观，这将进一步加剧债务风险。

5. 过分依赖土地融资

近年来，地方经济增长方式逐步形成了以地方政府为主导、以土地资本化以及房地产业为中心的经济增长格局，产生了所谓"土地财政"，形成了直接依赖土地出让收入偿还地方债的基本格局。在抽样调研的 21 个园区中，绝大部分融资平台公司的贷款是以土地做抵押来进行融资的，各园区管委会实力也主要体现在土地开发上，园区位置好的，管委会收益及实力相对较强；园区地处偏远的，则实力较弱。目前云南省园区土地收储出让融资过程中最大的负担是政府的提取比例过高，省、市、县政府先要对土地出让收入（出让总价款）提取水利基金、地质灾害基金、高速公路和铁路建设基金、市级统筹农田水利基金、教育基金、农业土地开发基金、土地储备管理费等，大大增加了园区土地融资成本。此外，依靠土地偿债方式，客观上会推升土地价格，从而形成房地产泡沫，当地价面临下行通道时，又会反过来助推园区资金成本，从而进一步加重债务负担。

# 第二章 云南工业园区资金需求及融资体系建设与创新

2014 年 10 月 2 日,国务院出台《关于加强地方政府性债务管理的意见》(以下简称《意见》),即国发 43 号文。该《意见》引起社会各界广泛关注,这不仅关乎地方政府举债、偿债问题,还将影响上万家地方政府融资平台的发展和命运。《意见》要求"剥离融资平台公司的政府融资职能,融资平台公司不得新增政府性债务",平台公司的"代政府融资"职能将不可持续,意味着融资平台政府融资功能将被逐步剥离,这是中央对地方政府融资行为规范管理的持续,未来融资平台公司将进行渐进式调整、改造。《意见》明确"政府债务不得通过企业举借,企业债务不得推给政府偿还",一直以来银行等资金机构看重的融资平台"政府背景"将逐渐失去价值,政府背书、政府信用等将逐渐失去效用,未来平台公司将作为一般性企业,其融资能力将取决于有效资产、未来盈利能力等。《意见》提出"剥离融资平台公司政府融资职能,融资平台公司不得新增政府债务","投资者或特别目的公司可以通过银行贷款、企业债、项目收益债券、资产证券化等市场化方式举债并承担偿债责任",这意味着未来政府融资平台的公益性项目融资职能将被剥离,其将转型为以经营性业务为主的一般工商企业。《意见》的出台,对云南省工业园区融资体系和能力的建设与创新提出了新的思路和挑战。

课题组根据对全省纳入统计的 95 个工业园区调研,进行未来三年的建设资金需求分析,全省园区资金需求总量为 561.07 亿元;其中,2015 年 167.9 亿元、2016 年 185.9 亿元、2017 年 207.38 亿元。国家级园区三年资金需求总额为 129.86 亿元,省级工业园区资金需求为 221.43 亿元,州市及以下园区资金需求为 209.78 亿元,具体如表 2-1 所示。

### 表 2-1  云南省工业园区融资平台未来三年资金需求分析

单位：亿元

| 序号 | 园区名称 | 平台公司 | 地区 | 级别 | 未来三年资金需求 | | | 总计 |
|---|---|---|---|---|---|---|---|---|
| | | | | | 2015年 | 2016年 | 2017年 | |
| 1 | 保山工业园区 | 保山金盛工业开发有限公司 | 保山 | 省级 | 4.0 | 4.6 | 5.3 | 13.9 |
| 2 | 保山市水长工业园区 | 保山市水长投资开发有限责任公司 | 保山 | 州市及以下 | 1.3 | 1.5 | 1.7 | 4.5 |
| 3 | 保山市水长工业园区 | 保山市水长工业园区土地收购储备中心 | 保山 | 州市及以下 | | | | |
| 4 | 磨憨进出口贸易加工园区 | 磨憨开发投资有限责任公司 | 西双版纳 | 省级 | 2.0 | 2.5 | 3.0 | 7.5 |
| 5 | 磨憨进出口贸易加工园区 | 西双版纳磨憨企业发展贷款担保有限责任公司 | 西双版纳 | 省级 | | | | |
| 6 | 勐海工业园区 | | 西双版纳 | 省级 | 1.6 | 1.0 | 3.5 | 6.1 |
| 7 | 西双版纳景洪工业园区 | 西双版纳景洪工业园区投资开发有限公司 | 西双版纳 | 省级 | 0.3 | 0.3 | 0.4 | 1.0 |
| 8 | 玉溪市高新区 | 玉溪高新区投资管理公司 | 玉溪 | 国家级 | 10.0 | 11.5 | 13.2 | 34.7 |
| 9 | 红塔工业园区 | 红塔工业园区建设投资有限公司 | 玉溪 | 省级 | 5.4 | 1.7 | 3.0 | 10.1 |

续表

| 序号 | 园区名称 | 平台公司 | 地区 | 级别 | 未来三年资金需求 | | | 总计 |
|---|---|---|---|---|---|---|---|---|
| | | | | | 2015 年 | 2016 年 | 2017 年 | |
| 10 | 研和工业园区 | 玉溪工业投资有限公司 | 玉溪 | 省级 | 5.0 | 5.0 | 5.0 | 15.0 |
| 11 | 通海工业园区 | 通海天健工业园区开发有限公司 | 玉溪 | 州市及以下 | 1.8 | 1.5 | 1.5 | 4.8 |
| 12 | 新平工业园区 | 新平工业投资开发有限公司 | 玉溪 | 州市及以下 | 0.6 | 0.7 | 0.8 | 2.1 |
| 13 | 易门工业园区 | 易门兴易投资开发有限公司 | 玉溪 | 州市及以下 | 0.8 | 0.8 | 1.5 | 3.1 |
| 14 | 华宁工业园区 | 华宁县华融投资有限公司 | 玉溪 | 州市及以下 | 0.3 | 0.6 | 0.5 | 1.4 |
| 15 | 大化产业园区 | 玉溪市大化产业园区开发建设投资有限公司 | 玉溪 | | 15.0 | 17.3 | 19.8 | 52.1 |
| 16 | 澄江工业园区 | 澄江河阳投资开发有限公司 | 玉溪 | 州市及以下 | 2.2 | 3.5 | 3.0 | 8.7 |
| 17 | 元江工业园区 | 元江县恒达投资有限责任公司 | 玉溪 | 州市及以下 | 0.6 | 0.6 | 0.6 | 1.8 |
| 18 | 江川龙泉山园区 | 江川工业园区投资开发有限公司 | 玉溪 | 州市及以下 | 1.0 | 1.2 | 1.3 | 3.5 |

续表

| 序号 | 园区名称 | 平台公司 | 地区 | 级别 | 未来三年资金需求 | | | 总计 |
|---|---|---|---|---|---|---|---|---|
| | | | | | 2015 年 | 2016 年 | 2017 年 | |
| 19 | 水富工业园区 | 水富工业园区投资开发有限公司 | 昭通 | 省级 | 0.4 | 0.3 | 0.5 | 1.1 |
| 20 | 彝良工业园 | 云南乾润融资担保公司 | 昭通 | 州市及以下 | | | | |
| 21 | 盐津县工业园区 | 盐津县睿通开发投资有限公司 | 昭通 | 州市及以下 | 1.5 | 3.0 | 5.0 | 9.5 |
| 22 | 镇雄县工业园区 | 镇雄工业投资开发有限责任公司 | 昭通 | 州市及以下 | | | | |
| 23 | 鲁甸工业园区 | 云南汇工投资开发有限公司 | 昭通 | 州市及以下 | 1 | 0.6 | 0.8 | 2.4 |
| 24 | 昭阳工业园区 | 昭阳工业投资开发经营有限公司 | 昭通 | 省级 | 1.8 | 2.5 | 3.0 | 7.3 |
| 25 | 盈江工业园区 | 盈江兴盈投资有限公司 | 德宏 | 州市及以下 | 0.5 | 0.4 | 1.2 | 2.1 |
| 26 | 陇川工业园区 | 晋宁工业园区投资开发有限责任公司 | 昆明 | 州市及以下 | 0.1 | 0.5 | 0.6 | 1.2 |
| 27 | 芒市工业园区 | 昆明经济技术开发区投资开发（集团）有限公司 | 昆明 | 省级 | 2.0 | 1.0 | 1.2 | 4.2 |

续表

| 序号 | 园区名称 | 平台公司 | 地区 | 级别 | 未来三年资金需求 | | | 总计 |
|---|---|---|---|---|---|---|---|---|
| | | | | | 2015 年 | 2016 年 | 2017 年 | |
| 28 | 禄劝工业园区 | 禄劝园旗投资运营管理有限公司 | 昆明 | 国家级 | 1.0 | 1.5 | 2.0 | 4.5 |
| 29 | 石林生态工业集中区 | 石林工业开发投资有限公司 | 昆明 | 州市及以下 | 0.2 | 0.2 | 0.2 | 0.6 |
| 30 | 祥云财富工业园区 | 祥云工业投资有限责任公司 | 大理 | 市级 | 1.6 | 3 | 3.5 | 8.1 |
| 31 | 宾川县工业园区 | 宾川县工业园区投资开发有限公司 | 大理 | 州市及以下 | 0.5 | 0.6 | 0.5 | 1.6 |
| 32 | 弥渡县工业园区 | 弥渡工业园区投资开发有限公司 | 大理 | 州市及以下 | 0.3 | 0.3 | 0.3 | 0.9 |
| 33 | 南涧县工业园区 | 南涧县工业园区开发投资有限责任公司 | 大理 | 州市及以下 | 0.1 | 0.2 | 0.1 | 0.4 |
| 34 | 巍山县工业园区 | 巍山县工业园区开发建设投资有限公司 | 大理 | 州市及以下 | 0.2 | 0.2 | 0.2 | 0.6 |
| 35 | 永平县工业园区 | 永平县工业投资有限公司 | 大理 | 州市及以下 | 0.9 | 1.0 | 1.4 | 3.3 |
| 36 | 云龙工业园区 | 云龙县工业园区投资开发有限责任公司 | 大理 | 州市及以下 | 0.2 | 0.2 | 0.2 | 0.6 |

| 序号 | 园区名称 | 平台公司 | 地区 | 级别 | 未来三年资金需求 | | | 总计 |
|------|---------|---------|------|------|--------|--------|--------|------|
| | | | | | 2015 年 | 2016 年 | 2017 年 | |
| 37 | 邓川工业园区 | 洱源县邓川工业园区工业投资开发有限责任公司 | 大理 | 省级 | 0.8 | 0.9 | 1.0 | 2.7 |
| 38 | 剑川县工业园区 | 剑川县工业园区投资开发有限责任公司 | 大理 | 州市及以下 | 0.6 | 0.5 | 0.5 | 1.6 |
| 39 | 鹤庆兴鹤工业园区 | 鹤庆县工业投资有限公司 | 大理 | 州市及以下 | 0.2 | 0.2 | 0.4 | 0.8 |
| 40 | 盘龙都市产业园 | 昆明市盘龙区国有资产经营投资集团公司 | 昆明 | 州市及以下 | | | | |
| 41 | 呈贡工业园区 | 昆明春欣开发投资有限公司 | 昆明 | 省级 | | | | |
| 42 | 昆明呈贡信息产业园区 | 昆明信息产业开发投资有限公司 | 昆明 | 省级 | 4.2 | 7.4 | 2.9 | 14.5 |
| 43 | 东川工业园区 | 昆明市东川区盛鑫工业园区投资有限责任公司 | 昆明 | 省级 | 0.04 | 0.1 | 0.1 | 0.24 |
| 44 | 富民工业园区 | 富民工业园区国有资产管理有限公司 | 昆明 | 州市及以下 | 1.2 | 1.0 | 1.0 | 3.2 |
| 45 | 昆明国家高新技术产业开发区 | 昆明国家高新技术产业开发区国有资产经营有限公司 | 昆明 | 国家级 | 10.0 | 11.0 | 12.0 | 33.0 |

续表

| 序号 | 园区名称 | 平台公司 | 地区 | 级别 | 未来三年资金需求 | | | 总计 |
|---|---|---|---|---|---|---|---|---|
| | | | | | 2015 年 | 2016 年 | 2017 年 | |
| 46 | 昆明海口工业园区 | 昆明海口工业园区投资有限公司 | 昆明 | 省级 | 8.5 | 1.3 | 0.9 | 10.7 |
| 47 | 晋宁工业园区 | 晋宁工业园区投资开发有限责任公司 | 昆明 | 州市及以下 | 2.0 | 3.0 | 4.0 | 9.0 |
| 48 | 昆明经济技术开发区 | 昆明经济技术开发区投资开发（集团）有限公司 | 昆明 | 国家级 | 10.3 | 10.0 | 10.0 | 30.3 |
| 49 | 禄劝工业园区 | 禄劝园旗投资运营管理有限公司 | 昆明 | 州市及以下 | 1.0 | 1.0 | 1.0 | 3.0 |
| 50 | 石林生态工业集中区 | 石林工业开发投资有限公司 | 昆明 | 省级 | 8.0 | 9.2 | 10.6 | 27.8 |
| 51 | 倘甸两区工业园区 | 昆明誉明投资开发有限公司 | 昆明 | 州市及以下 | 1.9 | 2.3 | 2.0 | 6.2 |
| 52 | 昆明五华科技产业园区 | 昆明市五华区科技产业园开发投资有限公司 | 昆明 | 州市及以下 | 1.5 | 1.7 | 2.0 | 5.2 |
| 53 | 宜良工业园区 | 宜良县兴源工业园区开发有限公司 | 昆明 | 州市及以下 | 2.1 | 1.7 | 2.0 | 5.8 |
| 54 | 楚雄市苍岭工业园区 | 楚雄苍岭工业开发投资有限责任公司 | 楚雄 | 州市及以下 | 2.3 | 2.7 | 3.1 | 8.1 |

| 序号 | 园区名称 | 平台公司 | 地区 | 级别 | 未来三年资金需求 | | | 总计 |
|---|---|---|---|---|---|---|---|---|
| | | | | | 2015 年 | 2016 年 | 2017 年 | |
| 55 | 楚雄工业园区 | 楚雄市工业投资有限公司 | 楚雄 | 省级 | | 2.0 | 4.0 | 6.0 |
| 56 | 大姚县工业园区 | 大姚县工业投资有限公司 | 楚雄 | 省级 | 0.1 | 0.1 | 0.1 | 0.3 |
| 57 | 禄丰工业园区 | 禄丰创新开发投资有限公司 | 楚雄 | 省级 | 0.3 | 0.5 | 1.0 | 1.8 |
| 58 | 牟定县工业园区 | 牟定县工业开发投资有限公司 | 楚雄 | 州市及以下 | 1.0 | 1.0 | 1.0 | 3.0 |
| 59 | 南华工业园区 | 南华县工业投资开发有限责任公司 | 楚雄 | 州市及以下 | 2.0 | 3.4 | 3.9 | 9.3 |
| 60 | 武定工业园区 | 武定县开发投资有限公司 | 楚雄 | 州市及以下 | 3.2 | 1.0 | 0.8 | 5.0 |
| 61 | 永仁县工业园区 | 永仁县工业园区开发建设有限公司 | 楚雄 | 州市及以下 | 0.2 | 0.1 | 0.1 | 0.4 |
| 62 | 元谋工业园区 | 元谋县开发投资有限公司 | 楚雄 | 州市及以下 | 0.6 | 0.7 | 1.0 | 2.3 |
| 63 | 丽江市金山高新技术产业经济区 | 丽江市金山高新技术投资开发有限公司 | 丽江 | 州市及以下 | 1.0 | 3.0 | 3.5 | 7.5 |

续表

| 序号 | 园区名称 | 平台公司 | 地区 | 级别 | 未来三年资金需求 | | | 总计 |
|---|---|---|---|---|---|---|---|---|
| | | | | | 2015 年 | 2016 年 | 2017 年 | |
| 64 | 华坪县工业园区 | 华坪县经济投资开发有限责任公司 | 丽江 | 省级 | 2.0 | 2.0 | 2.0 | 6.0 |
| 65 | 古城国际空港经济区 | 丽江市古城区空港经济区投资开发有限公司 | 丽江 | 州市及以下 | | | | |
| 66 | 丽江南口工业园区 | 丽江南口工业园投资开发有限公司 | 丽江 | 省级 | 0.5 | 0.5 | 1.3 | 2.3 |
| 67 | 宁蒗工业园区 | 宁蒗彝族自治县工业园区投资开发有限责任公司 | 丽江 | 州市及以下 | | | | |
| 68 | 普洱工业园区 | 普洱工业园区建设投资开发有限公司 | 普洱 | 省级 | 2.0 | 2.4 | 2.8 | 7.2 |
| 69 | 普洱工业园区宁洱园 | 宁洱拓鑫投资开发有限公司 | 普洱 | 州市及以下 | 0.6 | 1.0 | 1.0 | 2.6 |
| 70 | 景谷傣族彝族自治县工业园区 | 景谷傣族彝族自治县工业园区建设投资开发有限公司 | 普洱 | 省级 | 1.2 | 2.3 | 2.2 | 5.7 |
| 71 | 景东工业园区 | 景东工业园区投资开发有限责任公司 | 普洱 | 州市及以下 | 0.1 | 0.5 | 0.2 | 0.8 |
| 72 | 砚山工业园区 | 砚山七乡工业园区投资开发有限责任公司 | 文山 | 省级 | 2.0 | 3.0 | 4.0 | 9.0 |

| 序号 | 园区名称 | 平台公司 | 地区 | 级别 | 未来三年资金需求 | | | 总计 |
| --- | --- | --- | --- | --- | --- | --- | --- | --- |
| | | | | | 2015 年 | 2016 年 | 2017 年 | |
| 73 | 丘北县产业园区 | 丘北县华晨投资开发有限责任公司 | 文山 | 省级 | 0.5 | 1.0 | 1.0 | 2.5 |
| 74 | 马关边境经济合作区 | 马关亚邦边境经济投资有限公司 | 文山 | 国家级 | 2.0 | 5.0 | 3.0 | 10.0 |
| 75 | 临沧工业园区 | 临沧工业园区国有资产投资经营有限公司 | 临沧 | 省级 | 3.0 | 2.0 | 2.0 | 7.0 |
| 76 | 凤庆县滇红生态产业园区 | 凤庆县滇红生态产业园区投资开发有限责任公司 | 临沧 | 省级 | 0.3 | 0.3 | 0.3 | 0.9 |
| 77 | 云县新材料光伏产业园区 | 云县新材料光伏产业投资开发有限公司 | 临沧 | 州市及以下 | 1.0 | 1.0 | 1.0 | 3.0 |
| 78 | 永德特色工业园区 | 永德县工业投资有限责任公司 | 临沧 | 州市及以下 | 1.1 | 1.2 | 1.4 | 3.6 |
| 79 | 会泽县工业园区管委会 | 会泽县聚隆工业投资开发有限公司 | 曲靖 | 州市及以下 | 1.7 | 1.7 | 1.6 | 5.0 |
| 80 | 宣威工业园区 | 宣威资本管理有限责任公司 | 曲靖 | 省级 | 2.0 | 2.0 | 2.0 | 6.0 |
| 81 | 师宗县工业园区 | 师宗县天源投资开发有限责任公司 | 曲靖 | 州市及以下 | 1.0 | 1.5 | 2.0 | 4.5 |

续表

| 序号 | 园区名称 | 平台公司 | 地区 | 级别 | 未来三年资金需求 | | | 总计 |
|---|---|---|---|---|---|---|---|---|
| | | | | | 2015 年 | 2016 年 | 2017 年 | |
| 82 | 曲靖经济技术开发区经济发展局 | 曲靖经济技术开发区建设投资集团有限公司 | 曲靖 | 国家级 | 5.0 | 5.8 | 6.6 | 17.4 |
| 83 | 曲靖煤化工工业园区 | 沾益县三泰投资开发有限公司 | 曲靖 | 省级 | | | | |
| 84 | 罗平县工业园区管委会 | 罗平工业园区东恒投资开发有限公司 | 曲靖 | 州市及以下 | 2.0 | 1.5 | 1.5 | 5.0 |
| 85 | 越州工业园区 | 曲靖市麒麟区工业园区开发投资有限公司 | 曲靖 | 州市及以下 | 0.3 | 0.6 | 1.0 | 1.9 |
| 86 | 陆良县工业园区 | 陆良工业园区锦达投资开发有限公司 | 曲靖 | 省级 | 0.6 | 0.6 | 0.6 | 1.8 |
| 87 | 马龙工业园区 | 马龙开发投资公司 | 曲靖 | 州市及以下 | | | | |
| 88 | 曲靖西城工业园区麻黄片区 | 麒麟区麻黄工业基地投资开发有限公司 | 曲靖 | 省级 | 0.1 | 0.3 | 0.3 | 0.7 |
| 89 | 石屏豆制品特色产业园 | 石屏精晶豆制品投资开发有限责任公司 | 红河 | 州市及以下 | | | | |
| 90 | 建水县工业园区 | 建水县工业园区投资开发有限公司 | 红河 | 省级 | 0.5 | 0.5 | 0.5 | 1.5 |
| 91 | 个旧市特色工业园区 | 个旧市开发投资有限责任公司 | 红河 | 州市及以下 | | | | |
| 92 | 个旧市特色工业园区 | 个旧中小企业信用担保有限责任公司 | 红河 | 州市及以下 | | | | |

续表

| 序号 | 园区名称 | 平台公司 | 地区 | 级别 | 未来三年资金需求 | | | 总计 |
|---|---|---|---|---|---|---|---|---|
| | | | | | 2015 年 | 2016 年 | 2017 年 | |
| 93 | 弥勒工业园区 | 弥勒工业园区投资开发有限公司 | 红河 | 省级 | 1.0 | 2.0 | 2.0 | 5.0 |
| 94 | 泸西工业园区 | 泸西工业园区投资开发有限责任公司 | 红河 | 省级 | 0.6 | 0.4 | 0.3 | 1.3 |
| 95 | 红河工业园区 | 红河州红元投资建设开发有限责任公司 | 红河 | 省级 | 10.0 | 11.5 | 13.2 | 34.7 |
| | 所有园区合计数 | | | | 168.0 | 185.9 | 207.4 | 561.1 |
| | 按级别统计 | | | 国家级 | 38.3 | 44.8 | 46.8 | 129.9 |
| | | | | 省级 | 70.5 | 71.2 | 79.8 | 221.4 |
| | | | | 州市及以下 | 59.1 | 70.0 | 80.7 | 209.8 |
| | 按地区统计 | | | 保山 | 5.3 | 6.1 | 7.0 | 18.4 |
| | | | | 楚雄 | 9.7 | 11.5 | 15.0 | 36.2 |
| | | | | 大理 | 5.3 | 7.0 | 8.1 | 20.3 |
| | | | | 德宏 | 0.5 | 0.4 | 1.2 | 2.1 |
| | | | | 红河 | 12.1 | 14.4 | 16.0 | 42.5 |
| | | | | 昆明 | 53.9 | 53.0 | 52.4 | 159.3 |
| | | | | 丽江 | 3.5 | 5.5 | 6.7 | 15.7 |
| | | | | 临沧 | 5.4 | 4.5 | 4.7 | 14.5 |
| | | | | 普洱 | 3.9 | 6.2 | 6.2 | 16.2 |
| | | | | 曲靖 | 12.7 | 14.0 | 15.6 | 42.3 |
| | | | | 文山 | 4.5 | 9.0 | 8.0 | 21.5 |
| | | | | 西双版纳 | 3.9 | 3.8 | 6.9 | 14.6 |
| | | | | 玉溪 | 42.7 | 44.2 | 50.2 | 137.1 |
| | | | | 昭通 | 4.7 | 6.4 | 9.3 | 20.3 |

资料来源：云南省工信委园区处对各工业园区委员会调研数据整理而成。

　　课题组通过对全省工业园区的调查认为，云南省园区建设取得较大成效，经济贡献率逐年提高，成为云南省地方经济建设的引擎和驱动力。但是，面对未来建设任务和巨额融资需求，在国家宏观融资政策调整的背景下，要完成园区建设目标存在较大问题。园区建设面临的困难除了建设路径方法不多、园区基础薄弱、规模和发展速度后劲不足、项目落地不到位、重复和同质化现象严重、园区区位和交通与市场要素制约外，其最大的制约因素是园区金融支撑体系严重缺乏，包括融资渠道、融资方式、融资环境、融资能力等。园区失去金融支撑，失去融资服务，其结果即是投资不足、设施不足、项目不足、发展不足。因此，加快云南省园区建设的重要任务之一是强化金融对园区的支持力度，特别是加强园区融资体系建设，通过资本、资金的支持，加快云南省园区产业招商、产业布局、产业集聚、产业升级、产业创新的步伐。

　　针对云南省工业园区融资需求的分析，课题组结合省内外园区建设的成功经验，提出构建云南省工业园区金融体系的路径和方法，特别提出工业园区融资体系建设应从两个方面着手：一是加强工业园区融资能力建设；二是创新工业园区融资体系。

# 一、加强工业园区融资能力建设（"6"个"1"融资工程建设）

　　加强工业园区融资能力建设关键在于：一是构建"一个"功能完善的园区融资平台，即构建"一个"园区内部融资平台公司；二是扶持园区内的优质企业做大做强，即扶持"一群"特色鲜明、供应链较长的企业；三是集中收储园区土地，即整合"一批"园区内部土地实现土地收储集中化；四是完善项目功能和内部管理，即加强"一串"园区内部项目建设，完善项目包装和内部能力建设；五是突出项目融资规划和实施计划，即编制"一套"符合金融机构要求的融资方案；六是协同整合各类金融机构，即紧密联系"一批"金融机构协同构建稳定的融资方式。

## （一）加强构建功能完备的园区融资平台，即构建"一个"园区内部融资平台公司

加强园区融资能力建设的首要任务是建立功能完备、授权充分、市场化运作的融资平台公司。课题组调查发现，云南省园区基本都建立了融资平台公司，但普遍存在功能不完善、作为不规范、作用不到位、政府包办、市场运作能力低的现象，使得许多园区基础设施投资不完善，办园条件差，实力弱，招商难等，严重影响园区健康发展。结合国务院 43 号文件对园区转型发展的要求，云南省园区融资平台建设可考虑分步转型：即在较成熟的国家级、省级园区逐步进行职能转变，去平台化运营，允许多元资本存在，按照"投资—经营—出让—回收—扩张"的循环机制，逐步剥离国有资本，通过上市、股权交易、出租、出让国有资本吸纳更多社会资本参与园区建设；在省市级不太成熟的园区，以政府为主导融资平台公司运营模式为过渡期，确保政府预算资金和优质资产注入平台公司，继续以土地缴付留成资金注入平台公司运作，支持平台公司利用园区基础设施进行融资。过渡期结束后即实施转型。

园区功能齐备的融资平台建设类型主要分为 4 种，即以政府为主导的融资平台，以股份制为主导的融资平台，以项目为主导的融资平台，以各种投资基金为主导的产业基金平台。各种融资平台类型及其功能如表 2-2 所示。

**表 2-2　融资平台类型及其功能**

| 平台类型 ＼ 功能类型 | 渠道功能 | 信用功能 | 交易功能 | 收储功能 | 投资功能 | 隔离功能 | 风险分担 | 税收减免 | 造血功能 | 融资功能 |
|---|---|---|---|---|---|---|---|---|---|---|
| 政府融资平台 | ● | ● |  | ● | ● |  |  |  | ● | ● |

| 功能类型<br>平台类型 | 渠道<br>功能 | 信用<br>功能 | 交易<br>功能 | 收储<br>功能 | 投资<br>功能 | 隔离<br>功能 | 风险<br>分担 | 税收<br>减免 | 造血<br>功能 | 融资<br>功能 |
|---|---|---|---|---|---|---|---|---|---|---|
| 股份制融资平台 | ● | ● | ● | | ● | | | | | ● |
| 项目融资平台 | ● | | | | ● | ● | ● | ● | | ● |
| 投资基金平台 | | | ● | | ● | ● | ● | | ● | ● |

注：功能类型是指平台运作所起到的作用和所要达到的目的。平台所标识的圆点即平台所拥有的功能。

1. 云南省园区融资平台建设的关键路径

云南省工业园区可根据不同的融资功能组建园区融资平台公司。根据发展阶段，园区创建初期主要以政府融资平台项目融资平台为主；园区快速发展阶段以企业融资平台和项目融资平台为主；园区成熟阶段可同时组建四种融资平台。

云南省作为国家延边金融开放创新实验省区，面对国家宏观政策调整既有挑战，也有机遇，可利用好相关试点政策，加大对园区融资平台建设的探索，积极稳妥地推进园区融资能力建设：一是园区应根据实际需要设置一个或多个功能类型不同的融资公司；二是设立以政府为主导，积极吸收社会资本参与的园区法人融资平台公司；三是完善园区融资平台公司的闭合管理体系，强化资源整合和市场化运作；四是拓宽融资平台业务创新，广泛对接各类融资渠道，创新融资模式，增强平台公司的运作能力。

2. 云南省创建园区融资平台的重点

一是认真领会国家宏观政策调控对园区融资平台建设支持的变化，运用云南省延边金融开放试点政策，大胆探索园区融资平台建设的新模式；二是以建立融资平台为抓手，明确融资平台公司的主体功能地位，完善各级政府对园区资产的授权及其资产、资金的配给拨付机制；三是强化融资平台的功能作用，根据园区发展需要，主动对接各类金融机构，延伸和创新融资平台功能，发挥融资平台在园区建设中的资金供给作用；四是加强平台公司的运营能力培养，政府应为园区融资平台公司注入有效资产，采用特许经营权及税收返还等政策，以增加平台现金流，做实资本金，为融资平台公司市场化运作提供资金基础，全力打造综合性园区融资实业型平台公司，做大业务规模，培养专业能力；五是规范平台公司运营管理，融资平台公司需构建产权清晰、权责统一、自主经营、自负盈亏、科学管理的法人治理结构，优化内部管理，建立产权机制，做实管理基础，提高运营效率；六是加强人才队伍建设，做好人力资源发展规划，提高园区融资专业人才队伍素质，提高融资风险意识和控制能力，为园区建设发展提供资金支持。

## （二）集中收储园区土地，即整合"一批"园区内部土地，实现土地收储集中化

集中收储土地的目的是：以园区融资平台建设为保障，整合一批园区内部土地资源，实现土地收储集中化管理使用，集中园区优势资源，做大做强融资平台，完成构建园区融资保障的物质基础。园区融资平台建立后，可以对通过政府划拨、收回、收购、征用或其他方式取得土地使用权的土地，进行储存或前期开发整理，集中向园区提供各类建设或融资用地。园区集中收储土地应按照国土资源部和云南省国土资源厅关于土地储备的相关规定和要求，规范土地储备平台公司的设置，加强土地储备平台公司的业务管理，推进土地储备工作正常有序开展。

1. 云南省园区土地集中收储的关键路径

制定收储计划—明确收储原则—确定收储范围—构建收储流程—构建收储评估机制—完善收储资金管理—项目验收及完成土地储备（见图2-1）。

2. 云南省园区土地集中收储的重点

一是落实土地收储授权，地方政府充分给予园区授权；二是明确土地收储对象确认，强化村镇土地资源的归属管理；三是加强集中收储、整理、交易、出让管理，集中投入、集中开发，成熟一片、出让一片，提高收储效益；

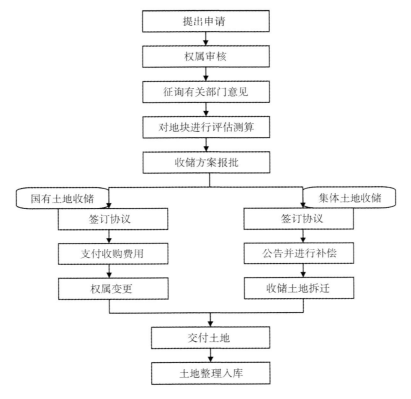

**图 2 - 1 集中收储土地的融资模式**

四是规范保障用地指标和土地出让款项留存用途，及时拨付土地留存款项，加快土地资产变现能力；五是依法管理，强化土地融资功能的实现。

## （三）扶持园区内的优质企业做大做强，即扶持"一群"特色鲜明、供应链较长的企业

根据云南省地理和交通分布特点，应注重以主导产业为导向的功能型园区规划和布局，实现"一区一产业"、"一园一品牌"的产业布局特色。根据国内外成功经验，做大做强园区产业的基本条件是扶持园区内优势特色产业为引导型的龙头企业。扶持园区引导型龙头企业的目的在于，发挥引领作用、

做大做强示范效应；发挥引领实施金融创新、供应链创新、技术创新、生产创新的作用；发挥引领提升产业质量标准、树立产业品牌的作用；发挥引领带动园区产业结构调整、抵御市场风险、推动产业发展的作用；发挥引领企业节能减排、扩大产能的作用。因此，围绕引导型龙头企业，鼓励优质企业做大做强，形成园区众多供应链关系的企业群。

1. 园区引导型龙头企业建设途径

明确云南省园区产业规划，突出特色与优势的功能定位；加强园区辅助配套，引导大型企业入驻；集中园区资源配给，预留发展空间，扶持优质企业，努力做大做强；鼓励技术创新、管理创新、体制创新，通过股权转让、上市等途径加快企业转型发展；突出招商宣传，吸引产业集中集聚，加快形成产业集群（见图2-2）。

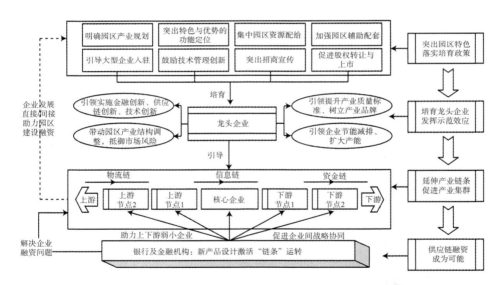

**图2-2　引导龙头企业发展从而促进产业集群成型、助力企业园区融资的模式**

2. 园区引导型龙头企业建设重点

一是完善规划与布局，强化功能定位；二是完善资源配置与要素配置，强化环境支撑作用；三是集中资源扶持，突出引导功能作用；四是重视关联产业立体链式构成，扩张纵向、横向供应链条；五是构建园区完整的信息网络，完善互联网、物联网建设；六是严格知识产权保护，改善科技成果转化机制，推动行业协会和专业服务机构进驻园区，开拓园区企业合作渠道。

## （四）完善项目建设和内部外部治理，即加强"一串"园区内部项目建设，完善项目包装和内部能力建设

项目建设是指涵盖园区内部及连接外部的基础设施项目、公益设施项目、工业附属配套项目、信息与网络项目、各类重大投资项目等。这些项目建设是园区发展的基础和条件，是园区功能作用的发挥、园区发展能力建设的保障。项目建设成败由项目内部与外部两大治理要素构成，项目内部治理是项目建设的主要和关键环节，是决定项目成长和发展的关键要素。外部治理是项目建设的条件，对项目成长和发展起着激励与制约作用。此外，园区项目科学的策划和包装是提高项目融资能力的重要环节。项目包装是指企业根据市场的运作规律，对那些具有发展潜力的项目进行精密的构思、策划、包装以及运作，以高投资回报率吸引投资方，为企业运作这个项目募得必要的资金。一个成功的项目背后必然有一系列成功的包装，而园区要想从项目的运作实现融资，也必须努力做好项目包装。因此加强和完善园区项目建设就是要抓住项目内部和外部的治理建设，同时，注重项目包装，提高项目建设的最大效益。

1. 完善项目建设和内部外部治理及其包装的关键途径

内外部质量的关键路径是，强化项目规划与实施计划，确定项目功能定位，编制项目发展实施计划；集中成熟项目，构建园区项目池，通过整合、包装形成优质项目，加大项目招商引资，加快项目落地建设；重视项目内部治理规范，完善法人治理结构，扩大混合型经营模式，增强项目发展动力；强化激励与约束机制建设，完善内部管理，提高市场化运作能力；完善项目外部条件治理，转变园区管理职能，强化服务意识，不断改善园区软硬件环境，提高项目综合实力；运用政策、资金、资源导向，加强项目技术创新和管理创新引导，扩大项目技术有机构成，提高项目的再融资能力。

项目包装的关键路径是，项目包装的实施具体就落实在制作项目商业计

划书上。商业计划书的制作不需要层次分明有节有据。如图2-3所示，融资计划书可以分成三个层次。

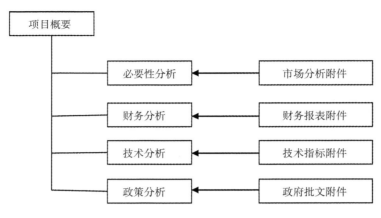

**图2-3 融资计划书的层次**

第一个层次是融资项目概要。用简洁的文字概括整个项目融资计划书中所有最重要的信息，主要对项目的整体轮廓有一个清晰的介绍。

第二个层次是融资计划书的主题部分。通过必要性分析、财务分析、技术分析、政策分析为金融机构建立一个清晰的框架，对项目有一个整体的把握。这部分只需要阐述清楚四个问题即可：观点、结论、过程、方法。

第三个层次是附件。附件的主要功能是为融资计划书中的观点、推理、判断、结论提供论据。在附件中把所有的数据和论据制作成表格，编上检索号码，集中放在附件部分备查。

2. 完善项目建设和内部外部治理及其包装的重点

内外部质量的重点：一是法人治理机制构建，以园区自身为抓手，构建园区自办企业的法人治理机制，实行"非规范"不进园区的刚性管理，完善园区现代企业制度建设；二是注重基础管理技术提升与能力建设，确保园区各部门基础资料完整规范，提高资信供给意识，提高园区征信透明度和可信度，提高项目的融资能力；三是加强园区项目科学的策划和包装，与金融机构合作，按照要求策划和包装园区项目，完善项目使其符合融资条件和要求；

四是重视园区项目融资管理，建立债权债务平衡机制，强化责任意识，提高项目控制风险能力；五是加强园区企业家队伍建设，加强创业指导和创业政策扶持，鼓励各类人才汇集园区创业。

项目包装的重点是：其一，从资源优势方向包装，从资源优势方向考虑，充分利用当地资源基础，吸引银行等金融机构的注意力，帮助项目成功融资；其二，从项目特色方向包装，项目推介中注意表现特色、稀缺性、紧迫性、必要性、新创性等，从而获得评价高分；其三，从产业集群方向包装，紧紧扣住园区产业集群化的优势，在项目计划书和建议书上体现出集群化会给项目发展带来的经济效益；其四，从经济和财务角度包装，要突出项目良好的经济前景和财务效应；其五，从技术方向包装，应对具体项目所用到的技术进行较详细的阐述，以技术为基础，突出项目的技术优势，让银行及金融机构感到项目高技术含量和高附加值，赢得融资机会。

项目包装的重点是：项目概要、商务模式、市场分析、投入产出、赢利模式、风险分析等，如图2-4所示。

| | |
|---|---|
| 1. 项目概要 | 4. 投入产出 |
| 1.1 项目简介、内容梗概 | 4.1 投资预算、资金来源 |
| 1.2 合作方案、利益关系 | 4.2 成本估算、收入预测 |
| 1.3 投资回报、效益结果 | 4.3 效益指标、数据说明 |
| 2. 商务模式 | 5. 赢利模式 |
| 2.1 技术模式、解决方案 | 5.1 赢利项目和资产 |
| 2.2 经营模式、运作流程 | 5.2 赢利方式和途径 |
| 2.3 合作模式、分配方案 | 5.3 赢利预测 |
| 3. 市场分析 | 6. 风险分析 |
| 3.1 市场规模、目标份额 | 6.1 风险预测、风险原因 |
| 3.2 行业地位、竞争对手 | 6.2 风险评估、量化指标 |
| 3.3 市场定位、营销策略 | 6.3 防范措施、应对预案 |
| 附件：营业执照、政府批文、相关协议、从业资质等 | 附表：预算、投入产出、现金流量、盈亏平衡、敏感性分析等 |

**图2-4　项目包装的具体内容**

## （五）突出项目融资规划和实施计划，即按照金融机构要求编制"一套"融资方案

突出项目融资规划和实施计划的关键是坚持"五个必须"，即融资规划必须依据园区发展规划，依据园区项目投资实施计划，不能盲目融资，更不能为融资而融资；融资规模与融资条件必须与园区发展阶段相一致，与园区产业结构、资源构成和产业能力相一致；融资启动前，必须按照发展阶段和建设规划确定融资规模、融资方式、融资渠道、融资结构、融资成本、偿债能力等，再进行融资策划；必须加强园区各项财务基础工作、加强财务信息的规范管理，提供真实、有效、合法的财务资产信息；必须按照金融机构的要求对融资项目进行必要的包装设计，按照银行等金融机构的融资条件、要求等编制融资方案。云南省部分园区基础管理工作不到位，信息不全面，与金融机构协作不主动，个别园区存在脱离实际、盲目融资、突击政绩的现象，把有限的金融资源浪费在不必要的项目上。因此，提升园区融资能力的又一关键环节是突出项目融资规划和实施计划。根据资金来源不同园区融资可归纳为三种不同的融资方案：

方案一：以土地收储、平整、出让获得收益用于园区开发投资的融资方式，在土地收储前需要获得银行或其他金融机构的融资，因此在编制融资方案时，就要注重土地的性质、权属、出让用途、出让价格、成本、资金回收期限等信息的分析和整理，完善整个融资的计划和方案编制（见图2-5）。

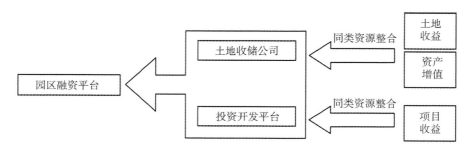

图2-5　工业园区收益式融资模式示意图

方案二：通过债务、园区自有和政府投入方式融资，这一方式的特点是资金的流入渠道和流入模式的方案策划。通过项目资产和收益编制可行的债务实施计划，通过项目的必要性编制政府投入、自有资金投入的计划，从而保障资金流入渠道的畅通（见图2-6）。

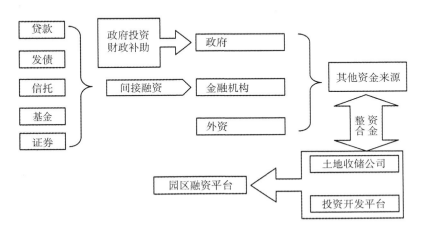

**图 2-6 工业园区资金流入式融资模式示意图**

方案三：通过股权出让获得资金流入的融资方式，这一方式要求项目计划书的编制需符合国家证监管理机构的要求和交易机构的许可方能实现融资目的，这就需要完成大量的规范性和基础性工作（见图2-7）。

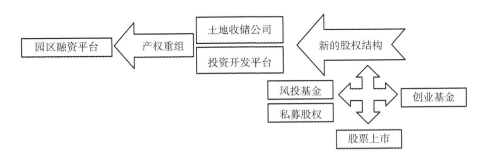

**图 2-7 工业园区股权式融资模式示意图**

园区可在金融机构的指导下，根据实际情况按照三种融资方案确定适合自身发展需要的融资方案。

**1. 突出项目融资规划和实施计划的途径**

做好项目规划，根据园区项目发展阶段和需要，规划园区项目融资实施计划与时机，提高园区融资的均衡需求，提高园区可持续融资能力；科学确定融资项目，依托金融机构编制科学规范的融资方案设计融资渠道，确定融资模式，提高融资效率；创新融资方式，协同金融机构利用有效资产和储备资产，深度开发融资业务，探索新的融资模式；加强融资资金的管理使用，严格项目资金使用流程，强化专款专用，提高融资资金的使用效率；构建园区融资与债务平衡预警机制，完善融资偿债规划和风险监控。

**2. 突出项目融资规划和实施计划的重点**

一是融资项目的规划和实施计划，确定融资项目、融资方式、融资结构、融资规模、融资成本的规划设计；二是确定融资实施路径，强化融资技术运营和融资可行性方案编制，落实融资主体及其责任主体；三是与金融机构合作，寻求指导，完善融资多方案评估与决策机制建设；四是督促检查融资进展，适时调整和修改融资方案，提高融资成功率；五是注重融资后续管理，加强资金使用管理，督促资金偿还，评估融资效率。

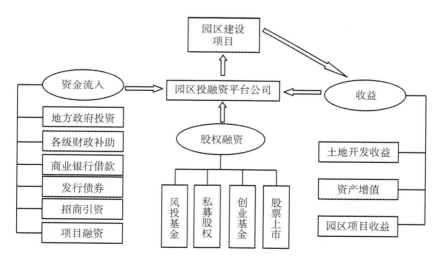

**图 2 - 8　园区融资来源及其规划路径**

## （六）协同整合各类金融机构，即紧密联系"一批"金融机构协同构建稳定的融资方式

提高园区融资能力建设离不开各类金融机构的参与和支持。云南省各地工业园区融资成功经验表明，没有稳定的、和谐的金融互助关系，园区融资就难以顺利进行；没有强有力的金融支持和指导，园区建设和发展就难以持续。园区要构建有效的融资体系就需要加强园区内部的金融战略布局，引入银行、保险、证券、信托、担保、典当、财务公司等各类金融机构的业务协同参与。因此，整合各类金融资源，搭建各类金融平台，构筑金融衍生链条，促进金融机构与园区建设项目结合，是提高园区融资能力建设的重要保障。

1. 协同整合各类金融机构的途径

制定园区金融发展规划，在国家级园区探索设置园区金融园发展区，在市县级探索园区金融实验平台，实施金融推动园区发展战略；通过业务链互助连接金融机构入驻园区，通过优惠政策、优质服务、优良环境吸引金融机构入驻园区，通过创办、参股、合作等方式搭建园区金融平台；加强园区资源整合、业务整合、项目整合，增强园区项目与金融机构协同的基础条件；构建金融机构参与园区产业发展规划、项目投资、融资模式和方式设计的融资支持决策机制；完善园区内部闭合管理，完善征信系统、信息系统建设，保障金融机构全时段、全流程、全系统紧密的金融支持。

2. 协同整合各类金融机构的重点

强化吸引金融机构入驻园区的观念和意识，提高吸引金融机构、金融资源入园对推进园区建设发展的重要性认识；完善园区规划，构建金融园区或金融实验平台，强化金融参与园区建设的保障机制；完善政策支持体系建设，鼓励金融机构入驻园区，鼓励园区内部企业创办金融机构；加强园区内部业务、资源、项目与金融机构业务对接整合，实现园区闭合管理，降低监控风险；选择可靠的金融机构，特别是股份制银行机构作为园区发展的战略伙伴，开展模式化、集成化的业务合作，提高授信额度，深化园区银企、银政的协同契合度，开展创新型融资模式探索。

# 二、创新工业园区融资体系建设

创新工业园区融资体系包括融资目标体系、融资技术模式体系、融资渠道建设体系、融资环境体系、融资策略体系等方面，融资体系建设是一个复杂的系统工程，既需要理论方式的创新，更需要实践探索创新。

## （一）构建园区融资目标实现的保障机制

### 1. 保障机制及其体系

融资体系是一个综合概念，包含融资功能体系、调控体系、组织体系、监管体系、市场体系、服务体系六个方面。融资目标保障体系即是通过相应的制度、政策、技术方法、组织管理的改进和创新，保障融资目标的实现，是新的融资功能扩展、新的调控方式、新的组织形式、新的渠道来源、新的模式构建、新的环境集成等。云南省园区融资目标保障体系建设需要通过以下环节来实现：

（1）加强园区融资目标规划。按照园区建设内容分类，园区融资目标体系包括两大类：即园区基础设施（含公共设施）建设融资目标和园区企业（各类入园企业）融资目标体系。园区基础设施融资目标体系是指园区基础设施建设，包括园区道路、水电及能源管道、网络通信、环境、公共建筑、住房等各类设施建设所达到的目标及其所需资金的规模、数量、融资渠道、模式、方法和环境支撑体系；而园区企业融资功能目标体系则是园区企业阶段性发展目标所需要的融资规模、数量、渠道、模式、方法、环境等支撑体系。园区融资不能脱离园区建设发展需要，也不能离开园区投资功能而盲目融资。园区基础设施建设目标规划的主体是园区管委会，园区管委会在做出园区发展目标规划和投资目标规划时就应确立融资目标规划，提高三者的目标均衡，实现园区持续发展；园区企业发展目标规划的主体是入园的各类企业，因此，企业也需要规划发展目标、投资目标和融资目标，也需要构建三者的均衡关系。

（2）重视园区融资目标调控。园区融资调控目标体系既是园区对接国家宏观调控政策的统筹协同，包括园区融资调控与国家货币政策与财政政策的协同、发展规模和融资总量平衡协同、渠道信息传导与融资模式协同、风险监测与控制的协同体系；也是园区内部的微观动态机制调控体系的协同，包括项目控制成本与市场化利率协同、资金需求与园区实力协同、项目资本、设施设备与抵押、担保能力协同、金融市场（货币、资本、保险）与融资模式创新等协同体系。无论规模大小、实力强弱，云南省工业园区融资条款体系构建的首要任务是建立一个建设进度目标与融资目标一致的均衡调控机制，建设一个完整的实施计划推进机制，按照规划进度、实施进度、需求进度、成本进度和风险程度调控园区融资。

（3）构建园区金融机构组织体系。园区融资组织目标既包括政策性银行、商业银行、证券公司、保险公司、信托投资公司、农村信用社、融资租赁公司等金融机构，也包括园区、上市公司、财务公司、金融资产管理公司、融资平台公司、中小金融机构等企业机构。如何引入或创建构建纵横交错的园区金融网络，是园区融资组织目标构建的重要工作，也是园区融资系统构建的基本任务。园区应把金融机构入园或创建金融机构与招商引资置于同等重要的位置，通过政策引导、资源配置、资金扶持、完善服务等方式，把各类金融机构网络引入到园区，组成各种功能齐备的金融体系，最大限度地鼓励金融创新，发挥金融机构对园区建设的推动作用。

（4）强化融资目标监控。园区内部融资监控目标是督促、落实园区融资实现的保障机制，是加强园区金融风险控制的制度屏障。园区设立内部融资监控体系包括融资规模、融资成本、融资周期的预警机制、健全财务风险监控、融资风险识别与应急处置机制、风险监控与退出机制等，通过增强财务与融资信息透明度等方式，督促融资目标的专款专用，接受内部和外部的监督，处理好融资监管与融资创新的关系，建立健全园区发展阶段与融资供给的监控、项目成本与融资成本的监控、项目收益与融资偿还的监控，做到融资风险与融资效益的均衡管控。

（5）推进融资目标市场对接机制。内部融资市场体系（资本市场）是园区融资体系构建的有效途径，园区融资市场包括内部市场与外部市场，在园区现有条件下，探索园区闭合的融资市场构建，连接内部企业、金融机构、投资者等形成金融供给与需求的交易体系；在巩固现有间接融资渠道的同时，努力扩大直接融资渠道，充分发挥园区外部金融市场的作用；完善园区交易方式、交易结构、交易产品设计，推进债券发行、公司股票上市，拓展风险投资和创业投资入园区，推进园区内部与外部对接的产权交易市场；建立产业基金、风险基金的退出机制，鼓励社会资本参与园区金融创新实验。

（6）完善融资服务目标体系。一是完善园区融资主体的功能和责任目标，加强和改善经营、核算、诚信管理，培育合格的融资主体；二是完善园区融资服务体系、担保体系和信用体系建设，加强与金融部门的沟通协作，扩大银政、银企对接合作范围，做好对接服务，提高对接效果；三是搭建金融机构与园区的桥梁和纽带，在园区暂时尚难以全部满足现行政策和监管要求的情况下，引导各类投资机构对接园区融资项目，引导资金雄厚、网点众多的大型商业银行对接园区业务，促进园区项目得到更多的银行信贷服务；四是进一步改善政策环境，加大商业银行开展园区贷款业务的财政补偿、税收减免等政策支持力度，从体制和机制上为缓解园区融资难提供政策保障。

2. 构建园区融资目标实现的保障机制路径

（1）加强对园区建设项目的分类，根据分类确定发展规划目标、投资建设目标、融资目标；设计融资项目的规模、数量、用途和时间节点，契合园区投资项目的进展；规划融资渠道、技术、模式及其环境目标，按照资金渠道、资金成本、资金时效与园区项目成本、项目进度、项目收益对接，确保园区投资与融资能力均衡。

（2）梳理国家宏观调控政策，根据政策调整和变更，确定园区对策与措施；完善内部调控与协同机制，构建灵活多样的调控体系；加强渠道对接、市场对接、技术对接、内外部环境对接，努力构建适合园区发展现状的融资体系；以进度为目标，督促园区融资推进机制；完善园区融资的风险调控机制。

（3）观念更新，把金融机构入园的目标规划作为园区发展规划的重要任务，鼓励园区内部金融机构创设，构建园区立体多元的金融体系；设计政策支持、资源配置、税收导向等机制，构建优良的园区金融环境；确定目标任务，管委会、融资平台、投资公司分工协作，确保进入机构入驻园区目标实现。

（4）建立园区内部设置目标监控机制，加强对融资规模、融资成本、融资周期的预警监控；完善融资体系监控制度，健全园区财务基础工作，增强信息透明度；建立融资风险、融资监管与融资创新的均衡机制。

（5）构建园区内部闭合市场机制，创新内部金融交易体制；建立内部交易体系与外部市场对接机制，构建便捷、安全、有效的融资环境；注重融资技术设计与融资模式设计，扩大融资渠道与融资规模；鼓励园区内部金融模式和金融产品创新，鼓励社会资本参与金融创新。

（6）加强园区融资服务体系建设，完善责任目标的管理，提升服务水平和质量。

3. 构建园区融资目标实现的保障机制重点

（1）园区管委会对园区建设按类别分类、功能架构；融资目标设计与规划；园区融资平台与投资公司落实投资与融资节点对接、融资成本与投资收益对接。

（2）园区管委会加强对国家宏观政策的把握，园区融资平台有针对性地设计融资对策措施，园区融资目标与外部环境对接，融资推进机制，风险控制机制建设。

（3）园区管委会确定金融机构入驻园区目标，建立目标责任考核机制；投资平台公司完善园区金融创新建设，落实金融机构创建目标；完善政策环境，创造吸引条件，鼓励金融创新。

（4）园区管委会对融资目标与融资计划的设定，强化融资资金的专项监管，建立融资规模与融资风险的自适应预警机制；园区融资平台公司和投资公司规范内部财务管理，增强投融资决策和财务决策的透明度。

（5）园区管委会建立金融创新的责任感与使命感，敢于探索，勇于创新；融资平台公司的规范设计和周密实施；确立可行的内外部融资对接机制；基金推出机制构建。

（6）园区管委会建立和完善融资管理考核机制，加强园区内部融资服务体系建设。

## （二）园区融资技术模式体系建设与创新

融资技术体系创新是通过科学可行的路径设计，根据政策规范，实现融资目标的技术创新机制和体制。按照融资的功能体系分类，云南省工业园区融资技术体系建设分为园区基础设施融资技术体系和园区企业发展融资技术体系；按照要求的发展阶段分类，园区融资技术体系可分为初创阶段、发展阶段、成熟阶段的融资技术体系。由于功能不同、阶段不同，融资技术方法不同，园区融资技术体系建设与创新的方法也不同。

园区基础设施建设融资技术体系包括阶段性设施建设融资技术模式体系和功能性设施建设项目融资技术模式体系。阶段性设施建设融资技术模式体系是指工业园区开发建设各个阶段所采用的不同融资技术模式，包括园区初创、发展、成熟各阶段的融资技术模式；功能性设施建设项目融资技术模式是指根据工业园区设施项目功能特征所采用的不同融资技术模式，包括债券发行、土地收储、投资基金、银行信贷、项目融资等融资技术模式。

1. 按照园区设施建设周期构建融资技术模式

（1）园区初创期。宜采用政府专项投入扶持、土地出让、质押、抵押、担保、设施融资等融资技术。

（2）园区快速发展期。宜采用银行信贷、发行债券、企业上市、产业基金等融资技术。

（3）园区成熟期。宜采用债券市场、企业上市、期权期货、银行信贷等融资技术。

园区根据不同发展阶段的投资需求和融资需求，构建园区融资技术的不同模式。园区建设不同阶段的融资技术模式如图2-9所示。

园区设施建设阶段性融资不是固定不变的技术模式，根据不同的园区、不同的实际情况可互为融合、交叉采用。但具体采用哪种方式，应根据融资成本和融资周期与设施项目建设周期和收益来确定。

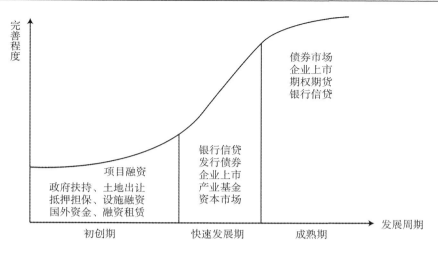

**图 2 - 9　园区建设不同阶段的融资技术模式**

2. 按照园区设施项目功能类型构建融资技术模式

园区基础设施发挥着不同的功能作用，不同的设施因其功能效用、建设周期、投入成本、投入回收等不同，投入的资金渠道也不同，因此不同的设施融资技术模式也不同。根据设施功能分类，有效的园区基础设施融资的技术模式为基础设施建设债券类融资〔包括发行基础设施债券融资、发行信托债券计划融资、发行基金受益凭证（REITs）融资、发行园区联合债券融资〕、土地收储出让融资、基础设施投资基金融资、产业发展基金融资、项目融资（包括 BOT、BT、PPP）、政府融资、政策性银行融资等。

（1）园区基础设施建设债券类融资。以税收、电费、设施租赁收入、财政补贴债息等为偿债来源，根据园区发展状况和资金短缺程度，在承担还本付息的基础上，按照相关法律规定向社会或私人公开发行债券的融资方式。基础设施债券融资包括发行债券融资、发行信托债券集合融资、发行 REITs 或商业等技术模式。园区创建期或快速发展期可采用基础设施债券类方式来融资。

1）发行基础设施债券融资。

① 园区基础设施建设债券融资特点。

A. 优良的信用。

B. 融资成本低。

C. 流动性好。

D. 有限定的使用范围。

E. 发行期限较长。

②融资流程及其方法（见图 2 - 10）。

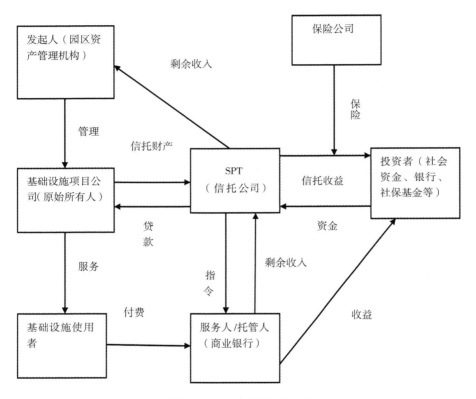

**图 2 - 10　融资流程及其方法**

③具体的运作管理。园区基础设施项目经营企业在国有资产管理部门的统一协调下，将项目未来一定时期的消费收入设定为信托财产，将其移转给信托公司所有，由信托公司通过一定的结构设计安排，以信托财产为支持发行信托收益权证，面向资本市场募集资金，再将募集的资金返还给基础设施

项目投资者。园区基础设施建设债券融资过程中，园区国有资产管理机构作为发起人参与融资活动，其主要职责包括指定或任命信托投资公司，明确将哪些具体收费项目设定为信托财产。由于基础设施项目的所有权归政府所有，国有资产管理机构作为政府所有权的行使者，对最终剩余收入（即信托财产收入扣除实际向投资者支付收益的余额）拥有所有权。

④基础设施债权融资适用范围。园区可盈利设施项目，包括水电设施、通信设施、道路交通设施、土地收储、大型仓储设施、环境工程设施、标准化厂房设施等。

2）发行信托债券计划融资模式。信托债券计划融资是指按监管部门批准的信托计划向投资者发售信托权益凭证募集资金，由信托公司将募集的资金转贷给园区投融资平台公司投资运作，信托期满后收回本息作为收益回报投资者的融资方式。园区初创期和快速发展期可使用这一模式。信托计划融资模式主要有三种：

①债权信托计划融资，即信托贷款。由商业银行与信托公司共同发起，投资者与信托公司签署发售信托权证，由信托公司贷款给园区投融资平台公司进行项目开发的融资方式。这种方式与商业银行传统的贷款方式类似，所不同的是资金来源主要是靠发行信托计划筹集，债权人是信托公司。其运作流程如图2-11所示。

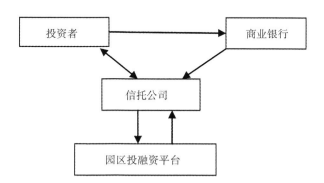

**图2-11 债权信托计划融资运行流程模型**

②阶段性股权信托计划融资。将信托资金分阶段地投入园区投融资平台

公司，信托公司变相成为优先股东，信托期满后园区投融资平台公司或其他股东按溢价回购股权，信托收益来源于股权溢价回购的一种融资方式。其运作流程如图 2 - 12 所示。

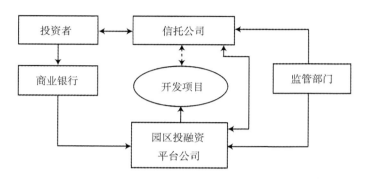

**图 2 - 12　阶段性股权信托计划融资运行流程模型**

③受益权转让信托计划融资。把可预测未来稳定的现金流收入作为房地产开发项目受益权，通过以交易为基础的资产信托转让给投资者，实现融资目的。信托收益来源于现金流收入或受益权的溢价回购。其运作流程如图 2 - 13 所示。

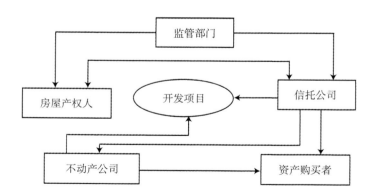

**图 2 - 13　受益权转让信托计划融资运行流程模型**

信托计划融资模式较多运用于商业地产项目的受益权转让，这些信托产品在信托发行时或发行前就与投资者签署了期限明确的物业租赁合同，收益和现金流可预测并且稳定。同时有房屋作抵押担保或信用担保，退出安全性有保证。但单一的信托计划难以控制房地产商对资金的使用及其收益控制，风险环节受制于市场变化和开发商的道德，同时，信托投资者的退出机制缺乏平台，投资者风险过于集中。

④信托债券计划融资适用范围。园区可盈利设施和项目，包括水电设施、通信设施、土地收储、大型仓储设施、污水处理设施、废旧物处理设施、可盈利医院、教育培训设施、大型商业设施、标准化厂房设施等。

3）发行基金受益凭证或商业 REITs 融资。根据合同约定和相关政策，通过发行基金受益凭证募集资金，委托专业机构投资和管理，用于园区投融资平台公司或从园区技术设施项目采购（Procure）、发展（Develop）、管理维护（Manage and Maintain）、销售（Sale）过程中取得租金和销售收入，同时也可为项目和机构提供设施抵押贷款，取得利息收入，并将投资收益中的绝大部分以派息形式按比例分配给投资者的一种设施项目集合投融资计划产品的融资方式。园区商业房地产基金（即 REITs）与信托计划的区别在于：REITs 通常在满足一定的设立条件下可获得一定的税收优惠的房地产项目，同时专业机构的管理和开发融资平台公司资产收益的变相抵押，确保投资者一定程度上的风险分担。REITs 运作方式有两类：一是由信托基金公司与园区投融资平台公司共同设立的载体公司（SPV）向投资者发行用于收益凭证，所募集的资金投资于特殊目的基础设施项目，项目所产生的现金流用于归还投资者本息。园区初创期和快速发展期可使用这一模式（见图 2 - 14）。

二是园区物业公司将所属经营性资产打包设立 REITs，用经营性资产所产生的租金、按揭利息等作为标的，均等分割为若干份额向投资者出售，定期派发红利的一种融资方式。这实际上类似债券的融资方式，如图 2 - 15 所示。

园区写字楼、商场等商业地产的现金流高于传统住宅地产的现金流，因此，REITs 较适用于大型工业和商业地产项目。REITs 的运行方式可演变为两种类型。

①可转换信托计划融资。是指以债转股形式的信托融资，由投资者、商

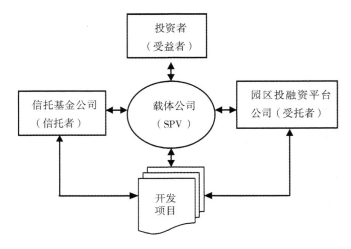

**图 2 – 14　SPV 运作构建的 REITs 融资模式**

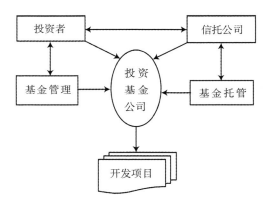

**图 2 – 15　经营性资产构建的 REITs 融资模式**

业银行、信托公司、园区投融资平台公司共同发起，经过信托管理监督机构的批准设立的信托融资模式。融资的实现视项目收益为债权与股权转换条件，当项目开发成功，收益作为债务还贷；当项目运作周期长或不确定时，实行股权转移，即由债权转为股权，确保投资者权益。具体运作模式如图2 – 16所示。

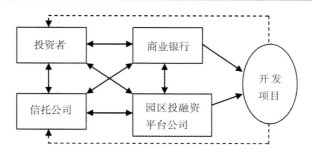

**图 2 – 16　可转换信托计划融资运行流程模式**

注：①由投资者、信托公司、商业银行、园区投融资平台公司签署信托融资协议；②投资者与园区投融资平台公司签署可转换投资协议；③信托公司与商业银行签署贷款资金共同监控协议；④商业银行根据信托公司指令发放贷款；⑤园区投融资平台公司对项目实施开发；⑥项目收益以债权形式返还本息；⑦债券不能实现时转换为股权。

②项目融资与 REITs 结合的融资。将项目融资技术置于 REITs 的设计中，结合两种融资技术优势获得融资的最大效用。将项目融资技术引入 REITs 是因为对于一个资金需求量巨大的设施开发项目，因其开发周期长，需持续不断的资金供给、收入稳定等因素，这样的项目融资难度大，需要结合园区现实情况做出特别的设计。项目融资与 REITs 结合的融资技术的好处在于：一是分散经济风险；二是获得充分的财务待遇；三是获得支付待遇（见图 2 – 17）。

③基金受益凭证（REITs）融资适用范围。园区可盈利项目设施，包括水电设施、通信设施、土地收储、大型仓储物流设施、大型商业设施、标准化厂房设施、营利性医院、交易培训设施、公租房等。

4）发行园区联合债券融资。园区联合债券融资是园区联合成立园区融资平台，以园区财政收入、土地收入、其他收入为偿债来源，根据园区发展状况和资金短缺程度，由园区融资平台发行的，在承担还本付息责任的基础上，按照有关法律的规定向社会发行债券的融资方式。园区进入快速发展期或成熟期可采用园区联合债券方式来融资。

①基本特点。

A. 发行运作模式同企业债券相同。审批、发行、流通到偿付，则完全套用发行企业债券时的模式。实际上是园区借融资平台的"壳"，实现为园区建设项目融资的目的。

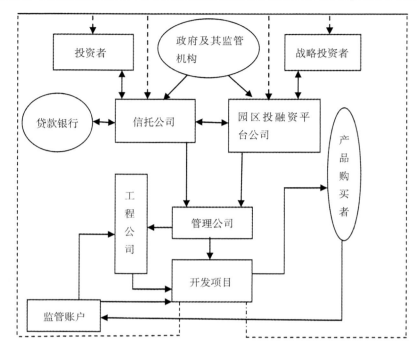

**图 2 – 17  REITs 与项目融资结合的融资技术运行流程**

注：①房地产公司与信托公司签署融资代理协议和合作投资协议及融资计划，根据协议和计划明确各自责任；②融资计划报政府或监管机构批准，获得特许及相关开发许可；③根据批准的融资计划和项目开发许可，信托公司与投资者、房地产公司与战略投资者签署融资协议；④信托公司与商业银行签署贷款协议，建立委托贷款关系；⑤信托公司与房地产公司组成项目管理公司，开展对项目运作的准备工作；⑥贷款银行根据贷款协议设立监管账户，对项目工程的财务进行全程监控；⑦受贷款银行控制的监管账户按期拨付工程进度款；⑧项目管理公司对开发项目、工程建设公司进行全程质量和进度监控与管理；⑨贷款银行通过监管账户按工程进度拨付开发项目其他款项，工程建设公司按工期、数量和质量要求完成项目工程；⑩项目开发完成销售产品，产品购买人可以是投资者和其他消费者，也可以是房地产公司本身；⑪产品销售收入进入贷款银行监管账户，通过监管账户将开发利润支付给信托公司或房地产公司，同时根据融资协议向投资者支付融资本息；⑫若不实施利润分配，可根据投资协议和投资额大小实行股权分置，由债权转换为股权。

B. 园区融资平台债券的发行不再是单纯的企业行为，而是带有明显的政府行为的特征。由于园区融资平台大都隶属于地方政府，一方面在债券发行计划上享受政策倾斜，另一方面园区管委会为发债企业提供如隐性担保、并发许可和税收优惠等各种政策，而且如果出现清偿问题时，一般由园区财政代为偿付。

C. 信用级别高，收益率较高。由于地方政府信用是仅次于国家信用的第二大信用体系，所以作为以园区信用为最后保障的债券在信用等级方面比一般企业债券具有相当大的优势，再加上园区融资平台发行债券按照企业债券模式进行运作，包括债券的定价，这样投资者就获得了以较低风险获得较高收益的机会。

②融资流程与方法（见图 2 - 18）。

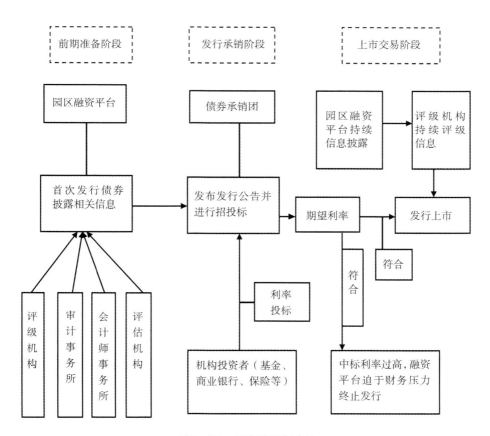

**图 2 - 18　融资流程与方法**

③具体的运作与管理。

A. 债券的发行前期准备。相关的中介机构（主承销商、评级机构、会计师事务所、律师事务所以及资产评估机构等）将对首次发行债券的披露信息做尽职调查，针对重要的数据与要点，如园区综合财力情况、历史债务负担情况、园区发展情况以及地方债务管理的制度建设情况等，在公平、客观的前提下给出自己的判断并形成相关的尽职调查报告（审计报告、评级报告以及资产评估报告等）。

B. 债券的发行承销。主承销商/承销团召开债券发行利率的招投标会议，参会的机构投资者将就现有的园区融资平台披露信息以及中介机构的尽职调查报告信息，根据自身的投资偏好和需求，对将要发行的园区融资平台债券进行竞标。最终发行利率以竞标最终结果为准。其中针对园区以及融资平台的风险考量，将包含在对其的竞标利率中。

C. 上市交易。债券是否能够上市交易，将取决于最终竞标利率是否高于园区融资平台发行债券的预期利率。如果在预期利率区间内，则债券将会顺利发行；如果中标的利率高于园区融资平台的预期利率区间，则债券发行将会流拍。如果园区融资平台债券顺利发行，则会在交易所以及银行间交易市场进行债券分销。园区融资平台有义务在后续债券上市交易过程中，提供每年不少于两次的债券信息披露；同时，评级机构也将针对上市的园区融资平台债券做出后续评级信息的更新，并提供相关的信用研究报告。

④联合债权融资适用范围。园区可盈利设施项目，包括供水供电设施、通信设施、土地收储、环境工程设施、各类交易平台、交易培训项目设施、检疫检验设施、大型仓储物流设施、标准化厂房设施、大型商业设施、可盈利医院、公租房等。

（2）土地收储融资。土地收储出让融资是指园区依照法定程序在批准权限范围内，利用收回、收购、征用或其他方式取得土地使用权，对土地进行储存或前期开发，再出让土地使用权获得资金的融资模式。

1）基本特点。

①土地的稀缺性和增值性易形成中央的抵押资产。

②政府划拨、出让作为园区较为稳定的资产。

③园区通过征购、整理、储备、供应四个阶段实现收益。

④融资渠道较广，方式灵活多样，资金管理简单。

⑤资金量大，周期长，成本高，审批程序复杂。

2）土地收储融资流程及方法（见图2－19）。

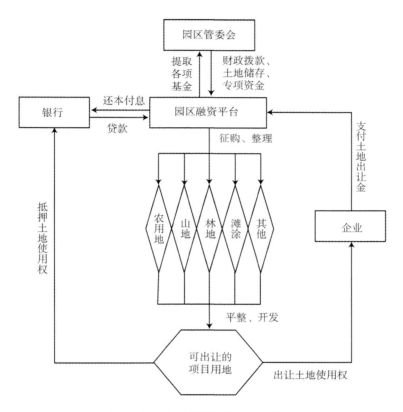

**图 2－19　土地收储融资流程及方法**

3）运作及管理。

①筹集土地收储资金融资。由于土地资产的整理（拆迁、安置、平整、道路、水电管道布局等）需要先期投入，先期投入资金来源一般为财政拨款、土地储备专项资金和银行贷款，但由于财政拨款金额少，专项资金落实困难，银行贷款成为园区土地收储资金的主要来源。这个时候需要向银行等

金融机构融资，而根据土地资源的稀缺性和增值性特征，银行等金融机构易于接受土地财政作为抵押融资资产。

②土地收储、开发，出让使用权。在获取足够资金的情况下，园区对土地进行征购、整理、储备及简单的前期开发，并向有用地需求的企业出让收储土地的土地使用权。

③土地出让收益分配。园区出让土地使用权从企业收回的资金，土地出让收益要由各级政府提取各项基金，再向银行还本付息，最后由出让金的返还部分作为园区土地开发基金积累，完成一个土地收储的循环。

4）土地收储出让融资适用范围。园区所有公益性项目和设施，包括道路交通、园林绿化、行政办公、土地收储平整、非营利医院、学校等公共设施项目。

（3）创立园区基础设施投资基金融资。通过政府、企业、社会资本组成基金，基金发起人为园区融资平台，园区初创期、快速发展期可采用设立基础设施基金来融资。融资技术模式由园区设立基础设施投资基金管理委员会负责管理，通过委托园区投融资平台公司以法人资产的形式进行运作。

1）园区基础设施投资基金来源。

①财政综合预算内、外安排的基础设施投资资金。

②上级政府和部门下拨的各类资金。

③国有资产变现收入和应上缴的国有资产经营收益。

④基金运作收入和投资公司可供投资主体分配的利润。

⑤政策性拍卖和转让土地使用权收入。

⑥其他合伙人创设投入资金。

⑦金融机构或社会资金。

2）基础设施投资基金运作流程（见图2－20）。

3）园区基础设施投资基金运营管理。

①园区设立基础设施投资基金管理机构，委托投融资平台公司运作，同时给予投融资平台公司一定的资产或资金。

②基金的投资方向。基础设施投资基金是园区投融资平台公司进行股权投资和提供经营管理服务的利益共享、风险共担的集合投资，可投资于园区

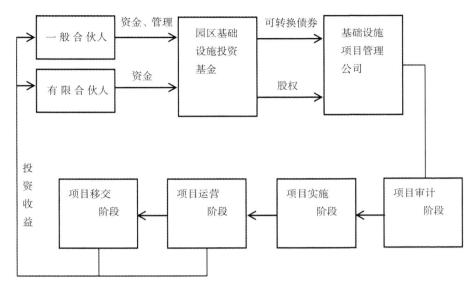

**图 2 - 20 基础设施投资基金运作流程**

初创期和已形成一定规模并产生稳定现金流和收益的成长期的设施项目。

③基金的存续方式。可分为封闭式基金和开放式基金。封闭式基金是指基金在发起设立时，限定了基金单位的发行总额，基金募集完成后不再接受新的投资，也不允许赎回。开放式基金是指基金在设立时，其总规模并没有固定，而是视投资者的需求而定（管理人也可以对申购设定限制），投资者在正常情况下可随时申购或赎回的基金。由于节能服务产业发展基金属于长期投资，本着谨慎性原则，节能服务产业发展基金的存续方式应选择封闭式，基金不存在赎回问题，所以不需要留存预备赎回的资金，全部资金可用于投资，有利于基金管理人制定长期投资策略。

④基金的投资形式。通常可通过购买公司股权以普通股的形式投资。但普通股不是唯一投资方式，出于风险规避和不同的投资策略，还可采取优先股、可转换优先股、可转换债券和分期投资的方式。由于开始时无法确切地、透彻地了解融资企业的全部真实情况，为防范信息不对称带来的道德风险，基金可采取分期投资的方式，采取渐进式、多轮式注资。

⑤基金的投资限制。为了确保基金资产的流动性、安全性和收益性，基

础设施建设基金必须保证项目专用，实行封闭循环运作。可采取退出一个、清算一个、投资于下一个的滚动发展模式。

4）退出方式主要有三种。

①通过所投资基础设施项目公司上市，将所持股份出让。

②通过并购转让所投资设施项目公司股权。

③通过关闭结束基金运作退出。

5）园区基础设施投资基金融资适用范围。基金发起设定的项目和设施，包括道路交通、供水供电设施、废气废水回收处理设施、通信设施、商业设施、标准化厂房设施等。

（4）创立园区产业投资基金融资。产业投资基金是一种对未上市企业进行股权投资和提供经营管理服务的利益共享、风险共担的集合投资制度，即通过向多数投资者发行基金份额设立基金公司，由基金公司自任基金管理人或另行委托基金管理人管理基金资产，委托基金托管人托管基金资产，从事创业投资、企业重组投资和基础设施投资等实业投资。

1）产业投资基金融资的流程（见图2-21）。

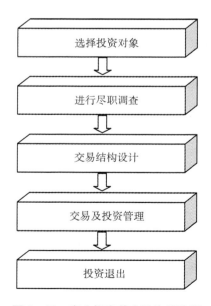

**图2-21 产业投资基金融资的流程**

2）产业基金构成。

基金当事人涉及多个当事人，具体包括基金股东，也即基金投资人，是基金单位或受益凭证的持有人。可以是自然人，也可以是法人。基金持有人是基金资产的最终所有人，其权利包括本金受偿权、收益分配权及参与持有人大会表决的权利。

基金管理人是基金持有人的代理人，代表基金管理人与基金投资人进行基金单位的买卖活动。基金销售代理人一般由投资银行、证券公司或者信托投资公司来担任。

基金托管人也即投资人权益的代表，是基金资产的名义持有人或管理机构。为了保证基金资产的安全，按照资产管理和资产保管分开的原则运作基金，基金设有专门的基金托管人保管基金资产。

此外还有会计师、律师等中介服务机构。基金管理人是负责基金的具体投资操作和日常管理的机构（见图 2 - 22）。

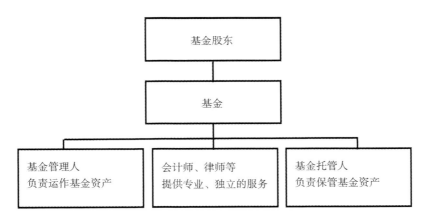

**图 2 - 22　产业基金构成当事人关系图**

3）产业投资基金融资的特点。

①产业投资基金投资的是未上市企业股权。

②产业投资基金是一种管理性资本。

③产业投资基金的目标是资本增值。

4）退出方式主要有三种。

①通过所投资企业的上市，将所持股份抛出获利。

②通过其他途径转让所投资企业股权。

③所投资企业发展壮大后从产业基金手中回购股份等。

5）产业投资基金的运营管理。

①公司型产业投资基金是以股份公司形式存在或者以有限合伙形式设立，基金的每个投资者都是基金公司股东或者投资人，产业投资基金有权对公司（企业）的经营运作提出建议和质疑。

②契约型产业投资基金不是以股份公司形式存在，投资者不是股东，而仅仅是信托委托的当事人和基金受益者，无权参与管理决策。契约型产业投资基金不是法人，必须委托管理公司管理运作基金资产，所有权和经营权得到彻底分离，有利于产业投资基金进行长期稳定的运作。

6）园区产业投资基金融资适用范围。基金发起设定的项目和企业，包括创业支持、产品升级换代、招商引资、技术引进、设备改造等项目。

（5）项目融资。为一个特定的经济实体（项目）安排的融资，其贷款人在最初考虑安排贷款时，满足于使用该经济实体（项目）自身的现金流量和收益作为偿还贷款的资金来源，并且满足于使用该经济实体（项目）的资产作为贷款的安全保障的融资模式。项目融资用来保证贷款偿还的首要来源被限制在项目本身的经济收益，即项目未来的现金流量和项目本身的资产价值，形成项目的有限追索。

1）项目融资特点。

①风险分担，项目融资的所有参与方既是项目融资的受益者，也是项目分析的承担者。②非公司负债型融资（账外融资或表外融资）项目的债务不表现在项目投资者（实际借款人）公司的资产负债表中，多采用公司资产负债表外的方式来接受贷款协议和债务凭证的债务。③信用结构多样化及其创新，用于支持贷款的信用结构的灵活和多样化。④融资成本较高，项目融资涉及面广，结构复杂，咨询环境多，费用高。⑤项目融资额度大、回收期长。⑥长期风险较高，由于政治、经济、社会、市场、科学技术的不确定性，往往导致项目风险较大。

2）项目融资基本原理（见图 2 - 23）。

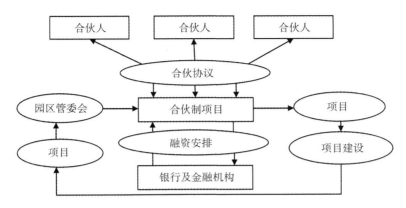

**图 2 - 23　项目融资基本原理**

3）项目融资的基本模式。常见的融资模式有 BOT 融资模式（Build 建设
—Operate 经营—Transfer 转让），可变形的模式有：PP 模式（产品支付）、
BOOT 模式（建设、拥有、经营、转让）、BOO（建设、拥有、经营）、BT 模
式（ Build 建设—Transfer 转让）以及 TA（设施使用）、TOOT（转让、拥有、
经营、转让）、LBO（杠杆并购）、PFI（启动民间参与公共部门投资）、PPP
模式（私营部门参与公共部门建设）等技术模式。常用的技术模式是 BOT、
BT、PPP。

①典型的 BOT 运作方式（见图 2 - 24）。

项目融资可分为两类，即投资者统一安排融资并共同承担市场责任方式
和投资者独立安排融资并各自承担市场责任。

A. 投资者统一安排融资并共同承担市场责任方式。其融资运作是，投资者
签署融资协议，获得政府特许权，共同提供信用保障，成立独立运作的项目管
理公司，由项目管理公司完成融资、建设、运营和移交工作（见图 2 - 25）。

B. 投资者独立安排融资并各自承担市场责任方式。其融资运作是，投资者
签署融资协议，获得政府特许权，各自提供信用保障，委托项目管理公司完成
融资、建设，项目运营费用和产出产品由投资者各自承担（见图 2 - 26）。

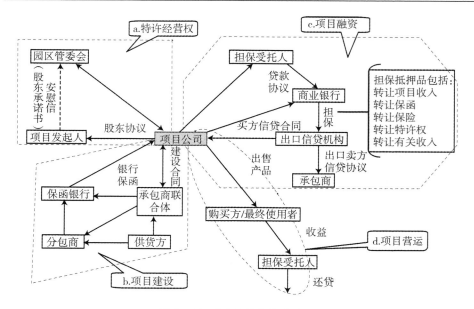

图 2-24　BOT 基本构成流程

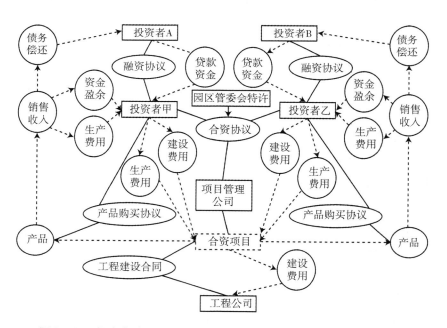

图 2-25　投资者统一安排融资并共同承担市场责任的 BOT 运作方式

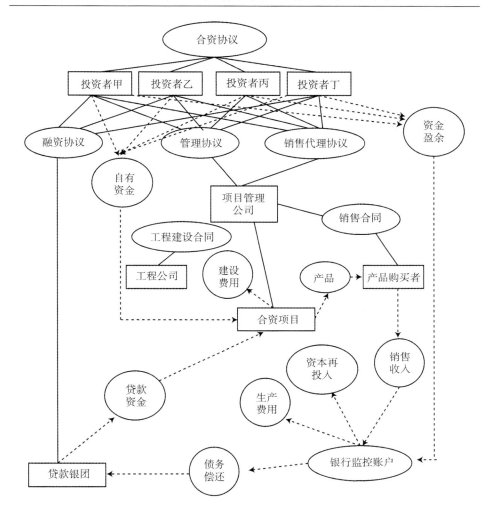

**图 2-26 投资者独立安排融资并各自承担市场责任的 BOT 运作方式**

C. BOT 融资运作管理。一是园区制订项目融资计划，选择项目发起人即投资者，项目发起人应包括园区投融资平台公司，设计融资方案；二是由发起人成立项目管理公司，接受发起人委托，完成融资设计；三是获得政府特许，完成项目建设的相关法律批文；四是选择银行或其他金融机构，提供项目融资的可行性方案或融资计划书，签订融资协议；五是选择工程承包公司，项目管理公司参与建设规划、设计、选择设备供应商、施工、质量监控、完工验收等；六是选择项目产品购买商或使用方，获得政府特许的收费许可；七是项目经营、维护等管理，获取收入，支付银行本息和发起人收益；八是根据特许期限，将项目按期移交至园区指定的管理公司。

D. BOT 融资适应的范围。可盈利项目和设施，包括园区收费公路、铁路、桥梁、大型商业建筑、供电、供水设施、污水及垃圾处理设施、大型标准厂房等。

②BT 方式也称代建制，是项目融资的一种运营方式。这种方式也是由国际财团与投资合伙人在取得政府的特许经营权后，投资建设并转让该项目。整个转让收入都归投资者所有，建设期满后，项目可转让给政府也可转让给政府特许的经营公司（见图 2 - 27）。

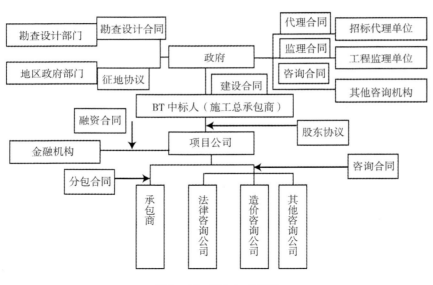

**图 2 - 27　BT 方式融资**

A. BT 融资模式的关键。一是项目计划及实施方案；二是政府的特许和批准文件；三是发起人组建项目公司，并与政府签署相关协议（包含特许协议、参股协议、贷款协议和工程代建协议等，其中特许协议为主要协议）；四是项目公司与银行签订贷款协议；五是项目公司与工程承包公司签署工程建设协议；六是工程建设、验收、交付；七是政府根据验收结果，接手项目，并按协议支付项目建设资金。

B. BT 融资模式的运用范围。园区非营利项目，包括园区城镇改造、学校、非营利医院、道路交通、环境设施、园林设施等。

C. BT 融资的基本模式。

a. DBB 技术模式：设计—招标—建造模式（Design – Bid – Build，DBB）。工程项目的实施必须按设计—招标—建造的顺序方式进行，只有一个阶段结束后另一个阶段才能开始。特点是业主与设计机构（建筑师、工程师）签订专业服务合同，建筑师、工程师负责提供项目的设计和施工文件，在设计机构的协助下，通过竞争性招标将工程施工任务交给报价和质量都满足要求且最具资质的投标人（总承包商）来完成。在施工阶段，设计专业人员通常担任重要的监督角色，并且是业主与承包商沟通的桥梁。

b. DB 技术模式：设计—建造（Design – Build，DB）又称为设计—施工（Design – Construction）交钥匙工程（Turnkey），或者是一揽子工程（Package Deal）。业主和 DB 承包商密切合作，完成项目的规划、设计、成本控制、进度安排等工作，甚至负责土地购买、项目融资和设备采购安装。

具体运作：在项目的初始阶段，承包商（或具备资格的管理咨询公司）根据业主的要求或者是设计大纲，由承包商或会同自己委托的设计咨询公司提出初步设计和成本概算。根据不同类型的工程项目，业主也可委托自己的顾问工程师准备更详细的设计纲要和招标文件，中标的承包商将负责该项目的设计和施工。特点在于具有高效率性和责任的单一性。

c. CM 技术模式。建设管理模式即 CM（Construction Management）模式，在采用快速路径法进行施工时，从开始阶段就雇用具有施工经验的 CM 单位参与到建设工程实施过程中来，以便为设计人员提供施工方面的建议且随后负责管理施工过程。主要特点在于采取分阶段发包，由业主、CM 单位和设计单位组成一个联合小组，共同负责组织和管理工程的规划、设计和施工，CM 单位负责工程的监督、协调及管理工作，在施工阶段定期与承包商会晤，对成本、质量和进度进行监督，并预测监控成本和进度的变化。建设管理模式可分为代理型建设管理（Agency CM）方式和风险型建设管理（At_ Risk

CM）方式。

d. EPC 技术模式。设计—采购—建设，即 EPC（Engineering – Procurement – Construction）模式，承包商承担总体策划、组织管理策划及其具体工程设计，专业设备、材料的采购；施工、安装、试车、技术培训等工作。主要特点是，工程总承包商负责工程的设计、采购、施工和服务；业主负责整体的、原则的、目标的管理和控制；业主可以自行组建管理机构，也可以委托专业的项目管理公司代表业主对工程进行整体的、原则的、目标的管理和控制；业主把管理风险转移给总承包商，同时承包商也拥有更多获利的机会；业主只与工程总承包商签订工程总承包合同。EPC 模式适用范围：规模均较大、工期较长，且具有相当的技术复杂性的工程。

e. Partnering 技术模式。即合作伙伴管理（Partnering）模式。它是指项目参与各方为了取得最大的资源效益，在相互信任、相互尊重、资源共享的基础上达成的一种短期或长期的相互协定。由于其双方的自愿性、高层管理的参与、信息的开放性等，总是与其他管理模式结合使用。适用于业主长期有投资活动的建设工程，不宜采用分开招标或邀请招标的建设工程，复杂的不确定因素较多的建设工程，国际金融组织贷款的建设工程。

f. PC 技术模式。项目总控（Project Controlling）管理模式。是指以独立和公正的方式，对项目实施活动进行综合协调，围绕项目目标投资、进度和质量进行综合系统规划，以使项目的实施形成一种可靠安全的目标控制机制。其特点是：为业主提供决策支持；总体性管理与控制项目总控注重项目的战略性、总体性和宏观性；关键点及界面控制项目总控的过程控制方法体现了抓重点；项目总控的界面控制方法体现了重综合、重整体。用于大型和特大型建设工程。

g. PM 技术模式。项目管理模式（Project Management，PM）是指项目业主聘请一家公司代表业主进行整个项目过程的管理，这家公司在项目中被称作项目管理承包商（Project Management Contractor，PMC）。PMC 受业主的委托，从项目的策划、定义、设计到竣工投产全过程为业主提供项目管理承包服务。其特点是：项目投资额大且包括相当复杂的工艺技术；业主是由多个大公司组成的联合体或政府。业主自身的资产负债能力无法为项目提供融资担保；项目投资通常需要从商业银行和出口信贷机构取得国际贷款；业主无法凭借自身的资源和能力完成项目，需要寻找有管理经验的 PMC 进行项目管理。适用于国际性大型项目。

③ PPP 模式（Public – Private – Partnership）即公共部门与私人企业合作模式，政府部门或地方政府通过政府采购的形式与中标单位组建的特殊目的公司签订特许合同（特殊目的公司一般是由中标的建筑公司、服务经营公司或对项目进行投资的第三方组成的股份有限公司），由特殊目的公司负责筹资、建设及经营。政府通常与提供贷款的金融机构达成直接协议，这个协议不是对项目进行担保的协议，而是向借贷机构承诺将按与特殊目的公司签订的合同支付有关费用的协定，这个协议使特殊目的公司能比较顺利地获得金融机构的贷款（见图 2 – 28）。

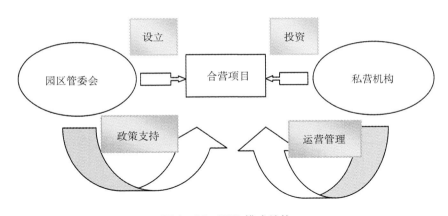

**图 2 – 28　PPP 模式结构**

A. PPP 融资模式各阶段。PPP 融资模式划分为以下七个阶段，即可行性研究阶段、招投标阶段、合同组织阶段、融资阶段、项目建设阶段、项目运营阶段、项目移交阶段（见图 2 – 29）。

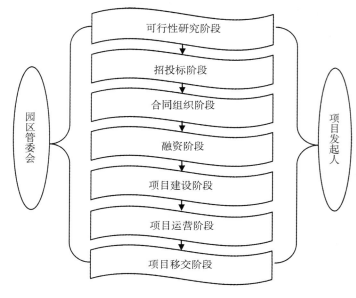

图 2－29　PPP 模式流程

B. PPP 模式的应用范围（见表 2－3）。

表 2－3　PPP 应用范围

| 实施类型 | 使用的方式 |
| --- | --- |
| 已有公共设施 | 服务外包 |
| | 运营和服务的外包和租赁 |
| 已有公共设施的扩建 | 租赁—建设—经营 |
| | 购买—建设—经营 |
| | 外围建设 |
| 新公共设施 | 建设—转让—经营 |
| | 建设—经营—转让 |
| | 建设—拥有—经营—转让 |
| | 建设—拥有—经营 |
| 公共服务 | 合同承包 |

C. PPP 融资模式运作的必要条件。

a. 政府部门的有力支持。在 PPP 模式中公共民营合作双方的角色和责任会随项目的不同而有所差异，但政府的总体角色和责任——为大众提供最优质的公共设施和服务却是始终不变的。

b. 健全的法律法规制度。PPP 项目的运作需要在法律层面上，对政府部门与企业部门在项目中需要承担的责任、义务和风险进行明确界定，保护双方利益。在 PPP 模式下，项目设计、融资、运营、管理和维护等阶段都可以采纳公共民营合作，通过完善的法律法规对参与双方进行有效约束，是最大限度发挥优势和弥补不足的有力保证。

c. 专业化机构和人才的支持。PPP 模式的运作广泛采用项目特许经营权的方式进行结构融资，这需要比较复杂的法律、金融和财务等方面的知识。一方面要求政策制定参与方制定规范化、标准化的 PPP 交易流程，对项目的运作提供技术指导和相关政策支持；另一方面需要专业化的中介机构提供具体专业化的服务。PPP 模式的机构设置如图 2-30 所示。

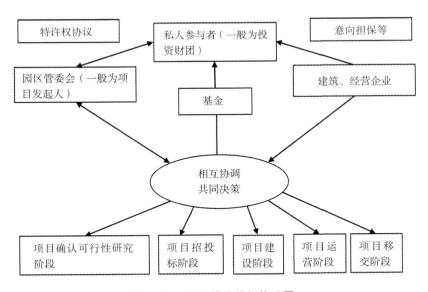

**图 2-30 PPP 模式的机构设置**

4）银行对项目融资的申请条件。

①项目本身已经经过政府部门批准立项并获得政府特许。

②项目可行性研究报告和项目设计预算已经政府有关部门审查批准。

③引进国外技术、设备、专利等已经政府经贸部门批准，并办妥了相关手续。

④项目产品的技术、设备先进适用，配套完整，有明确的技术保证。

⑤项目的生产规模合理。

⑥项目产品经预测有良好的市场前景和发展潜力，盈利能力较强。

⑦项目投资的成本以及各项费用预测较为合理。

⑧项目生产所需的原材料有稳定的来源，并已经签订供货合同或意向书。

⑨项目建设地点及建设用地已经落实。

⑩项目建设以及生产所需的水、电、通信等配套设施已经落实。

⑪项目产品已签订供销合同，有较好的经济效益和社会效益。

⑫其他与项目有关的建设条件已经落实。

（6）保险资金融资。是保险公司将资产管理从单一的委托代理向信托方式（产品化）转换的融资方式，即保险公司将保险费通过组合受让给信托资产管理公司，由信托公司出售给投资者的融资方式。保险资产管理产品可以是向境内保险集团（控股）公司、保险公司、保险资产管理公司等具有风险识别和承受能力的合格投资人发行单一的定向产品和向多个投资人发行的集合产品。

1）具体运作模式。保险公司将其保险资金交给信托投资公司、保险资产管理公司、产业投资基金管理公司等专业管理机构，由专业管理机构按保险公司意愿，以自己的名义设立投资计划，购买达到保监会认可的信用评级机构评定的、符合规定要求的信用级别的园区基础设施债券。

2）保险资金的投资范围。保险资管产品的投资范围限于银行存款、股票、债券、证券投资基金、央行票据、非金融企业债务融资工具、信贷资产支持证券、基础设施投资计划、不动产投资计划、项目资产支持计划及中国保监会认可的其他资产。

3）保险资金融资条件和要求。保险资金投资计划设立需要具备以下几个条件：

① 投资领域原则上要求为交通运输（高速公路、铁路、机场、港口、隧道桥梁等）、能源（煤炭、石油天然气、电力等）、市政环保（自来水、污水处理、固废处理、脱硫等）、通信等领域的重点基础设施项目。根据监管政策及实践经验，对于矿产资源、政府土地储备、保障住房等项目，亦可视同基础设施类项目进行操作。

② 项目合法性原则上要求项目为省级或省级以上（国务院或有关部委）政府机构批准立项。

③ 偿债主体（借款人）原则上是：上市公司或上市公司实际控制人，中央企业。根据监管最新精神，中央企业所属子公司、省级国有大型企业亦符合偿债主体要求。借款人可以是项目方，也可以是项目方的母公司或者实际控制人。

④ 投资担保条件：国家专项基金、银行提供担保；实力雄厚的企业（净资产需超过 200 亿元，未来可能会放宽至 100 亿元）提供担保；上市公司无限售股、道路收费权或者有升值潜力、易于变现的资产做担保；特殊情况对于国务院批复的项目，拟投项目、借款人资质、担保方式等各方面条件均可以做相当程度的放宽。

4）保险资金融资可供选择的融资模式。

① 基础设施债券投资模式。基础设施投资计划具有期限长、收益率高、筹资额大等特点，符合保险资金的特性，且多由保险机构自主发行，是保险行业新型业务载体。

② 基础设施项目信托模式。基础设施项目信托是由信托投资公司作为受托人签发，严格根据委托人事先约定，将信托财产投资于特定的基础设施项目，并负责日常运作和管理，表明受益人权益的凭证。其一般运作方式是，信托公司向企业机构（如寿险公司）推介合适的基础设施项目，企业机构审核项目的风险和收益，认可后认购信托收益凭证，缴纳出资；信托公司募集到资金后，开始投资并管理项目；在信托期内，信托公司根据相关制度披露项目信息，制作公布信托项目会计报表。业务接受中国人民银行的监管，委托人或受益人可随时查阅账簿资料、信托公司每年获得信托项目收入后，向受益人分配信托收益。另外，受益人持有的信托受益凭证可以协议转让给其

他方，在信托公司办理转让登记手续，其流动性虽然低于网上交易的股票、债券等，但明显高于直接投资的实物资产。信托收益凭证的风险视信托项目的不同而不同。

③ 贷款模式。可以采取以下三种方式进行：

A. 银保联合贷款。保险公司和银行合作对基础设施和重点工程项目进行银团贷款，通过这种捆绑行为，保险公司可以充分利用银行在贷款方面的风险控制技术，分散投资于多个大型基础设施和重点工程项目。这一模式是否可行在很大程度上取决于能否在商业银行和寿险公司之间建立双赢的利益分配机制。而且贷款风险较大，需要有的资金信托凭证具有一定的流动性。

B. 委托组合式贷款。即保险公司委托银行向国家基础设施和重点工程贷款。银行在委托贷款理财业务中只履行受托义务，不承担贷款风险。银行作为中介机构从中收取一定的费用，委托贷款业务的风险要由保险公司自己承担。

C. 股债结合模式。最突出的是明股实债等股债结构和模式，这种模式的实质是债权，主要是为了满足融资主体维持较低负债水平的需求，股权部分到期后由大股东进行回购。

（7）政府政策性融资。政府政策性融资是以政府为主体，为实现一定的政策目标，通过财政预算拨付、专项扶持、政策性贴息、转移支付、援助等渠道所进行的有偿或无偿融资活动。政府政策性融资渠道不仅具有融资的一般功能，而且在运作中体现着鲜明的政策性、导向性、扶持性。政府政策性融资渠道既有预算支出的性质，又有公共资源公开竞争的性质。作为公共资源，项目包装及策划，如园区基础设施建设、环境工程、城镇化、国家重大投资项目等是赢得政府资金资源的基本条件。我国金融市场尚不发达和资本市场尚未成熟的情况下，通过政府政策性的直接投资可以弥补园区建设资金不足，而且通过政府资金"示范"和"引导"效应，促进金融市场及资本市场资金的有效配置。因此，政府政策性融资因其稀缺性必然成为各园区通过竞争获得融资的渠道。

1）政府政策性融资渠道。主要有预算拨款、基础设施项目资金、园区城镇化发展资金、交易专项资金、政府产业导向、科技专项资金、中小企业发展基金、各类创新基金、贴息扶持资金、专项政策性担保基金等。

2）融资条件和要求：符合政府扶持政策项目、规范运作项目、社会效应好、民生项目、具有技术和创新引导性项目、非营利项目等。

（8）政策性银行融资。通过各类政策性银行（如国家开发银行、进出口银行、农发行等）的支持获得开发资金，贷款主体是园区融资平台公司或投资公司，园区初创期、快速发展期可采用政策性银行贷款方式来融资。

1）建立公共关系部门，通过技术改造、产业升级换代、产品加工出口、城镇化改造、就业工程等争取获得各级政府部门支持的政策性银行贷款资金。

2）提高项目规划和包装能力，特别是符合国家新兴产业发展项目、产业升级换代项目、出口加工项目、扩大就业项目等的规划和包装，加强对政策性银行贷款规则和项目扶持条件的领会学习，掌握贷款渠道和方式技巧，认真做好申报准备工作。

（9）国外政府和银行机构融资。通过国外政府和银行机构援助和合作获得开发资金（如园区环境治理、园区城镇基础设施、就业培训、园区公共设施等），国外政府资金主要包括国家间技术合作和特别项目援助计划，国外银行机构报世界银行、亚洲银行、欧洲银行等。获得资助的贷款主体是园区融资平台公司或投资公司，园区各个阶段都可采用国外政府和银行机构贷款来融资。

1）积极争取财政和政府部门渠道、银行机构资金扶持，要求做好项目规划和包装，特别是环境保护、生态保护、民族传统特色产业开发等项目的规划包装。

2）积极收集和了解国外政府和银行机构对项目资金支持的对象和要求，保持与政府部门的信息沟通，按照国际规则对项目可行性报告进行研究，注重申请材料的准备和填报。

3. 按照园区项目建设成熟度构建融资技术模式

由于各个园区建设资金需求计划及结构有所不同，项目建设成熟度也不一样，因此，园区融资的方式渠道不尽相同。

编制园区中长期发展资金需求计划，根据资金需求计划和结构选择不同的融资模式，如图 2-31 所示。

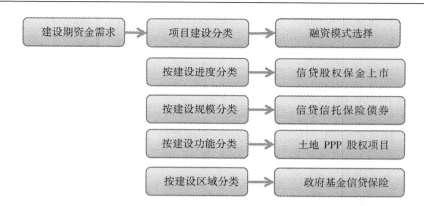

**图 2 –31　建设期资金需求结构对应的融资模式**

项目建设成熟度是项目建设过程中的效用反映，是项目生命周期的表达。项目成熟度一般分为：项目决策阶段、项目建设阶段、项目功能实现阶段、项目建设调整阶段、项目成熟移交阶段、项目投资退出阶段，不同阶段表现出不同的成熟度，不同的成熟度需要不同的资金供给，如图 2 –32 所示。

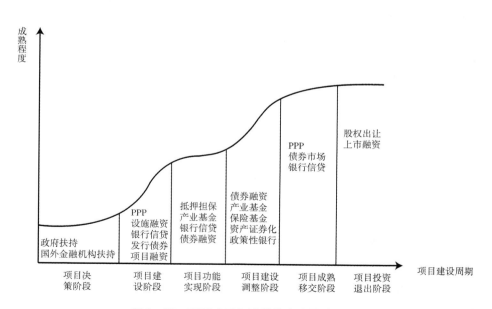

**图 2 –32　项目建设各阶段的资金供给渠道**

## 4. 按照项目特点和性质构建融资技术模式

由于园区建设由不同的建设项目和企业项目构成，因此融资技术模式必须针对项目的特点和性质来融资，不同项目与不同融资技术模式选择如表2-4所示。

表2-4　按照项目特点和性质构建的融资技术模式

| 项目类别 | 功能 | 性质 | 融资渠道 | 融资模式 |
|---|---|---|---|---|
| 水电设施 | 园区建设类项目 | 营利 | • 信贷市场渠道<br>• 资本市场渠道<br>• 产权市场渠道<br>• 财政资金渠道<br>• 境外资金渠道<br>• 保险资金渠道<br>• 民间资本渠道<br>• 互联网金融渠道 | • 基础设施债权融资<br>• 信托债券计划融资<br>• 基金受益凭证（REITs）融资<br>• 基础设施投资基金融资<br>• 园区联合债券融资<br>• BT模式<br>• PPP模式<br>• 保险资金融资<br>• 政府政策性融资<br>• 政策性银行融资<br>• 国外银行融资 |
| 道路交通 | 园区建设类项目 | 营利 | • 信贷市场渠道<br>• 资本市场渠道<br>• 产权市场渠道<br>• 财政资金渠道<br>• 土地出让渠道<br>• 境外资金渠道<br>• 民间资本渠道<br>• 政府与私营机构合作 | • 基础设施债权融资<br>• 土地收储出让融资<br>• BOT<br>• BT模式<br>• PPP模式<br>• 上市融资<br>• 政府政策性融资<br>• 政策性银行融资<br>• 国外政府和银行机构融资 |

续表

| 项目类别 | 功能 | 性质 | 融资渠道 | 融资模式 |
|---|---|---|---|---|
| 通信设施 | 园区建设类项目 | 营利 | • 信贷市场渠道<br>• 资本市场渠道<br>• 产权市场渠道<br>• 财政资金渠道<br>• 境外资金渠道<br>• 保险资金渠道<br>• 民间资本渠道<br>• 互联网金融渠道 | • 基础设施债权融资<br>• 基金受益凭证（REITs）融资<br>• 信托债券计划融资<br>• 基础设施投资基金融资<br>• 园区联合债券融资<br>• BT 模式<br>• PPP 模式<br>• 保险资金融资<br>• 政府政策性融资<br>• 政策性银行融资<br>• 国外银行融资 |
| 废气废水回收处理设施 | 园区建设类项目 | 营利 | • 信贷市场渠道<br>• 资本市场渠道<br>• 产权市场渠道<br>• 财政资金渠道<br>• 境外资金渠道<br>• 保险资金渠道<br>• 民间资本渠道<br>• 互联网金融渠道 | • 基础设施投资基金融资<br>• 信托债券计划融资<br>• BT 模式<br>• PPP 模式<br>• 保险资金融资<br>• 政府政策性融资<br>• 政策性银行融资<br>• 国外银行融资 |
| 废旧物处理设施 | 园区建设类项目 | 营利 | • 信贷市场渠道<br>• 资本市场渠道<br>• 产权市场渠道<br>• 财政资金渠道<br>• 境外资金渠道<br>• 保险资金渠道<br>• 民间资本渠道<br>• 互联网金融渠道 | • 基础设施投资基金融资<br>• 信托债券计划融资<br>• BT 模式<br>• PPP 模式<br>• 保险资金融资<br>• 政府政策性融资<br>• 政策性银行融资<br>• 国外银行融资 |

| 项目类别 | 功能 | 性质 | 融资渠道 | 融资模式 |
|---|---|---|---|---|
| 大型仓储物流设施 | 园区建设类项目 | 营利 | • 信贷市场渠道<br>• 资本市场渠道<br>• 产权市场渠道<br>• 财政资金渠道<br>• 境外资金渠道<br>• 民间资本渠道<br>• 互联网金融渠道 | • 基础设施债权融资<br>• 基金受益凭证（REITs）融资<br>• 信托债券计划融资<br>• 园区联合债券融资<br>• BT 模式<br>• PPP 模式<br>• 政府政策性融资<br>• 政策性银行融资<br>• 国外银行融资 |
| 标准化厂房设施 | 园区建设类项目 | 营利 | • 信贷市场渠道<br>• 资本市场渠道<br>• 产权市场渠道<br>• 财政资金渠道<br>• 境外资金渠道<br>• 民间资本渠道<br>• 互联网金融渠道 | • 基础设施债权融资<br>• 基础设施投资基金融资<br>• 基金受益凭证（REITs）融资<br>• 信托债券计划融资<br>• 园区联合债券融资<br>• 企业上市融资<br>• BT 模式<br>• 政府政策性融资<br>• 政策性银行融资<br>• 国外银行融资 |
| 营利性医院 | 园区建设类项目 | 营利 | • 信贷市场渠道<br>• 资本市场渠道<br>• 产权市场渠道<br>• 财政资金渠道<br>• 境外资金渠道<br>• 民间资本渠道<br>• 互联网金融渠道 | • 基础设施债权融资<br>• 基础设施投资基金融资<br>• 基金受益凭证（REITs）融资<br>• 信托债券计划融资<br>• 园区联合债券融资<br>• BT 模式<br>• 政府政策性融资<br>• 政策性银行融资<br>• 国外银行融资 |

续表

| 项目类别 | 功能 | 性质 | 融资渠道 | 融资模式 |
|---|---|---|---|---|
| 教育培训设施 | 园区建设类项目 | 非营利 | • 信贷市场渠道<br>• 资本市场渠道<br>• 产权市场渠道<br>• 财政资金渠道<br>• 境外资金渠道<br>• 民间资本渠道<br>• 互联网金融渠道 | • 基础设施债权融资<br>• 基金受益凭证（REITs）融资<br>• 信托债券计划融资<br>• 园区联合债券融资<br>• 代建制融资<br>• PPP 模式<br>• 政府政策性融资<br>• 政策性银行融资<br>• 国外银行融资 |
| 公租房 | 园区建设类项目 | 非营利 | • 信贷市场渠道<br>• 资本市场渠道<br>• 产权市场渠道<br>• 财政资金渠道<br>• 境外资金渠道<br>• 保险资金渠道<br>• 民间资本渠道<br>• 互联网金融渠道 | • 基础设施债权融资<br>• 基金受益凭证（REITs）融资<br>• 信托债券计划融资<br>• 园区联合债券融资<br>• BT 模式<br>• 保险资金融资<br>• 政府政策性融资<br>• 政策性银行融资<br>• 国外银行融资 |
| 检疫检验设施 | 园区建设类项目 | 非营利 | • 信贷市场渠道<br>• 资本市场渠道<br>• 产权市场渠道<br>• 财政资金渠道<br>• 境外资金渠道<br>• 民间资本渠道<br>• 互联网金融渠道 | • 土地收储出让融资<br>• 代建制融资<br>• PPP 模式<br>• 政府政策性融资<br>• 政策性银行融资<br>• 国外银行融资 |
| 园林绿化工程 | 园区建设类项目 | 非营利 | • 信贷市场渠道<br>• 资本市场渠道<br>• 产权市场渠道<br>• 财政资金渠道<br>• 境外资金渠道<br>• 民间资本渠道<br>• 互联网金融渠道 | • 土地收储出让融资<br>• 代建制融资<br>• PPP 模式<br>• 政府政策性融资<br>• 政策性银行融资<br>• 国外银行融资 |

| 项目类别 | 功能 | 性质 | 融资渠道 | 融资模式 |
|---|---|---|---|---|
| 行政办公设施 | 园区建设类项目 | 非营利 | ● 信贷市场渠道<br>● 资本市场渠道<br>● 产权市场渠道<br>● 财政资金渠道<br>● 境外资金渠道<br>● 民间资本渠道<br>● 互联网金融渠道<br>● 设施资金渠道 | ● 土地收储出让融资<br>● 代建制融资<br>● 政府政策性融资<br>● 政策性银行融资<br>● 国外银行融资 |
| 非营利医院、学校 | 园区建设类项目 | 非营利 | ● 信贷市场渠道<br>● 资本市场渠道<br>● 产权市场渠道<br>● 财政资金渠道<br>● 境外资金渠道<br>● 民间资本渠道<br>● 互联网金融渠道 | ● 土地收储出让融资<br>● 代建制融资<br>● PPP 模式<br>● 政府政策性融资<br>● 政策性银行融资<br>● 国外银行融资 |
| 园区城镇基础设施 | 园区建设类项目 | 非营利 | ● 信贷市场渠道<br>● 资本市场渠道<br>● 产权市场渠道<br>● 财政资金渠道<br>● 境外资金渠道<br>● 民间资本渠道<br>● 互联网金融渠道 | ● 代建制融资<br>● PPP 模式<br>● 政府政策性融资<br>● 政策性银行融资<br>● 国外银行融资 |
| 土地收储 | 园区经营性及产业类项目 | 营利 | ● 信贷市场渠道<br>● 资本市场渠道<br>● 产权市场渠道<br>● 财政资金渠道<br>● 土地出让渠道<br>● 境外资金渠道<br>● 保险资金渠道<br>● 民间资本渠道<br>● 互联网金融渠道 | ● 基金受益凭证（REITs）融资<br>● 信托债券计划融资<br>● 园区联合债券融资<br>● 土地收储出让融资<br>● 保险资金融资<br>● 政府政策性融资<br>● 政策性银行融资<br>● 国外银行融资 |

| 项目类别 | 功能 | 性质 | 融资渠道 | 融资模式 |
|---|---|---|---|---|
| 大型商业设施 | 园区经营性及产业类项目 | 营利 | • 信贷市场渠道<br>• 资本市场渠道<br>• 产权市场渠道<br>• 财政资金渠道<br>• 境外资金渠道<br>• 民间资本渠道<br>• 互联网金融渠道 | • 基础设施债权融资<br>• 基础设施投资基金融资<br>• 基金受益凭证（REITs）融资<br>• 信托债券计划融资<br>• 园区联合债券融资<br>• BT 模式<br>• 企业上市<br>• 政府政策性融资<br>• 政策性银行融资<br>• 国外银行融资 |

## （三）园区企业融资技术模式创新体系

园区企业是指进入园区进行生产经营和基础设施投资开发的企业，既包括生产型企业、辅助型企业、经营型企业、服务型企业，也包括基础设施、公共设施投资开发企业。这些企业进入园区无论在生产、经营、管理、技术开发市场拓展等方面都需要资金，都需要融资，因此作为园区融资体系建设的重要部分，园区企业融资技术模式创新十分必要；园区企业融资技术模式除了与园区基础设施融资技术模式有相似之处，区别在于更多地采用股权出让、信贷担保、创业基金等方式融资。

### 1. 资本市场融资

资本市场融资是指利用超过一年的长期融资工具进行融资的市场。资本市场渠道融资工具主要包括股权类融资工具、债权类融资工具和混合类融资工具三种类型。股权融资是一种自有资本融资的手段，其特点在于融入资本不存在偿还的问题，可以长期使用，但融资成本较高，且会造成原有股权稀释分散。债券融资是一种借入资本融资的手段，其特点具有杠杆效应、融资成本相对较低、可以抵充税基、对原有控制权不存在影响，但会造成还本付息前的企业财务负担，流动性不够。混合类融资工具主要包括可转换债券、资产证券化等工具。资本市场融资是通过国内外证券市场、产权市场等发行有价证券或产权交易等实现融资的方式。资本市场融资的原理是将企业资产按一定的比例折成等额股份,通过公开发售募集资金。

(1)资本市场融资基本渠道。

1)国内证券市场(主板、中小板、创业板市场)。

2)香港创业板市场。

3)海外创业板。

(2)资本市场基本融资形式。

1)公司上市。

2)公司并购。

3)大型集团公司托管。

4)发行企业债券。

5)发行公司信托产品。

6)公司资产证券化。

(3)资本市场融资的条件主要有:

1)股权融资的必备条件。主体资格必须是依法设立且合法存续的股份有限公司,经国务院批准,可以公开发行股票融资;公司必须依法建立健全股东会、董事会、监事会、独立董事等制度,相关机构和人员能够依法履行职责;公司必须具有完整的业务体系和直接面向市场独立经营的能力,资产应当完整,人员、财务、机构以及业务必须独立;公司股本总额不少于人民币5000万元,在发行前三年的累计净利润超过3000万元等条件。

2)债券融资的必备条件。股份有限公司的净资产不低于人民币3000万元,有限责任公司的净资产不低于人民币6000万元;累计债券余额不超过公司净资产的40%;最近三年平均可分配利润足以支付公司债券一年的利息;筹集的资金投向符合国家产业政策;债券的利率不超过国务院限定的利率水平;国务院规定的其他条件。

3)可转换债券、资产证券化条件。可转换债券是股权融资与债券融资的混合延伸工具,其条件是必须满足国家法规规定的股权融资、债券融资基本要求和条件,公司管理、资产、经营能力和收益能力须符合股权、债券融资的要求，在实现股权和债券融资后，根据企业运行需要实行股转债、债转股的再融资行为。资产证券化的条件必须满足收益权来源受到法律保护，收益权独立、真实并有稳定的现金流量，收益权转让受法律保护，应收款、信贷资产、信托受益权、基础设施收益权等应作为基础资产，预期收益能够满足债息支付等。

（4）资本市场上市技巧。

1）确定板块或融资市场。

2）围绕上市规则和条件包装自己。

3）突出产业特色和预期卖点。

4）寻求最佳组合形式。

5）注意控制权错位。

6）寻找好的证券商或投资银行。

7）营造良好的公共形象。

（5）资本市场融资的运营。

1）对投资大、风险大、市场前景好、资源分散且不易控制的项目，采取出让产权、经营权如合作、合资的方式融资。

2）对科技含量高、投资前景不明、风险较大的项目，采用创建各种创业投资基金或者创业投资公司等形式融资。

3）对市场前景好、市场规模大、市场垄断度高、资源相对集中和易控制的项目，可通过业务链、生产链等方式融资。

2. 产权市场融资模式

产权市场融资是为企业的兼并、出售、拍卖、租赁、股权转让、资产调剂等服务的场所，具体包括股票交易所、承包市场、租赁市场、股权交易市场、企业所有权与经营权有偿让渡的市场等。

（1）产权交易市场融资主要有三种工具：

1）产权兼并收购。即一企业通过要约对另一企业的资产进行兼并收购，这对于发展前景好、有一定市场潜力但资金实力弱、发展困难的企业是一种依托发展的方式，通过控制权出让获得发展资金。

2）股权交易。通过交易平台转让整体或部分股权，以获得发展资金的融资活动。其交易对象包括国有、集体企业的股权整体或部分有偿转让，有限责任公司、非上市股份有限公司股权有偿转让；中外合资、合作企业或其他企业股权有偿转让；企（事）业单位股权有偿转让；国家规定的其他股权的交易活动以及其他各类经济实体的股权交易活动。

3）场内增资扩股。利用产权市场这一资本市场平台，通过定向募集方式向社会投资者募集资金。

（2）产权市场融资的基本条件和要求。

1）具有真实明确的资产和所有者权属，其资产和所有者权属具有一定的市场价值。

2）经过具有资产评估资格的评估机构进行资产评估，并以此作为确定产权交易底价，遵循自愿平等、等价有偿、诚实信用原则，并按价格优先、时间优先的顺序交易。

3）产权交易可采取的方式有竞价拍卖、招标转让、协议转让及其他交易方式。

4）产权交易实行委托代理制，即委托具有会员资格的产权经纪人进行产权交易。

5）企业转让产权应具备企业出让产权的《产权交易上市申请书》，出让方的资格证明或者其他有效证明，企业产权权属的证明，出资主体准予出让企业产权的证明，出让标的情况说明。

（3）产权交易融资的运作。

1）产权交易融资的前提条件。

①现代公司制度。企业产权融资最基本的条件，主要指产权明晰、政企分开、权责明确、管理科学。

②中介机构。一批业务熟练的证券公司、资产评估公司和法律会计事务所。

③法律保障。在产权融资的环境、主客体等方面健全法律规范。

2）产权交易融资的有关规则（具体可参照相关产权交易所交易规则）。

①产权交易遵循自愿平等、等价有偿、诚实信用原则，并按价格优先、时间优先的顺序办理。

②产权交易可采取的方式有竞价拍卖、招标转让、协议转让及其他交易方式。

③产权交易实行委托代理制，即委托具有会员资格的产权经纪人进行产权交易；委托方应与接受委托的产权经纪人（执业会员）签订《产权交易委托合同》，委托出让技术项目产权或企业部分股权。

④企业转让产权应提供的文件：企业出让产权的《产权交易上市申请书》；出让方的资格证明或者其他有效证明；企业产权权属的证明；出资主体准予出让企业产权的证明；出让标的的情况说明。

3）产权交易的途径。

①证券交易所的股票（股权）交易，即在证券交易所场内进行已上市公司的股权交易。

②柜台股权交易，即未上市公司在证券交易场所以外的股权交易。

③有形市场的产权交易，即在有形的产权市场中进行的产权交易。

④无形市场的产权交易，即在有形产权市场之外，通过买卖双方一对一进行的产权交易。

4）产权交易融资的基本程序（见图2-33）。

（4）我国可供选择的产权交易所。

1）天津滨海新区股权托管交易市场。

2）北京产权交易所。

3）上海联合产权交易所。

4）深圳前海股权交易中心。

5）重庆联合交易所。

3. 商业担保

商业担保融资指来源于各种以资产为担保的借款人的融资。担保融资主要包括商业担保、信用担保和互助担保三种。

（1）商业担保融资。通过商业货物、票据、有价证券等提供担保的融资模式主要有：

1）应收账款贴现融资。

2）存货融资。

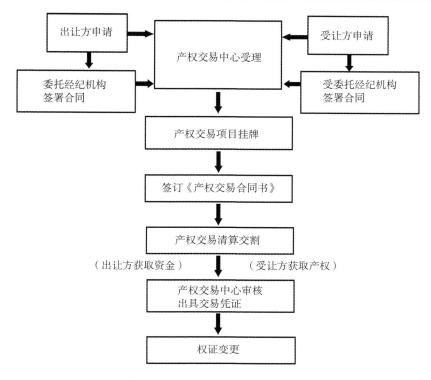

**图 2 - 33 产权交易融资的基本程序**

3）贸易信贷。

4）设备供应商提供的贸易信贷。

5）商业金融公司。

6）储蓄贷款协会。

7）证券经纪行。

8）保险公司。

9）债券。

10）债券直接销售。

（2）信用担保融资。企业信誉优良而由银行在风险控制范围内给予融资人相应授信额度的融资。

1）政府财政支持性担保机构，专为中小企业提供信用担保融资。

2）金融机构支持授信贷款。

3）企业集团提供的信用担保融资。

（3）互助性担保组织担保融资。企业组成协会、联保小组等相互提供担保的融资方式。主要有两种形式：

1）以民间资本为主的社会互助性担保机构。

2）由园区财政出部分资金、会员部分保证金缴纳组建的担保中心，为需要资金的企业提供融资担保。

4. 银行信贷

企业根据资产负债和盈利能力，按照银行信贷要求，通过抵押、担保、授信等方式获得银行信贷融资。企业进入快速发展阶段可运用此方法融资。

（1）信贷市场融资渠道。信贷市场融资是指企业为满足自身生产经营的需要，通过信贷市场，与银行等金融机构签订贷款协议，借入一定数额的资金，在约定的期限还本付息的融资渠道和方式。目前云南省园区大多通过银行信贷市场融资，特别是园区企业的资金来源几乎都与银行信贷相关。银行信贷有不同的分类，如按期限不同分为短期贷款、中期贷款、长期贷款；按有无担保品，分为担保贷款、信用贷款；按资金来源分为政策性银行贷款、商业银行贷款和保险公司贷款；按担保的形式分为抵押贷款、质押贷款、保证贷款。在信贷资源约束和商业银行对风险的控制条件下，工业园区获得的银行信贷资金，大多为短期贷款、担保或抵押贷款。

（2）信贷市场融资的基本条件和要求。信贷市场融资对企业有 8 个方面的条件和要求。

1）必须合法设立，注册登记，持有营业执照。

2）实行独立经济核算，自负盈亏。

3）有一定的自有资金。

4）遵守政策法令和银行贷款，结算管理制度，并按规定在银行开立基本账户和一般存款账户。

5）产品有市场。

6）生产经营有效益。

7）不挤占挪用信贷资金。

8）守诺诚信。

从云南省工业园区企业状况来看，均能达到和满足 8 个方面的要求，具备从信贷市场渠道进行融资的条件和要求。园区融资平台公司和投资公司及其生产性企业一般都符合和具备这些条件，但随着银行信贷资金受额度和成本、风险的控制，园区及其企业在获得信贷资金时，被银行要求提供更多的附加条件，如抵押担保等条件，这就增加了园区及其企业融资的难度。

5. 创设基金

园区融资平台公司为鼓励企业加快发展，可通过集合发起设立企业创业基金、风险投资基金等，通过定向或不定向吸纳创业者、股东、关联企业、政府扶持资金获得资金支持。

（1）创业基金。创业投资基金以一定的方式吸收机构和个人的资金，以股权投资的方式，满足初创期或创业期的企业所需资金。创业基金主要依靠政府发起或创业者发起，通过基金管理委员会或专业委员会对创业基金进行管理，提高基金的使用效率。企业初创期或进入快速发展阶段可运用此方法融资。

（2）风险基金。科技企业设定产品及市场推广风险基金，通过吸纳社会风险资本获得融资。对那些不具备上市资格的新兴的、迅速发展的、具有巨大竞争潜力的企业，帮助所投资的企业尽快成熟，取得上市资格。一旦公司股票上市后，风险投资基金就可以通过证券市场转让股权而收回资金，继续投向其他风险企业。风险投资基金是一种"专家理财、集合投资、风险分散"的现代投资机制。对于风险企业而言，通过风险投资基金融资不仅没有债务负担，还可以得到专家的建议，扩大广告效应，加速上市进程。特别是高新技术产业，风险投资通过专家管理和组合投资，降低了由于投资周期长而带来的行业风险，使高新技术产业的高风险和高收益得到有效平衡，从而为产业的发展提供足够的稳定的资金供给。

风险投资基金主要有两种发行方法：一是私募的公司风险投资基金。通常由风险投资公司发起，出资 1% 左右，称为普通合伙人，其余的 99% 吸收企业或金融保险机构等机构投资人出资，称为有限合伙人，同股份有限公司股东一样，只承担有限责任。二是向社会投资人公开募集并上市流通的风险投资基金，目的是吸收社会公众关注和支持高科技产业的风险投资，既满足他们高风险投资的渴望，又给予了高收益的回报。这类基金相当于产业投资基金，是封闭型的，上市时可以自由转让。

6. 其他融资创新

园区企业可通过内部整体授信额度与转委托结算融资创新、联合担保与抵押集群融资创新、供应链融资模式创新、现代金融与互联网金融模式创新等方式获得融资。园区应结合自身发展状况适时探索和创新融资模式，不断推进园区建设发展。

## （四）园区融资技术体系建设与创新模式的路径

一是划分园区建设阶段，根据不同的建设阶段选择不同的融资技术，按照园区初创期、快速发展期和成熟期来设计不同的融资技术。二是划分项目功能，根据不同功能选择不同的融资技术，根据基础设施的构建、项目类别来选择不同的融资技术。三是根据企业发展阶段来选择不同的融资技术。

## （五）园区融资技术模式体系建设与创新的重点

一是园区管委会和融资平台公司树立科学的融资观念，掌握融资技术的种类和方法，了解融资技术与园区、企业发展阶段的特性。二是融资平台公司在选择不同的融资技术模式时，应契合园区及其企业的发展阶段、项目功能等建立科学的融资体系，通过融资技术、融资渠道、融资对象、融资方法的创新，实现融资模式的目标创新。三是重视间接融资技术与模式创新，创造条件鼓励银行对园区投融资平台和主导企业的授信规模，支持银行运用信贷工具拓展融资服务，帮助银行培养有潜力的客户群，从战略高度推进银行可持续发展。四是加强直接融资技术模式创新，采取激励措施支持符合条件的园区企业上市，通过股权为主导的融资模式拓宽企业融资渠道；创造积极条件支持企业发行企业债、公司债，通过债券市场扩大融资规模；通过应收账款、销售收入、抵押债券、商业票据等模式创新，探索资产证券化融资，不断提升园区融资能力。

# 三、园区融资渠道建设与创新

融资渠道是实现融资的来源、通道及其对象的统称。融资渠道与投融资方式、融资模式是融资体系建设不可分割的重要组成部分。融资渠道可分为信贷市场渠道、资本市场渠道、产权市场渠道、财政资金渠道、项目特许渠道、土地出让渠道、境外资金渠道、设施资金渠道等。对园区而言融资渠道是外延供给与内部需求连接的桥梁，桥梁通渠道才通，渠道通才能起到融资的作用。因此云南省园区融资体系建设的重点是寻找和对接各种融资渠道，保障各种渠道相通，促进融资渠道更好地为园区建设发展做出贡献。

## （一）加强信贷市场与园区的对接创新

1. 信贷市场的优势和局限性

（1）优势。通过有效资产抵押、信用担保等快速获得资金；企业与信贷机构处于市场双向选择，信息明确，利于控制；融资品种丰富、相对灵活；融资成本相对较低。

（2）局限性。园区通过银行信贷市场活动获得资金存在以下局限性。

1）门槛较高，对于银行来说，由于园区及其企业规范管理、信息化管理的水平和程度不同，信息不对称导致银行对企业贷款持审慎原则，对企业贷款设定的门槛较高。

2）由于信用风险存在，在无抵押或担保的条件下，园区和企业信用观念、经营者素质等因素会影响其信用状况的评价，增加了贷款难度。

3）监控成本高，银行在高风险、高成本情况下，需要更为谨慎的监控和贷后管理，导致成本上升。

4）信贷资金大多为短期资金，而园区建设多为基础设施等长期项目，由于资金利息高、使用周期短，导致园区融资成本和投资成本高，园区负担加重。

2. 信贷市场与园区的阶段性对接

（1）在园区初创阶段，信贷市场渠道融资不宜过早介入园区开发建设。区域初创阶段主要任务是基础设施建设和条件改善，这一时期所需的资金主要是固定资产投资资金，周期长、规模大，信贷市场提供的是短期和高息资金，加之园区设施投资回收时间长、利润低、土地等资产质押量大，不仅银行信贷资金不愿大量介入，即便介入也会增加园区负担。

（2）在园区快速发展阶段，应充分利用信贷市场与园区项目对接。在园区快速发展阶段，投资环境大为改善，企业入园数量多、规模大，园区收入增长，财政实力增强，园区及其企业资金需求结构发生变化，园区通过信贷市场借贷的条件成熟。这个阶段园区应按照条件积极对接信贷市场，引入信贷资金，通过资产抵押、担保、财政贴息、内部供应链、企业集群、往来结算、票据等方法融资。

（3）在园区成熟阶段，一些基础设施、公共设施基本具备再融资的能力，园区有形或无形资产作为抵押品的条件成熟，园区企业实力增强，特别是龙头企业、大型企业集团成长起来，吸引信贷资金的能力增强。这一时期，园区融资的主要任务就是增强对接银行等金融机构入驻园区，通过扩大授信额度、开展网络结算、提供保理、信托等方式参与园区融资，共同推进园区发展。

3. 园区对接信贷市场的重点工作

（1）加强园区企业自身建设。优化公司治理结构，提高企业自主创新能力，增强企业的核心竞争力，规范财务管理制度，建立企业诚信意识和良好的信用记录，提高金融机构的信心，降低资本成本，获得稳定的资金来源。

（2）探索建立稳定的合作机制，通过业务对接吸引各类金融机构入驻园区，引导园区金融机构明确功能定位，完善支持园区信贷融资的激励机制，建立符合园区及其企业信贷特点的业务流程和融资创新。

（3）开辟信贷融资新渠道。除不动产抵押贷款融资，探索与物流业相结合，借助物流业对抵制物进行监管和控制，以不动产作抵押进行信贷融资。开辟集群融资、供应链融资、无形资产抵押融资等多种信贷融资渠道。

（4）建立和完善信贷资金参与园区基础设施建设的政策激励机制，通过融资平台公司的资产抵押、担保机制，延长信贷资金贷款周期、扩大贷款规模；通过财政贴息或税收调控，降低信贷资金入园区的贷款利息，增强园区融资实力。

## （二）加强资本市场融资渠道与园区对接

1. 资本市场优势与局限性

（1）优势。市场配置资源的优势，通过市场化运作，信息、价格与资产价值能够通过公开的市场选择得到实现；融资规模较大，资本周期较长、稳定；运作规范，对企业治理结构和经营有较强的规范约束；接受严格的监督，决策风险得到保障。

（2）局限性。资本市场融资主要依靠市场对融资主体的识别和信任，依托金融中介机构的保障和策划，这些条件必然对融资主体有较高的提交限制和管理规范；其一，融资主体必须具备必备的实力条件，这对园区初创期较困难；其二，营利性要求较高，这对园区基础设施项目而言难以达到要求；其三，融资成本较高，一方面是信息成本包括金融机构的调研、识别、公告等需要大量的支出，另一方面运营成本包括辅导、上市费用等需要较大支出。此外，股权融资还将导致企业股权分散，控制权丧失的风险。

2. 加强资本市场与园区融资对接

园区对接资本市场可分为四个部分：

（1）基础设施与资本市场、债券市场对接。通过整合园区内部资源，强化基础设施建设的公司化运作，特别是融资平台公司和投资开发公司的独立运作，使其管理规范、资产规模、经营规模、收入规模能够达到法律规定的上市和债券发行要求，实现园区基础设施建设与资本市场对接，扩大园区基础设施融资渠道和融资能力。

（2）园区企业与资本市场对接。通过组建龙头企业、扶持企业集团等方式，鼓励企业做大做强，规范企业管理运营，提高企业生产经济效益，推进企业技术创新、扩大企业市场规模，使之符合企业上市和发行债券的要求，支持企业对接资本市场，扩大企业融资渠道和融资能力。

（3）资本市场融资渠道创新。

1）园区可通过建立创业投资引导基金，并用这部分创业投资资金作为母资金以带动更多的子资金落户园区。引导基金可由园区、政府与金融机构共同设立，成立注册为产业基金公司，并在产业基金公司的引导下设立子基金，由子基金与其他投资者按照约定比例出资设立专业创业投资基金。鼓励和吸引社会资本投资创新企业，帮助园区内企业获得风险投资，拓宽企业在资本市场的融资渠道。

2）在有实力的园区尝试建立园区柜台交易市场（三板市场），尝试柜台交易。由于三板市场进入门槛低，因此对有融资的企业通过三板市场建立对接资本市场。

3）大力发展私募股权基金，扩展和完善风险投资机制，帮助企业技术创新和产业换代升级，提高园区及其企业对接资本市场的能力。

（4）债转股和资产证券化对接。对符合条件的项目和企业，在满足收益权来源和稳定的现金流量的前提下，通过应收款、商业汇票、股票、信贷资产、物业收益、信托受益权、基础设施收益权、无形资产收益权等应作为权益资产，实现债转股和资产证券化对接。

3. 园区对接资本市场的基础工作

（1）园区及其企业应做好在资本市场融资的基础工作。一是对园区融资平台公司、投资公司实行对立化运作，按照公司法和现代企业制度，设计经营管理模式；二是对园区企业大力推进企业股份制改革，以股份制改革推进企业发展，为企业拓展在资本市场的融资渠道打下基础；三是建立企业信息公示制度，提高企业的管理水平，加强信息公开；四是完善企业信用管理，健全企业信用体系。

（2）资本市场融资不同于财政融资和政府投入，其目的并非为了振兴园区经济，而在于获得丰厚的投资回报，为了充分发挥资本市场在园区开发建设中的作用，政府可设立财政投入作为先导性创新引导基金，引导资本市场融资模式创新，同时做好规范管理，提高运营水平和效率。

（3）扶持优质项目和优质企业，通过规范园区财政、税务、财务管理，实现资产精细化管理,保障园区现金流量,提高资本市场渠道对接的能力。

## (三)加强保险资金与园区对接

1. 保险资金融资的优势与局限性

(1)优势。

1)不受信贷政策调整的影响。通过引入债权性质的保险资金,企业可以拓宽融资渠道,这将在很大程度上减轻信贷政策波动的影响,有利于企业控制财务风险,提高财务稳健性。

2)投资期限灵活。保险资金债权投资计划的期限结构可以依据项目的具体情况灵活制定,短则一年,长则十年,能满足项目方各种期限的资金需求。

3)投资方式多样。保险资金债权投资计划作为个性化产品,投资方式十分灵活,可采用固定利率、浮动利率、分期还本、一次性还本等多种普通债权方式,还可根据项目方的个性化融资需求,进行交易结构和方式的创新。

4)融资成本较低。保险资金债权投资计划的利率通常可以做到比同一项目、同一期限的银行贷款更优惠,有助于项目方降低融资成本,改善财务结构。

5)资金规模大。保险资金债权投资计划通常对单个项目的投资金额可以达到10亿~30亿元。对于某些特殊的项目(如国务院批准立项),则完全可能超过30亿元的投资限额。

6)资金到位快。保险资金的债权性资金,可以一次性全部到位,这对很多基础设施项目而言,是工程加快进度、顺利竣工的良好资金支持和保障。

7)资金使用灵活。相比银行贷款已经形成的成熟的资金监管措施,保险资金则是直接打到企业在银行(资金托管行)开设的账户内,按照项目方的要求,融资总额可以一次性全部到位;并且资金在使用用途上可以设计得比较宽泛灵活,以便于企业的资金使用安排。

(2)局限性。项目规模大,且不能分割为独立运作的政策主题;项目必须能够产生固定收益,且保持相应的现金流;审批流程严格,手续烦琐,操作难度大。

2. 加强保险资金与园区基础设施建设对接

（1）加强园区重要基础设施债权计划与保险资金对接：包括园区交通运输、能源（煤炭、石油、天然气、电力等）、园区环保（自来水、污水处理、固废处理、脱硫等）、园区通信、土地收储等领域的重点基础设施项目等可以与保险资金对接，通过发行保险基金投资债券获取园区基础设施投资资金。

（2）加强园区直接投资与保险资金对接：投资 PE 或设立 FOF 开展对园区投融资平台公司绩效间接融资；保险投资联合其他金融机构出资设立私募股权投资基金（简称 PE）对园区基础设施项目开展定向投资，同时以基金中的基金（FOF）为投资标的，通过专业机构对基金进行筛选，优化基金投资效果。

（3）加强园区投融资平台公司债券与保险资金对接，由保险资金设立投资计划，购买园区子平台公司债券，间接投资基础设施项目。

（4）加强园区长期、投资性不动产和保险资金对接，投资基础设施类不动产由一个或数个保险公司共同筹措资金与地方政府联合单独设立地方融资平台，根据《保险资金间接投资基础设施试点管理办法》规定，投资园区基础设施类不动产项目。

（5）加强项目设计与保障对接：园区应加强项目的合法性、规范性、可行性立项，提供项目保障活动保险资金的投入支持。

3. 园区与保险资金对接的基础工作

根据保监会的政策要求，保险资金债权投资计划设立总体来说需要具备以下几个条件：

（1）选择和储备项目，特别是园区基础设施项目、不动产项目、园区投融资平台公司等，确保项目符合保险资金投资的规范。

（2）设计融资流程和运作方案，明确融资主体和偿债主体（借款人）的责任义务，规范运作，确保项目偿债计划的实现。

（3）加强园区投融资平台公司的内部建设，严格按照公司法设立园区投融资平台公司，明确资产权属，规范内部管理。

（4）争取债券发行指标，联合保险机构发行园区投资基金。

（5）设立园区各类目标明确的投资基金，特别是 PE、FOF、产业发展金等。

（6）加强与保险机构的沟通与合作，加强园区专业团队建设，提高园区管理的信息化建设能力和水平。

## （四）加强产权市场融资渠道与园区对接

1. 产权交易市场的优势和局限性

（1）优势。市场确定交易价格，为企业获得较公平的交易条件；交易规范，利于企业把握控制，避免人为的操纵风险；利于吸引风险投资；融资资金较为稳定，使用周期较长。

（2）局限性。产权出让程序复杂，出让周期难以确定，成功率不高，资产价格评估与交易难以一致，融资规模有限，企业控制权分散甚至丧失，影响企业战略方向，有的还可能处于收购方的控制下。

2. 产权市场与园区融资的对接

（1）通过多种形式的产权交易，如承包、租赁、参股、拍卖、兼并、收购、分股买卖等方式对接产权交易市场，实现多种交易偿付，如现金支付、分期付款、资产抵押、证券抵押、承担债务等。

（2）通过产权交易实现市场结构、技术结构、生产结构、组织结构的对接，引入更多的有实力的企业和投资者。

（3）通过产权交易市场较强的制度性与园区融资服务体系的对接，产权交易涉及面广，需要财政、金融、国有资产管理部门、工商、税务、法律、劳动部门及投资单位在产权交易上进行密切合作，推进园区融资服务体系建设。

（4）通过产权市场渠道对接园区直接融资的平台，园区及其企业可以利用产权、股权直接募集资金，多样性交易方式可满足不同层次市场主体的需求，建立金融资本与产业资本合作通道。

（5）通过产权市场的信用担保机制对接园区创新型产业基金的创立，利用产权交易平台有效的资金退出机制，促进风险投资对创新型企业的投资积极性，从而更主动地募集社会资金。

3. 产权市场对接的基础工作

（1）打通园区与现有产权交易机构合作，打通园区企业进入产权市场交易的途径，帮助和支持园区符合条件的企业进入产权市场融资。

（2）把园区企业融资作为产权市场核心业务，引导产权市场把准发展定位，把为园区企业融资服务作为产权市场着力发展的核心业务，在开展非上市公司股权托管、质押融资的基础上拓展产权市场功能，创新中小企业直接融资渠道，完善企业融资服务体系。

（3）坚持资源整合，做实做强中小企业融资服务平台。

（4）坚持因地制宜，探索产权市场的服务模式，尝试通过产权交易所集成银行、评估、典当、担保、拍卖、小贷公司等金融服务平台，为园区及其企业提供"一站式"链式服务。

（5）利用区域优势，打造区域性股权交易市场。积极利用中国东盟自由贸易区建设等方面所具有的独特优势，推动区域内融资合作平台建设。

## （五）加强项目融资与园区设施建设对接

1. 项目融资的优势和局限性

（1）优势。通过项目融资，为基础设施建设筹措规模大、长期稳定的开发资金；获得较优惠的税收待遇；通过表外融资，缓解政府债务压力。

（2）局限性。项目融资具有较长的特许经营期限，资产权益受到很大的限制，长期风险较大；项目要求较高并具备盈利价值；关系人复杂、运作周期长，专业团队素质要求高，增加了运营成本。

2. 项目融资对接的基本条件和要求

项目融资渠道对接的项目规模可以通过项目融资方式获得建设资金，因此项目的规划和设计是园区项目融资的首要工作。

（1）融资主体的排他性要求。融资主体的排他性决定了债权人关注的是项目未来现金流量中可用于还款的部分，其融资额度、成本结构等都与项目未来现金流量和资产价值密切相关，因此项目本身未来收益性依赖项目自身未来现金流量及形成的资产，这就要求提供融资的项目必须具有良好的收益性。

（2）追索权有限性要求。项目失败不能追索项目自身以外的任何形式的资产，也就是说项目融资完全依赖项目未来的经济强度，这就要求参与项目融资发起人必须具备良好的资信和企业实力。

（3）项目风险的分散性要求。融资主体的排他性、追索权的有限性，决定着作为项目签约各方对各种风险因素和收益的充分选择和论证，确定参与各方所能承受的最大风险及合作的可能性，因此参与各方必须形成共同意愿，政府、发起人、银行、中介服务机构形成协同机制，利用一切优势条件，设计出最有利的融资方案。

（4）项目融资的信用结构多样性要求。将多样化的信用支持分配到项目未来的各个风险点，从而规避和化解不确定项目风险。如要求项目"产品"的购买者签订长期购买合同（协议），原材料供应商以合理的价格供货等，以确保强有力的信用支持。

（5）项目融资程序的复杂性要求。项目融资数额大、时限长、涉及面广，涵盖融资方案的总体设计及运作的各个环节，需要的法律性文件也多，其融资程序比传统融资复杂，因此要求整体融资方案的多重论证和设计。

3. 项目融资与园区设施建设对接的方法

（1）项目融资与园区建设对接，通过对园区建设项目进行同向归类，按照供水、供电、供气、通信、道路交通、商业建筑、标准化厂房设施等设施进行归类，形成有一定规模和经营条件的项目，把可供收费的设施工程项目等作为项目融资的对接项目，提高项目融资的可行性。

（2）特许经营与项目收益对接，设定合理的特许权利，特别是项目建设范围、工程质量、经营期限、收费价格、移交条件等，进行科学合理的特许设计，确保项目经营的特许权与项目融资吻合对接。

（3）项目投资预算与项目融资对接，银行及其金融机构与项目对接，保障项目资金供给确定合理的项目建设经费。

（4）有限追索与发起人识别控制对接，园区基础设施建设依赖政府投资必将增加政府预算压力，利用项目融资形成表外融资，可以降低政府预算压力，但项目融资形式上依赖政府参与的信用保障，这样容易造成一些动机不纯的发起人利用有限追索的条款投机性地参与，可能带来的风险依然集中在政府身上，造成政府最后埋单，因此，选择有实力的发起人成为有限追索权对接的关键。

（5）项目监管与项目工程质量对接，项目融资是一项长期的系统工程，项目工程质量对项目存续期的影响巨大，因此，在工程设计、招标、设备材料选择、现场监理、工程验收、特许期等质量管理等方面应加强监管，确保项目融资与项目工程质量顺利对接。

（6）确保项目移交接收的质量、技术标准与项目融资合同对接。

4. 项目融资对接的基础工作

（1）项目储备和识别，对园区分散、单一的项目进行归类、整合，形成实力条件较强的统领项目，捆绑发起，实现融资。

（2）创造条件吸引关系人参与园区项目融资，项目融资关系人是项目融资实现的基本保证，有好的项目还需有好的关系人，这要求园区重视自身投融资环境的打造，做好政府、投资人、银行机构、中介机构、保险公司等方面的联系沟通和服务工作，协同推进项目融资的实现。

（3）培养金融人才队伍和构建园区金融团队，学习和掌握项目融资的技术和模式，科学合理确定项目融资的特许条件，根据项目投资建设阶段采用不同的融资演变方式，加强融资监管，提高资金的使用效率。

（4）加强园区项目工程质量监管，形成项目工程质量控制体系，确保项目的可持续运营。

## （六）加强民间资本市场渠道与园区对接

1. 民间资本市场渠道优势与局限性

（1）优势。可以民间资本市场渠道灵活多样地满足中小型融资需求；进入门槛低，一定程度上提高了资源的配置效率；可抵押、担保模式较多，决策周期短，便于快速融资。

（2）局限性。从交易活动的主体来看，交易的双方基本上是从传统金融部门得不到融资安排的经济行为人，交易对象是不被正式金融所认可的非标准化合同性的金融工具；一般不具备规范的机构和固定的经营场所，处于金融监管当局的监管范围之外；民间融资存在不规范运作行为，单个机构融资能力有限，利率较高，运营风险较大；以短期资金为主，规模不大。

2. 民间资本市场融资的基本条件和要求

（1）树立公平竞争的观念意识，摈弃所有制束缚，鼓励园区及其企业开放投资项目，政府政策支持，引导园区项目和企业敢于通过民间金融市场进行融资。

（2）提供优质融资项目，通过园区融资平台对基础设施项目进行分解打包，整合优质资源，向民间金融提供优质融资项目。

（3）建立完整的信用关系，园区项目及其企业应按照《公司法》建立规范的治理机制，建立法人对法人平等的竞争环境，完善公开透明的资信体系，与民间金融共建完整的信用关系。

（4）完善抵押、担保资产的管理，对基础设施、公共设施项目资产适时进行评估，确保国有资产价值实现。

（5）吸引民间金融入驻园区，通过政策保障和资源公平配置创造优良环境，吸引民间资本到园区创办金融机构，连接内部与外部的民间金融市场。

3. 加强民间资本与园区设施建设对接

（1）园区基础设施建设与民营资本对接。多个民间资本的集合可以构成大资本，大项目通过分解可以吸引众多民间资本集合，形成集聚效应。针对目前国有大型银行机构信贷约束，可以通过项目拆分的方式对接民间资本市场，获得更加有效的资本募集。

（2）园区平台公司与民间资本对接，支持和鼓励园区融资平台与民间资本市场对接，通过股权合资，开展土地收储出让、创设引导基金、共同担保、抵押等方式吸纳民间资本参与基础设施、公共设施的投资建设。

（3）园区企业与民间资本对接，鼓励园区企业通过市场竞争的方式，吸引民间资本参股、借贷、业务合作等形式的投资运用于企业，壮大企业实力，促进企业发展。

（4）民间资本与园区金融机构对接，降低园区投资门槛，营造环境鼓励民间资本进入园区创办金融机构，探索园区金融市场建设，与大型银行金融机构开展合作，共建园区融资体系全面发展的新局面。

4. 民间资本市场对接的基础工作

（1）建立公平和完善的市场经济竞争机制，确保民间资本通过公平、公正的竞争获得发展的机会，建立民间金融机构的服务平台，引导民间金融资本进入园区企业参与融资，搭建优质的民间金融机构与园区企业合作的桥梁，规范民间金融业务建设。

（2）加强园区信用体系建设，树立规则和信用意识，改善园区融资条件，通过加强信用体系建设减少民间借贷的成本，降低企业融资的难度和民间金融资本的风险。

（3）设计适合园区企业向民间金融机构融资的流程模式，利用民间金融灵活的优势，针对不同项目和企业融资用途，针对不同的抵押担保模式、合同期限、资金归还、利率设计等方面进行创新，提高经营效率。

（4）创新民间金融与园区金融合作机制，降低园区投资进入门槛，优化园区投融资环境，鼓励民间金融进入园区创办金融机构，开展金融创新，通过股权转让、合资、合作等壮大园区平台实力，通过民间资本进入园区的集中集聚效应，扩大园区融资效应。

（5）倡导建立完善民间金融监管体制，加强对民间金融机构的监管和约束。建立并完善长效管理机制，强化民间金融机构相适应的内部治理结构和风险内控制度，构建民间风险预警机制和民间金融风险处置机制等。

## （七）加强互联网金融渠道与园区对接

1. 互联网金融市场渠道

互联网金融是指以依托于支付、云计算、社交网络以及搜索引擎等互联网工具，实现资金融通、支付和信息中介等业务的一种新兴金融活动。互联网金融市场渠道是通过互联网、移动互联网等工具，构建网上银行、第三方支付、个人贷款、企业融资渠道，使得传统金融业务具备透明度更强、参与度更高、协作性更好、中间成本更低、操作上更便捷等融资模式。

2. 优势与局限性

（1）优势。融资成本低，资金供求双方可以通过网络平台自行完成信息甄别、匹配、定价和交易，无传统中介、无交易成本、无垄断利润；成交效率高，业务主要由计算机处理，操作流程完全标准化，客户不需要排队等候，业务处理速度更快，用户体验更好；覆盖广，客户能够突破时间和地域的约束，在互联网上寻找需要的金融资源，金融服务更直接，客户基础更广泛。

（2）局限性。监管弱，互联网金融在中国处于起步阶段，还没有监管和法律约束，缺乏准入门槛和行业规范，整个行业面临诸多政策和法律风险。风险大，一是信用风险大，现阶段中国信用体系尚不完善，互联网金融的相关法律还有待配套，互联网金融违约成本较低，容易诱发恶意骗贷、卷款跑路等风险问题；二是网络安全风险大，中国互联网安全问题突出，网络金融犯罪问题不容忽视，一旦遭遇黑客攻击，互联网金融的正常运作会受到影响，危及用户及资金安全。此外，融资规模较小，仅适用于中小型企业。

3. 互联网金融的基本条件和要求

（1）加大园区信息化建设投入，完善园区网络信息平台建设，构建园区及其企业信息化支撑体系，对接园区金融机构信息化服务体系，创造园区互联网金融的基础环境。

（2）建立园区内部互联网金融交易系统，构建资金需求与供给的内部网络交易平台，开展教育培训，引导园区融资平台与企业通过网络开展融资。

（3）园区可盈利项目的资源整合与网络金融平台对接，短期项目与短期资金对接，实现融资的便利化与市场化对接。

（4）加快园区闭合式管理与诚信体系建设，园区闭合体系是园区内部的运营体系，对进入园区的企业通过内部征信监控，为网络金融营造良好环境。

（5）建立监管体系，建立健全互联网融资咨询与评价系统，约束规范运营，防止互联网欺诈行为。

4. 加强互联网金融与园区融资对接

（1）加强互联网金融与内部园区管理对接。互联网金融是我国金融体制创新的探索，国家政策法规对互联网金融的支持鼓励不完善，因此园区应发挥内部系统管理的优势，加强园区信息化建设，加强新型金融模式创新与探索，建立健全网络金融交易系统，建立健全网络金融监管体系。

（2）加强互联网金融与园区融资平台业务延伸对接。构建信息化的融资平台，探索园区内部金融体系构建，支持鼓励民间资本、银行信贷、政策性金融等相关金融机构入驻园区，扩大园区融资平台与外部网络金融机构的业务协作，延伸互联网金融链条，完善互联网金融的支撑体系。

（3）加强互联网金融和园区项目与企业的对接，通过园区项目和企业的资源整合、融资平台与项目资金类别的整合，促进园区资金需求与互联网金融供给的对接，实现互联网金融与园区建设的协同。

（4）互联网金融与园区信用监管对接，注重园区企业信用体系建设，构建园区诚信目录，构建园区金融机构规范运作监控机制，建立健全互联网金融的风险监测体系。

5. 园区互联网金融对接的基础工作

（1）通过园区信息化建设，完善园区管委会、投融资平台、企业的信息管理体系，建立健全园区完整的网络金融体系。

（2）通过内部交易系统建设，延伸园区互联网融资的链条，加强园区金融机构建设，规范和提高金融机构网络服务能力，扩大园区金融机构与互联网金融的规模和效率。

（3）通过业务对接，完善互联网金融和园区投融资平台与园区企业的协作机制，提高融资需求与供给的对接效率。

（4）通过信用监控，构建园区内部完整的信用体系，探索信用记录与预警制度，建立健全互联网融资咨询与评价系统，规范和引导园区互联网融资业务。

## （八）加强政府政策性融资渠道与园区对接

1. 政府政策性融资的优势与局限性

（1）优势。融资成本低，流程简便，易于操作；监管规范严格；资金对口性、引导性、时效性强。

（2）局限性。规模有限，不稳定，政策性强；政府决策偏好往往随主要领导的变更而改变，维护长期的和较大规模的融资难度大。

2. 对接政府政策性融资渠道的基本条件和要求

（1）梳理政府融资的类别与渠道。确定园区公共项目的公益性和非营利性，规划资金使用的社会效应，按照政府资金类别、资助的基本条件对应项目需求，制定融资规划。

（2）提升园区建设的战略意义与重要性。加强园区产业规划、结构调整、技术升级，加强园区功能定位，突出园区集中集聚效应。

（3）加强重大项目的招商引资。扩大招商引资力度，引入重大项目，引入符合国家产业政策的国际项目，增强园区项目对地方经济、社会发展的贡献作用。

（4）积极主动与各级政府沟通，加强宣传力度，获得政府理解和支持。

3. 加强政府政策性融资渠道与园区融资对接

（1）政府融资与园区项目招商对接。园区招商引资的重点应与园区功能定位一致，重点引入对区域战略有影响的大型项目，与园区所在地经济和社会发展有促进作用的大项目，促使园区项目与政府扶持资金对接。

（2）政府融资与园区产业结构对接。重点是符合国家优先发展的新型产业，符合园区所在区域的优势特色产业和能够促使园区结构调整的产业，通过高水平、高技术项目引入政府扶持资金对接。

（3）政府融资与园区环境治理对接。通过绿色发展战略、可持续发展战略的制定，加大环境保护和治理力度，提高环境治理标准，加大园区环境治理与政府扶持资金对接的力度。

（4）政府融资与园区城镇化建设对接。城镇化是园区规模化发展的必然，通过园区城镇建设，增强园区就业吸纳能力、经济贡献率、居民收入和社会保障的能力和水平，增强园区建设发展与政府资金扶持的对接。

4. 政府融资渠道对接的基础工作

（1）完善园区功能发展的定位和规划，加大产业集中集聚能力，提高园区对区域经济、社会发展的地位和作用。

（2）加强大项目、重点产业的招商引资力度，突出大项目对园区发展、对区域经济发展的示范作用。

（3）加强园区企业技术创新、管理创新的支持力度，鼓励园区企业通过产品升级技术换代实现产业结构调整，突出园区优势特色产业发展的示范效应，扩大园区及其企业的竞争能力。

（4）加强环境规划，提升环境质量要求，通过园区环境的示范作用，带动园区所在地区环境治理的效用。

（5）建立与政府部门机构的对接和联系机制，制定政府资金的使用规则，完善监督考核机制，用好、用活政府资金，确保政府资金发挥更大效益。

## （九）加强园区与各类金融机构对接

1. 园区对接金融机构的条件和要求

（1）加强园区融资平台建设和管理。保障投融资平台公司的法人治理机制，按照融资、建设、经营、偿债一体化的投融资体制，大力开展园区土地、基础设施、经营性资产、特许权经营等有形无形资产的归集、整合，增强平台投融资能力；赋予园区开发公司土地开发权和土地出让收益权，通过土地使用权向开发公司注入实收资本，将土地收入转化为公司的自有资金；承诺将获得的土地收益权进行质押，并设立专项资金账户，建立土地定额回流还款机制，保证偿还贷款的现金流和贷款资金的安全；使工业园区成为真正的经济实体、企业法人，达到与金融机构的有效结合；为园区基础设施建设与金融机构对接创造优良的创业条件。

（2）增强园区整体实力。各园区要突出主导产业，明确功能定位。在规模做大、实力做强、特色做优等方面制定长远目标；加大招商选资力度，积极引进高新技术、高附加值企业和新兴企业，特别关注一些符合园区总体规划，延伸产业链的企业；解决土地因素制约金融支持问题，整合园区企业，调整产业结构，避免重复建设；确立工业园区对地方新型产业化发展的核心作用，为金融投入提供明确的指导方向，同时吸引配套信贷资金的有效投入；加快入园企业建立现代企业制度，规范管理，依法诚信经营，加强产品开发、市场开拓和技术创新，增强核心竞争力，为有效获取金融机构的支持创造坚实的物质条件。

（3）完善园区风险投资体系。采取切实措施，出台优惠和保护政策，吸引投资者参与工业园区的建设；充分利用风险资本市场推动技术创新和经济增长效率，以契约化方式形成财产所有权、剩余索取权与技术和管理价值链接，提高资本的风险承受与追逐利润的能力；建立风险投资的退出机制，构建风险投资资本实现价值的回流通道，促进园区内科技型企业的发展，为金融机构业务创新提供优质的保障条件。

（4）完善园区内企业治理能力。树立良好的信用观念及企业形象，转换企业经营机制，提高管理水平，加快技术进步和产品更新，鼓励企业做大做强，为金融支持园区展创造一个优良的创新条件。

（5）强化政策激励机制。充分发挥园区融资平台网的作用，定期检查园区投融资政策、园区产业政策、园区金融政策的实施落实情况，根据国家政策调整和环境变化，适时调整园区政策，出台具有创新激励、探索激励的政策，保障园区投融资体系建设的政策激励体系。

（6）完善园区与政府部门的对接机制，提高政府服务园区的效用。加强政府对园区的服务功能、政府转变职能，着力疏通融资渠道，制定加快园区建设和发展的优惠政策，简化行政审批、项目报建、工商登记、税收征管、金融保险、法律咨询等；完善配套措施，强化政策激励，发挥财政资金的杠杆作用，把现有的财政扶持资金向园区倾斜，充分发挥财政资金撬动信贷融资的杠杆作用，支持和引导金融机构加大对园区企业的信贷支持。

2. 加强园区对接金融机构的基础工作

（1）组织领导，建立协调机制。建立由省政府金融办牵头，省发改委、经信委、财政局、中小企业局、国土资源局、工商局、科技局、环保局、质监局、国税局、地税局、央行、银监分局及各金融机构等有关职能部门参与的季度经济金融运行分析例会制度，及时解决园区产业集群化融资发展中存在的问题。同时，各工业园区也要建立相应的工作机构，协调解决园区产业集群化发展过程中涉及的资金融通、信用环境建设、中介服务、金融债权维护等方面的工作和问题。

（2）银企合作。省政府金融办要牵头有关部门建立政银企联席会议制度，完善政银企长效合作机制，坚持每年召开一次银保企洽谈会，坚持经常性地开展"金融下乡、送贷入企"活动。省人民银行、银监分局要对金融机构服务园区重点产业集群项目加强指导督查。各金融机构要定期汇报支持产业集群化发展的产品和服务创新情况以及支持效果情况。

（3）园区行政效能。各政府、工业园区相关部门要积极主动为金融支持产业集群化发展提供高效的行政服务，工商局、质监局、住建局、国土局等行政部门要严格执行有关规定，在企业信贷融资、集群化重组、变更登记、资产登记等方面，提供公正、翔实的相关手续，降低收费标准，为产业集群化发展提供高效、便利的行政服务。

（4）加大金融机构对园区支持力度。争取信贷规模，各银行业金融机构要加强对工业园区发展规划的研究，积极争取上级行对云南省的授信规模和服务支持，将信贷资金向产业链条完备、集约化程度高的集群企业倾斜；调整授信额度和贷款期限，各金融部门应根据工业园区的经济发展水平、经济和金融管理能力、信贷资金占用和使用情况、金融风险状况等因素，对工业园区实行区别授信；对工业园区内的企业，应根据不同客户经营管理水平、资产负债比例情况、贷款偿还能力等因素，确定不同的授信额度；根据工业园区开发建设工期及园区内企业的不同生产周期、市场特征及资金需求，合理确定贷款期限。

3. 加强园区与各类金融机构对接的重点

（1）加强园区业务金融创新。金融机构要加强与政府相关部门合作，研究产业集群园区成长过程中的融资需求、融资特点，探索推广存货和仓单质押、应收账款质押、商标质押、土地流转贷款等新型信贷品种，构建"企业＋担保＋保险＋财政＋银行"、"银行＋政府推荐＋财政贴息＋企业"、"银行＋产业引导基金＋龙头企业"等融资服务链条，发挥信贷政策和财政政策的整体效应；大力发展商业承兑汇票、金融租赁、信用证、保函、保理等业务，为产业集群化发展提供多样性的融资服务。

（2）探索园区融资新模式。加快研究制定符合产业集群运作特点的融资服务模式；探索依托核心企业向上下游产业链延伸的新型融资服务模式；对集群内部以产业链为载体或购销关联度较高的上下游企业可探索实行整体授信，对产业链上的关联企业信贷资金给予通盘考虑，实行封闭式的资金注入模式；根据工业园区的成长周期、市场特征和资金需求变化，合理调整贷款期限、结构，增强贷款利率的浮动弹性，对不同产业和行业的企业实行差异化融资利率。

（3）优化协作关系。园区应加强与各银行业金融机构协作，分层次、多方位支持园区产业集群化发展；利用同一产业集群内企业关联度高，相互间信息较透明的优势，积极探索在园区内开展担保互助及联保等业务；积极与银行开展保险代理、资金融通合作，探索开发贷款保险业务，争取把保险资金运用到园区产业集群项目上来。

（4）拓宽融资渠道。园区要做好积极推动拟上市企业在主板、创业板、中小企业板上市；推动银行等金融机构对园区大型核心企业进行引导和帮助发行短期和超短期融资券、中期票据、企业债、公司债，扩大直接融资比例；对工业园区内处于初创期的拥有新技术、新产品的中小企业，可尝试通过引入外部风险投资；对产品市场较好、发展前景广阔、处于产业链中下游的成长型中小企业，帮助其通过银行间债券市场发行中小企业集合票据，支持其在国内股权交易中心挂牌；鼓励引进或成立信托投资公司、产业投资基金、私募股权基金等，吸纳更多民间资本支持产业集群发展。

（5）探索融资—建设联合对接机制。探索信托资金与工程承包商入园对接合作机制，与国内外信托基金机构对接，尝试一园一信托、一园一承包商的工程建设模式，通过信托资金主导，工程承包商承建，园区土地或项目整合打包开发模式，吸引信托资金积极参与园区建设，扩大园区融资渠道。

（6）完善园区服务体系。开展多样化服务建设，园区加强对银行业务与非银行业务的沟通联动，督促银行对园区企业量身定制服务方案，开展"一站式"、组合式的"金融套餐"服务，提升服务层次，满足不同企业多样化、个性化的金融服务需求；协同银行与园区企业提供综合理财服务，帮助园区企业培训财务人员，加强内部制度建设，规范经营管理的行为，强化约束机制，提供现金管理、选择融资组合、债务重组、政策和商务咨询等理财服务，降低财务成本，提高经营效益；完善服务体系建设，提高服务工作效率，加强中介机构管理、规范融资服务、规范服务收费等。

## （十）加强园区与市政设施建设对接

目前许多园区与城市连为一体，城市发展基本涵盖园区的基础设施建设，因此，园区应把内部基础设施建设统一纳入城市基础设施建设范畴，应用城镇化建设的政策和城市发展规划加快发展。

1. 园区对接市政设施建设的基础工作

（1）完善园区功能与城市功能的对接和协同，发挥园区设施承担市政设施的功能作用。

（2）加强与市政部门的沟通和联系，获得政府部门的支持和帮助。

（3）构建一体化的市政发展规划，特别是园区所处市政开发建设的发展规划，争取市政发展规划与园区发展规划协同一致。

2. 园区建设与市政设施建设的重点

（1）加快园区道路、给排水、通信、治污、供电等与外围设施的连接，与市政建设部门统一设计融资方案。

（2）组合园区与市政基础设施资产，特别是可盈利资产，增大基础设施或公共设施资产实力，统一打包设计融资方案。

（3）将园区基础设施建设纳入市政规划和投资计划，争取获得政府资金的支持。

（4）移交部分市政设施，纳入市政建设统一预算，减低园区财力支出。

（5）园区基础设施建设与城市开发建设对接，通过房地产开发或其他项目开发完善园区基础设施建设。

## （十一）加强园区与周边园区建设对接

由于历史原因，云南省部分城市分布不同的园区，园区管辖割据自成一体。不同类型和性质使园区相互交叉，互为相连，特别是中心城市等更为突出。园区单一的开发建设往往形成独岛现象，在基础设施建设方面极易形成路不对接、线不相同、产业重复、实力和发展差距较大等现象。因此，整合发展成为必然，这就要求园区建设必须有前瞻性和整体性，避免重复建设、盲目建设现象发生。

1. 园区与周边园区建设对接的基础工作

（1）要求所在地政府尽快完善园区功能定位和功能调整，明确不同园区主体功能作用，加快园区功能调整，科学合理地布局园区。

（2）加强与周边园区的沟通和协调，获得周边园区对关联基础设施共同开发建设的支持和帮助。

（3）构建一体化的园区基础设施建设发展规划，特别是不同园区所属区域的建设发展规划，在各级政府的协调下共同承担区域内基础设施建设。

2. 要求与周边园区建设对接的重点

（1）协同各园区之间道路、给排水、通信、治污、供电等设施的连接，组合园区之间集成协同的集成设施融资方案。

（2）协同整合园区之间的基础设施、公共设施资产，特别是可盈利资产，协同策划，增大基础设施或公共设施资产实力，协同设计融资方案。

（3）将园区基础设施建设纳入区域发展规划，特别是市政建设发展规划，争取获得各级政府资金的支持。

（4）通过并购、托管、合资合作等方式集成园区基础设施和公共设施项目，增强资产规模和实力，设计融资创新模式。

## （十二）加强园区与国家战略发展对接

云南省园区发展建设不能脱离国家宏观发展战略，特别是利用好"一带一路"战略对云南省园区投融资体系建设意义重大。

1. 加强园区与国家战略发展对接的基础工作

（1）全面规划"一带"的空间区位构成和经济结构构成，从产业布局到工业园区布局都应精心规划和布局，确定云南省实施国家战略的地位和重要性。

（2）把握战略时机，做好基础性工作，集中优质资源加大园区产业调整和升级换代的步伐，做实以新材料、环境保护、新能源、新型装备制造、生物制药等为特色的新型工业基础。

（3）大力推进通道建设，加大道路、管线、通信、物流、文化教育等方面的通道对接力度，构建特色鲜明、优势突出、功能集聚的产业园区。

（4）制定云南省工业发展对接"一带"战略规划，制定对接激励政策，加大云南省基础设施建设与东南亚、南亚基础设施建设的对接，力争纳入亚洲基础设施投资银行支持和援助范畴。

2. 加强园区与国家战略发展对接的重点

（1）加强园区产业加入环"一带"经济圈的功能作用规划，构建开放的、国际化的园区发展战略。

（2）提升园区基础设施建设的标准，按照国际惯例或高标准规划园区基础设施建设项目，完善投资及其服务环境，提高园区国际竞争力。

（3）做好园区相关基础工作，公告建设项目，积极参与政府援助和国际援助计划。

（4）园区制定新的入园门槛和条件，积极引入与国家战略发展关联的新兴产业，增强园区融资吸引力。

总之，园区融资体系建设所涉及的部门机构较多，各部门和机构实际上与园区处于相互依存、相互发展的关系，只有结成紧密的合作伙伴关系，才能使各自的优势凸显出来，保障各自的利益得到实现。各类金融机构支持园区融资体系建设构成如图2-34所示。

# 四、加强园区融资环境创新

## （一）园区融资环境

园区融资环境是园区开展融资行为或融资过程中所依托的诸多因素的综合，是影响和制约园区和园区企业的融资决策、融资模式和融资活动的政策

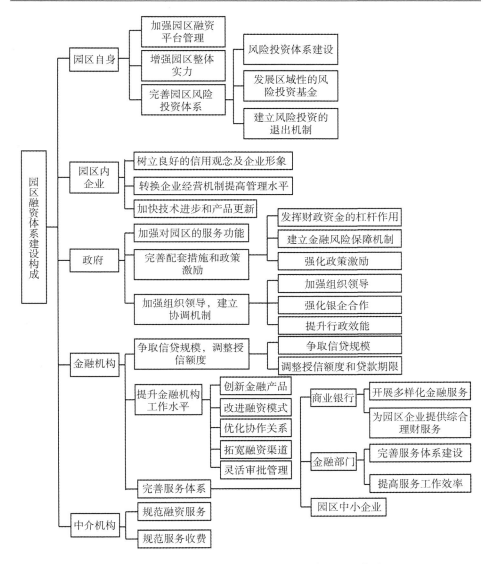

**图 2-34 各类金融机构支持园区融资体系建设构成**

环境、市场环境、金融环境、信用环境、服务环境、平台环境、生产环境、人才环境等所有环境的综合。园区的融资环境对园区和园区企业融资活动的开展具有决定性影响：一方面为园区融资提供机会和条件，另一方面对园区融资进行制约、干预乃至威胁。园区融资环境分为内部环境和外部环境。内部融资环境是有利于保证园区正常运行并实现融资目标的内部条件的总和，包括园区资源、园区能力、园区文化等因素。园区的外部融资环境又分为宏观融资环境和微观融资环境。宏观融资环境因素包括政治环境、经济环境、技术环境、社会文化环境。这些因素对园区及其微观融资环境的影响较大，一般都是通过微观融资环境对园区产生间接影响的。微观融资环境因素包括市场环境、竞争环境、资源环境等，涉及了园区、园区企业、园区外部企业及其他社会利益集团等多种因素，这些因素会直接影响园区的发展。

## （二）园区融资环境特征和分类

1. 园区融资环境的特征

（1）综合性特征。园区融资环境是由许多影响园区融资流量与流向的制度、经济、法律、自然、金融等因素全部交织在一起而组成的一个复杂综合体。园区融资环境的综合性特点要求在改善园区融资环境时，要有正确的理念、科学的组织框架，能够合理地协调各部分之间的复杂关系，充分实现最完美组合，发挥综合实力。

（2）整体性特征。园区融资环境是一个完整的有机体，各个组成部分之间相互连接、互相协调、互相配合，组成了一个完整的环境系统。如果其中某种因素发生变化，会使园区融资环境中的其他因素也发生相关反应，从而导致整个园区融资环境发生质的变化。园区融资环境的整体性要求在分析、执行和完善融资环境时，必须要立足整个环境，从整体性的特点出发制定出园区融资环境科学的组织结构，从而实现各个部分的最好组合，发挥园区融资环境在吸引融资等方面的优势。

（3）区域性特征。园区融资环境的区域性是相对于国家整体的融资环境而言的，是一个国家整体的融资环境的系统组成部分。由于生产力在发展的过程中存在层次性和空间整体布局的非均衡性，以及自然环境、地理环境、经济发展上的差异性，导致了园区融资环境不仅具有项目融资环境的普遍性，而且还有其自身的特殊性。因此，正确地把园区融资环境的普遍性和特殊性科学地统一起来，有利于充分发挥区域的优势，改进自身的园区融资环境，促进园区经济发展。

（4）动态性特征。园区融资环境是一个动态的外部系统，它一直处在不停的运动状态。通过不停地运动，园区融资环境各个要素才能较好地相互作用、组合与分离。融资环境的变化也会改变园区融资环境的评价标准。

2. 园区融资环境分类

（1）内部融资环境，是指设施融资环境、融资服务平台环境、园区管理体系机制环境、融资政策环境、人才环境等。

1）园区融资环境，包括合理融资规划园区、投融资平台建设、完善投融资机制、健全的网络服务设施、良好的融资体系及其法规政策环境等。

2）融资服务平台环境。包括融资技术模式研发设计、投资平台构建、金融机构设置与服务、融资业务服务、公共服务与教育培训等为园区企业发展提供相关融资服务的平台等。

3）园区管理体系机制环境。园区管理方式、管理机制体制、管理效能是园区管理环境的基本内容，是对管理对象的制度约束、激励约束、行为约束等方面的控制机制，建立高效、廉洁、科学的管理体制和机制对园区融资环境起着重要的保障作用。

4）人才环境。人才是园区建设和发展的第一资源，园区人才包括融资技术、融资管理、融资服务等方面的人才，园区金融环境建设除引进企业投资建设项目外，更要注重金融服务的专业队伍建设，建立融资服务团队，加强专业训练，确保园区建设的融资顺利实现。

（2）外部融资环境，是指产业政策环境、金融环境、融资市场环境、金融服务环境、信用环境。

1）产业政策环境。政策环境是园区融资的制度环境，是决定园区融资行为的合法性、合规性、可行性、可能性的重要外部环境。包括国家的宏观调控政策、经济政策、行业法律法规、金融政策、园区相关政策法规等影响园区发展的法规政策。

2）金融环境。即园区发展规模、资产总额、财务管理能力、信息透明度及园区融资体系、金融机构数量及运行、国家政策导向、金融产品或服务、融资监管及其风险控制等环境。

3）融资市场环境。指影响园区融资需求与供给的外部市场环境，包括融资渠道、融资技术与模式、融资利息与条件等，园区通过内部资源整合与平台构建，加强与外部融资市场的对接，探索内部与外部市场连接的创新机制，获取更多的市场资源。

4）金融服务环境。园区能够满足融资的咨询、服务体系，是园区开展融资服务的条件。优良的融资服务体系能够对园区企业的战略制定、融资行为、发展规范等产生积极的推动作用。

5）信用环境。信用等级决定了企业获取外部融资的可能性和可行性，信用记录对融资起到导向作用，园区信用体系的建立可使企业树立信用意识，降低违约概率，同时也为金融机构或其他债权人的投资行为提供了一定的标准和依据。

## （三）园区融资环境建设的原则和要求

### 1. 政府重视和支持

政府出台的政策法规对园区具有指导、规范和约束的作用，积极的、正向激励的政策法规对园区拓展融资服务、创新融资模式、拓展融资渠道、推进园区发展有着极为重要的意义和作用，同时通过政策法规导向，也将促进园区建设方式的转变，促进园区结构调整、技术创新、产业升级、环境保护等。因此，政府重视和支持园区融资环境建设，则应做到：给园区配置相应的资产、资源，强化园区投融资平台建设；构建园区投融资平台法人治理机制，营造公平、公正的市场竞争机制，提高园区自我发展的能力；强化园区资源配置能力，在财政、税收、土地、金融、认识等方面给予园区支持，增强融资实力。

### 2. 园区积极作为

完善工业园区投融资平台公司的法人治理机制，规范土地收储、财政拨款、资产运作、项目招商等运作机制；加强融资平台与金融机构合作，促进金融机构与园区建立协调沟通机制，加大基础设施、重点产业、重点项目的融资力度；创新融资模式，积极推行直接融资和项目融资模式，鼓励民间资本通过独资、合资、入股等方式参与园区建设；充分发挥商会、协会的影响力，为园区建设筹集资金。

3. 金融机构参与

通过政府鼓励政策，推动金融机构积极参与园区建设；通过产业集中与集群集聚，推动金融机构入驻园区；通过改革创新，鼓励园区创办民间金融、园区金融；通过园区实力提升，鼓励多种融资取得合力支持园区发展；通过征信监管，提高信贷授信、保理、信托、债券、股市、资产证券化等业务创新。

4. 园区企业能力建设

强化法人治理，提高企业经营管理能力；强化技术创新，提高企业产品升级换代；强化市场导向，加入产业供应链联盟；强化产业集聚，做大集群联保；强化诚信经营，扩大增值服务；强化风险监管，创新融资模式。

## （四）园区融资环境建设的方法和途径

1. 加强内部环境建设，提高园区管理服务的效率

（1）园区融资的硬环境的建设。硬环境即是园区基础设施环境，包括园区交通、通信、供水、供电、服务设施等，建设能够为园区招商引资、企业生产经营提供可靠、便利的物质基础，这是园区融资环境建设的基本条件。因此，园区应高度重视基础设施规划建设、安全完善的网络服务设施建设、良好环境设施建设等。

（2）加强园区融资服务体系建设。加强园区融资技术模式研发设计、融资平台构建、金融机构设置、融资业务拓展服务、金融知识培训与教育等基础工作，加强为园区企业发展提供相关融资服务的环境建设。

（3）加强园区管理体系机制环境建设。加强园区管理方式、管理机制体制、管理效能的建设，完善园区管理职能的构建，加强对管理对象的制度约束、激励约束、行为约束控制机制建设，实现园区高效、廉洁、科学的管理体制和机制。

（4）加强园区金融人才队伍建设。通过招聘、委培、合作等途径广泛吸纳金融人才，不断提升金融专业人才业务能力，建立健全园区融资团队，加强融资团队建设，加强专业训练，确保园区建设的融资顺利实现。

2. 加强外部环境建设，加大政府及金融机构的支持力度

（1）加强园区投融资政策环境建设。根据国家宏观调控政策、经济政策、行业法律法规、金融政策等制定适合园区需要的园区政策及规章制度，并贯彻落实；建立政府投入机制，完善预算内资金、专项资金、债券的资金、政府担保资金供给与引导机制；加强政府专项投入机制的监控，防止资金的流失，保证资金的有效使用。

（2）加强园区金融环境建设。加强园区发展规划、项目规划、设施建设规划，加强园区内部投资、融资的计划协同，建立健全园区内部财务管理系统，提升信息透明度，完善园区融资平台与金融平台的对接，探索园区金融产品或服务的创新，加强园区融资监管及风险控制等。

（3）加强与外部融资市场对接。通过园区内部资源整合，构建集中、集聚和集群效应，加强融资渠道、融资技术模式的创新；通过内部资源整合与平台构建，加强与外部融资市场的对接，探索内部与外部市场连接的创新机制，获取更多的市场资源。

（4）加强园区服务环境建设。加强园区融资咨询服务体系建设，构建技术咨询、法律服务、项目包装、企业上市、发行债券等服务体系，完善服务内容，探索服务创新，通过完整的金融服务体系建设，推进园区融资环境建设。

（5）加强信用环境建设。构建园区内部信用评估机制，完善园区信用管理方式，营造诚信守诺的园区氛围，加强园区信用信息与金融机构对接，通过信用体系建设扩大授信额度。

## （五）工业园区融资环境建设的重点及基础工作

1. 注重园区融资政策体系建设

加强园区所在政府政策制定，通过土地政策、税收政策、价格政策、担

保政策、投资政策等吸引外资进入园区；加强民间资本平台建设，通过放宽民营资本的投资门槛、建立公平的竞争机制、制定吸引民间资本的优惠政策，吸引民间资本进入园区；加强产业政策导向，通过转移支付、产业升级换代、环境设施改造、城镇化建设等扩大国家各项扶持资金的进入。

2. 注重财政、信贷支持体系建设

通过政府预算内资金、专项资金、担保基金、发行债券资金、土地质押划拨等方式对园区基础设施建设进行投入，也可作为对投融资平台公司的资本金注入；加强引导资金的扶持，创建园区开发资金、产业发展资金、创业基金等各类专项基金，支持园区基础设施建设和产业发展；加强划拨资金、资产的监管，防止资金流失，保证资金有效使用；通过提供出口信贷、抵押贷款、贴息贷款等方式，促进项目融资的实现；通过投融资平台公司、龙头企业、核心企业的信用体系建设，扩大银行授信额度；通过部分低收益基础设施项目的运作，提供补贴、税收等方面的优惠，增强园区基础设施融资能力。

3. 注重园区渠道、融资技术模式建设

改进招商引资方式，探索现代网络手段开展网上招商，大力发展项目招商、产业招商和企业并购等多种招商形式，充分利用各种渠道平台进行招商引资，着力培育和发展招商引资中介机构，提高招商引资的专业化水平；加强园区各类金融机构建设，规范金融机构管理，提高金融机构运作能力；探索产业风险投资、信托投资、产业投资等模式，争取园区非上市股份制公司纳入股份代办转让系统试点，完善创业投资进入、运作和退出机制；加强融资渠道建设，完善商业银行信贷服务体系、项目融资服务体系、产权融资服务体系、债券融资服务建设、股权融资服务体系建设，探索融资创新模式，增强园区融资能力。

4. 注重园区融资服务体系建设

加强园区金融服务体系建设，完善园区金融咨询体系、法律服务体系、融资技术体系建设，规范中介服务，创新服务方式；建立园区投融资服务中心，为园区企业提供管理咨询、培训服务以及资金管理等服务，帮助园区项目或企业对接金融机构及其投资者；完善园区担保体系，建立资产、效益、信用对接机制，支持财政资本、金融资本和民间资本联合设立担保基金、提升信用担保能力，优化园区信用担保环境；加强园区金融人才机构和人才队伍建设，建立园区人才储备库和专业技术人才培训基地，帮助企业引进专业技术人才；建立企业和个人信用系统，加强信用监管，完善信用服务体系建设。

# 五、加强园区融资策略体系建设

## （一）注重融资的策略分析

云南省园区融资策略分析包括：阶段式融资策略分析；融资价值策略分析；融资能力策略分析；融资债务偿还和融资风险策略分析；债务融资与主权融资结构策略分析；融资项目控制性策略分析；融资渠道、技术模式策略分析；经济新常态下的融资策略分析；国家战略背景下的融资策略分析。这些策略分析构成园区发展战略的重要组成部分，是园区投融资体系不可或缺的重要构成。

## （二）注重园区融资价值最大化

融资价值是通过金融资本的输入为园区建设发展创造更大的经济社会价值。创造价值，不断增加财富是园区融资体系构建的根本目标（见图2-35）。

融资价值的判断指标：

1. 生产规模最大化

通过融资满足园区企业基本的生产需求。

2. 市场规模最大化

通过融资达到园区企业市场占有的基本需求。

3. 企业利润最大化

通过融资降低园区企业财务成本、实现利润最大化的基本需求。

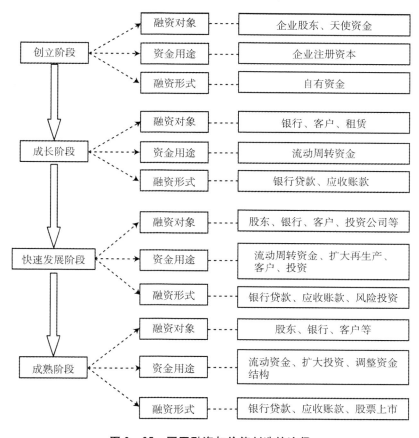

**图 2 - 35 园区融资与价值创造的途径**

### 4. 企业价值最大化

通过融资减少园区企业控制权的分散、培养忠诚的客户、完善园区企业生产经营环境、完成园区企业价值构成。

### 5. 园区设施建设和发展的经济和社会价值最大化

融资价值最大化的衡量：产出绩效≥融资成本＋生产制造成本＋营销成本。

## （三）树立正确的融资观念

园区融资观念是园区科学发展的核心内容，是园区提升竞争力的关键要素。云南省园区树立正确的融资观念包括：

1. 克服企业融资误区

（1）怕借钱。保守的园区建设仅依靠土地出让、政府拨款等传统单一形式，导致的后果就是政府办园区，投资靠政府，园区行政化、官僚化倾向，园区发展缓慢。

（2）乱借钱。完全依赖于政府办园区的指导思想往往产生乱借钱、乱花钱的办园理念，忽略建设项目规划、建设周期规划、项目功能规划、投融资协同规划等，造成园区负债过重，拆东墙补西墙的后果。

（3）不还钱。目前一些园区已到偿债高峰期，由于没有科学的投融资规划，导致到期债务无法偿还，个别园区被划入债务"黑名单"，严重影响园区信用。

2. 树立正确的融资理念

树立正确的融资理念是构建诚信社会的基本保障，是园区可持续融资和建设发展的条件。基本原则是：

（1）讲信用。借钱必还是基本原则，做好融资规划的同时也要做好债务规划，确保到期债务能够按期归还。

（2）谨慎融资。即按需要融资、按功能融资、按项目进度融资。设定融资警戒线，资产负债率不超过设定的融资警戒线。

（3）避免"重建设、轻融资"的思想。建设是货币物化过程，融资是货币流入过程，没有融资就没有投资，也就没有建设，在园区发展建设中有些阶段融资重于投资，建设和融资均须策划，不能偏废。

（4）培养稳定长期融资伙伴。良好的信用，园区自身实力，科学的项目可行性，合理的项目回报和可靠的投资项目是建立稳定长期融资伙伴的基本要求，园区在确立建设发展的过程中需要策划资金供给渠道，需要建立稳定长期的银行金融机构的伙伴关系。

（5）适时调整融资方法和对策。在国家宏观政策法规调整和国家战略变化的情况下，园区应及时调整自己的融资策略，以适应环境的变化。

3. 避免融资陷阱

（1）避免融资过程中的所有者权益陷阱。无论股权、债务融资，都会涉及所有者权益，涉及所有者缺位陷阱，园区应当特别重视项目股权出让比例、资产作价比例和资产债务比例，避免落入所有者权益缺失陷阱。

（2）避免融资能力陷阱。园区的行政化倾向和土地融资倾向极易过高评价融资能力，没有园区项目和企业发展，园区难以依靠政府和土地构建自身的能力体系，因此，科学地分解园区债务结构和建设项目未来收益是把握园区融资能力的基本要素。

（3）避免法律法规陷阱。法律法规是园区建设的保障条件，也是园区融资实现的保证。然而不熟悉相关法律法规，在签订投融资协议过程中就会预留风险陷阱，特别是采用项目融资、PPP、设施租赁等项目可能隐藏的问题更加突出。

（4）避免专业技能陷阱。缺少基本的专业知识和专业技能，盲目创新和举债融资，带来的成本或风险将难以估量，园区应依靠专业金融机构或培养专业人才设计融资技术模式。

（5）避免项目导向陷阱。园区基础设施和公共设施项目分为营利性和非营利性两种，建设前需要分割清晰，根据不同的功能性质选择不同的融资技术模式。

## （四）注重融资风险控制

1. 时间风险控制

债务节点是融资时间节点的关键节点，控制好债务节点是园区融资时间节点控制的关键。

2. 成本风险控制

融资成本不能超过项目收益成本，对于基础设施或公共设施的融资成本应控制在项目收益或补偿保障的均衡机制上。

3. 债务风险控制

既要考虑债务成本的约束，也要考虑偿债节点的约束，这是控制债务风险的关键。

4. 政策风险控制

政策调整与变更是经济调控过程中的常态，也是我国产业结构倒逼的结果，园区融资策略必须预先研判各类政策调整变更带来的风险。

5. 运营风险控制

要素配置、资源配置、环境条件与治理结构都可能对园区发展带来影响，因此，建立稳定的要素、资源配置机制，营造良好的园区环境，构建现代园区建设治理机制，避免园区运营风险。

6. 退出风险控制

要求基础设施建设或公共设计建设融资更多地建立在权益转移与资本流动的循环上，设定融资实现的保障机制是资本的退出机制，这是市场经济的必然，也是创新融资模式的条件。因此，园区需要构建各类资本退出的路径和方法渠道，完善社会资本进入园区的风险控制体系。

图 2-36 是以项目融资运作风险为例的融资风险控制。

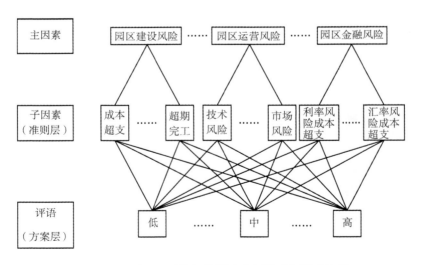

**图 2-36　以项目融资运作风险为例的融资风险控制**

## （五）加强融资技术模式策略投资构建

企业的筹资方式可归为两大类，即负债筹资和股票筹资。一般来说，负债筹集资金成本相对较低，利息税前支付，但偿还风险相对较大，表现为是否能够及时足额地还本付息。根据利率走势，合理安排筹资。当利率处于高水平或处于由高向低过渡的时期，应尽量少筹资。对必须筹措的资金，应尽量采取浮动利率的计息方式。当利率处于低水平或由低向高过渡的时期筹资较有利，应尽量采用固定利率的计息方式来保持较低的资金成本。股票偿还风险相对较小，股票筹资不存在还本付息的问题，它的风险只在于其使用效益的不确定性上。但是股票筹资的利息需税后支付，资金成本相对较高。

# 六、云南省各工业园区未来三年建设发展资金需求与融资模式对策

根据调研和以上分析，课题组对云南省各个工业园区建设发展未来 3 年资金需求做出具体的规划和融资对策设计，如表 2－5 所示。

表 2－5　云南省工业园区融资模式设计与创新

| 序号 | 园区名称 | 平台公司 | 资金需求 | | 需求总量（亿元） | 资产负债率（％） | 近年融资渠道（使用或拟用） | 融资渠道创新 | 融资模式创新 |
|---|---|---|---|---|---|---|---|---|---|
| | | | （年份） | （亿元） | | | | | |
| 1 | 保山工业园区 | 保山金盛工业开发有限公司 | 2015 | 4.00 | 13.89 | 77.48 | 银行贷款、发行债券 | 发行债券、资本市场、项目融资、股权融资、产权出让 | 直接融资、间接融资 |
| | | | 2016 | 4.60 | | | | | |
| | | | 2017 | 5.29 | | | | | |

| 序号 | 园区名称 | 平台公司 | 资金需求 (年份) | 资金需求 (亿元) | 需求总量 (亿元) | 资产负债率 (%) | 近年融资渠道（使用或拟用） | 融资渠道创新 | 融资模式创新 |
|---|---|---|---|---|---|---|---|---|---|
| 2 | 保山市水长工业园区 | 保山市水长投资开发有限责任公司 | 2015 | 1.30 | 4.51 | 52.25 | 银行贷款、发行债券 | 商业银行、资本市场、发行债券、租赁融资 | 直接融资、间接融资 |
| | | | 2016 | 1.50 | | | | | |
| | | | 2017 | 1.72 | | | | | |
| 3 | 保山市水长工业园区 | 保山市水长工业园区土地收购储备中心 | 2015 | | 0.00 | 9.45 | 银行贷款 | 商业银行、资本市场、土地出让 | 直接融资、间接融资 |
| | | | 2016 | | | | | | |
| | | | 2017 | | | | | | |
| 4 | 磨憨进出口贸易加工园区 | 磨憨开发投资有限责任公司 | 2015 | 2.00 | 7.50 | 9.18 | 政府拨款 | 商业银行、金融租赁、土地出让、产权出让、PPP | 直接融资、间接融资 |
| | | | 2016 | 2.50 | | | | | |
| | | | 2017 | 3.00 | | | | | |
| 5 | 勐海工业园区 | | 2015 | 1.60 | 6.10 | | 政府拨款 | 项目市场、产权出让、股权融资、土地出让、PPP | 间接融资 |
| | | | 2016 | 1.00 | | | | | |
| | | | 2017 | 3.50 | | | | | |
| 6 | 西双版纳景洪工业园区 | 西双版纳景洪工业园区投资开发有限公司 | 2015 | 0.30 | 1.02 | 89.77 | 项目融资 | 项目融资、发行债券、设施租赁、政策性融资、PPP | 间接融资 |
| | | | 2016 | 0.34 | | | | | |
| | | | 2017 | 0.39 | | | | | |
| 7 | 玉溪市高新区 | 玉溪高新区投资管理公司 | 2015 | 10.00 | 34.73 | 35.60 | 银行贷款 | 商业银行、发行债券、资本市场、土地出让、租赁融资 | 直接融资、间接融资 |
| | | | 2016 | 11.50 | | | | | |
| | | | 2017 | 13.23 | | | | | |

续表

| 序号 | 园区名称 | 平台公司 | 资金需求 | | 需求总量（亿元） | 资产负债率（%） | 近年融资渠道（使用或拟用） | 融资渠道创新 | 融资模式创新 |
|---|---|---|---|---|---|---|---|---|---|
| | | | （年份） | （亿元） | | | | | |
| 8 | 红塔工业园区 | 红塔工业园区建设投资有限公司 | 2015 | 5.35 | 9.96 | 28.85 | 项目融资 | 商业银行、发行债券、项目融资、土地出让、租赁融资 | 直接融资、间接融资 |
| | | | 2016 | 1.65 | | | | | |
| | | | 2017 | 2.96 | | | | | |
| 9 | 研和工业园区 | 玉溪工业投资有限公司 | 2015 | 5.00 | 15.00 | 29.51 | 银行贷款、项目融资 | 商业银行、项目融资、土地出让 | 直接融资、间接融资 |
| | | | 2016 | 5.00 | | | | | |
| | | | 2017 | 5.00 | | | | | |
| 10 | 通海工业园区 | 通海天健工业园区开发有限公司 | 2015 | 1.80 | 4.80 | 89.36 | 企业投资、银行贷款 | 项目市场、民间资本市场、产权市场、PPP | 直接融资、间接融资 |
| | | | 2016 | 1.50 | | | | | |
| | | | 2017 | 1.50 | | | | | |
| 11 | 新平工业园区 | 新平工业投资开发有限公司 | 2015 | 0.60 | 2.08 | 61.83 | 信托融资、银行贷款 | 发行债券、资本市场、土地出让、产权市场、政策性融资、PPP | 直接融资、间接融资 |
| | | | 2016 | 0.69 | | | | | |
| | | | 2017 | 0.79 | | | | | |
| 12 | 易门工业园区 | 易门兴易投资开发有限公司 | 2015 | 0.80 | 3.10 | 79.11 | 银行贷款、土地出让、股权融资 | 商业银行、资本市场、产权市场、股权融资、PPP | 直接融资、间接融资 |
| | | | 2016 | 0.80 | | | | | |
| | | | 2017 | 1.50 | | | | | |
| 13 | 华宁工业园区 | 华宁县华融投资有限公司 | 2015 | 0.30 | 1.40 | 92.86 | 银行贷款 | 发行债券、资本市场、产权市场 | 直接融资、间接融资 |
| | | | 2016 | 0.60 | | | | | |
| | | | 2017 | 0.50 | | | | | |

| 序号 | 园区名称 | 平台公司 | 资金需求 (年份) | 资金需求 (亿元) | 需求总量 (亿元) | 资产负债率 (%) | 近年融资渠道（使用或拟用） | 融资渠道创新 | 融资模式创新 |
|---|---|---|---|---|---|---|---|---|---|
| 14 | 大化产业园区 | 玉溪市大化产业园区开发建设投资有限公司 | 2015 | 15.00 | 52.09 | | 土地出让、银行贷款 | 产权市场、项目融资、发行债券、PPP | 直接融资、间接融资 |
| | | | 2016 | 17.25 | | | | | |
| | | | 2017 | 19.84 | | | | | |
| 15 | 澄江工业园区 | 澄江河阳投资开发有限公司 | 2015 | 2.20 | 8.70 | 89.02 | 银行贷款、土地出让 | 发行债券、产权市场、项目融资、土地出让、PPP | 直接融资、政府扶持、间接融资 |
| | | | 2016 | 3.50 | | | | | |
| | | | 2017 | 3.00 | | | | | |
| 16 | 元江工业园区 | 元江县恒达投资有限责任公司 | 2015 | 0.60 | 1.80 | 89.08 | 银行贷款、BT | 发行市场、资本市场、项目市场、PPP | 直接融资、间接融资 |
| | | | 2016 | 0.60 | | | | | |
| | | | 2017 | 0.60 | | | | | |
| 17 | 江川龙泉山园区 | 江川工业园区投资开发有限公司 | 2015 | 1.00 | 3.47 | 90.55 | 银行贷款 | 发行债券、资本市场、产权市场、政策性融资、PPP | 直接融资、间接融资 |
| | | | 2016 | 1.15 | | | | | |
| | | | 2017 | 1.32 | | | | | |
| 18 | 盐津县工业园区 | 盐津县睿通开发投资有限公司 | 2015 | 1.50 | 9.50 | 20.42 | 政府拨款、土地出让 | 商业银行、资本市场、产权市场、土地出让、PPP | 直接融资、间接融资 |
| | | | 2016 | 3.00 | | | | | |
| | | | 2017 | 5.00 | | | | | |
| 19 | 镇雄县工业园区 | 镇雄工业投资开发有限责任公司 | 2015 | | 0 | | 政府拨款 | 商业银行、土地出让、项目融资、租赁融资、PPP | 直接融资 |
| | | | 2016 | | | | | | |
| | | | 2017 | | | | | | |

续表

| 序号 | 园区名称 | 平台公司 | 资金需求 (年份) | 资金需求 (亿元) | 需求总量 (亿元) | 资产负债率 (%) | 近年融资渠道（使用或拟用） | 融资渠道创新 | 融资模式创新 |
|---|---|---|---|---|---|---|---|---|---|
| 20 | 鲁甸工业园区 | 云南汇工投资开发有限公司 | 2015 | 1.00 | 2.40 | 10.77 | 政府拨款 | 商业银行、资本市场、土地出让、项目融资、PPP | 直接融资、间接融资 |
| | | | 2016 | 0.60 | | | | | |
| | | | 2017 | 0.80 | | | | | |
| 21 | 昭阳工业园区 | 昭阳工业投资开发经营有限公司 | 2015 | 1.80 | 7.30 | 63.92 | 银行贷款 | 商业银行、资本市场、项目融资、租赁融资、发行债券 | 直接融资、间接融资 |
| | | | 2016 | 2.50 | | | | | |
| | | | 2017 | 3.00 | | | | | |
| 22 | 盈江工业园区 | 盈江兴盈投资有限公司 | 2015 | 0.49 | 2.09 | 100.00 | 银行贷款 | 发行债券、产权融资、项目融资、PPP | 直接融资、间接融资 |
| | | | 2016 | 0.40 | | | | | |
| | | | 2017 | 1.20 | | | | | |
| 23 | 陇川工业园区 | 陇川黄金时代投资有限公司 | 2015 | 0.10 | 1.20 | 0 | 政府扶持、银行贷款 | 土地出让、产权融资、租赁融资、股权融资、PPP | 直接融资 |
| | | | 2016 | 0.50 | | | | | |
| | | | 2017 | 0.60 | | | | | |
| 24 | 芒市工业园区 | 芒市工业园区投资管理有限公司 | 2015 | 2.00 | 4.15 | 0 | 政府拨款、发行债券 | 土地出让、产权融资、发行债券、项目融资 | 直接融资 |
| | | | 2016 | 1.00 | | | | | |
| | | | 2017 | 1.15 | | | | | |
| 25 | 大理创新工业园区 | 大理经开实业有限公司 | 2015 | 1.00 | 4.50 | 54.41 | 银行贷款、国际信托贷款 | 商业银行、资本市场、发行债券、项目融资 | 间接融资、境外融资 |
| | | | 2016 | 1.50 | | | | | |
| | | | 2017 | 2.00 | | | | | |

| 序号 | 园区名称 | 平台公司 | 资金需求 | | 需求总量（亿元） | 资产负债率（%） | 近年融资渠道（使用或拟用） | 融资渠道创新 | 融资模式创新 |
|---|---|---|---|---|---|---|---|---|---|
| | | | （年份） | （亿元） | | | | | |
| 26 | 漾濞彝族自治县工业园区 | 漾濞彝族自治县工业投资有限公司 | 2015 | 0.15 | 0.55 | 0 | 政府扶持、银行贷款 | 商业银行、土地出让、产权融资、租赁融资、项目融资、PPP | 直接融资 |
| | | | 2016 | 0.20 | | | | | |
| | | | 2017 | 0.20 | | | | | |
| 27 | 祥云财富工业园区 | 祥云工业投资有限责任公司 | 2015 | 1.63 | 8.13 | 71.92 | 银行贷款、土地出让 | 土地出让、股权出让、租赁融资、PPP | 间接融资 |
| | | | 2016 | 3.00 | | | | | |
| | | | 2017 | 3.50 | | | | | |
| 28 | 宾川县工业园区 | 宾川县工业园区投资开发有限公司 | 2015 | 0.50 | 1.60 | 73.25 | 银行贷款 | 商业银行、资本市场、项目融资、租赁融资、PPP | 直接融资、间接融资 |
| | | | 2016 | 0.60 | | | | | |
| | | | 2017 | 0.50 | | | | | |
| 29 | 弥渡县工业园区 | 弥渡工业园区投资开发有限公司 | 2015 | 0.30 | 0.90 | 25.53 | 政府扶持、银行贷款 | 商业银行、政策性融资、项目融资、土地出让、PPP | 直接融资、间接融资 |
| | | | 2016 | 0.30 | | | | | |
| | | | 2017 | 0.30 | | | | | |
| 30 | 南涧县工业园区 | 南涧县工业园区开发投资有限责任公司 | 2015 | 0.10 | 0.35 | 45.03 | 银行贷款 | 商业银行、项目融资、土地出让、PPP | 直接融资、间接融资、政府扶持 |
| | | | 2016 | 0.15 | | | | | |
| | | | 2017 | 0.10 | | | | | |
| 31 | 巍山县工业园区 | 巍山县工业园区开发建设投资有限公司 | 2015 | 0.16 | 0.55 | 57.06 | 银行贷款 | 商业银行、发行债券、项目融资、股权出让、PPP | 直接融资、间接融资 |
| | | | 2016 | 0.18 | | | | | |
| | | | 2017 | 0.21 | | | | | |

| 序号 | 园区名称 | 平台公司 | 资金需求 | | 需求总量（亿元） | 资产负债率（％） | 近年融资渠道（使用或拟用） | 融资渠道创新 | 融资模式创新 |
|---|---|---|---|---|---|---|---|---|---|
| | | | （年份） | （亿元） | | | | | |
| 32 | 永平县工业园区 | 永平县工业投资有限公司 | 2015 | 0.86 | 3.22 | 88.09 | 政府扶持、银行贷款 | 商业银行、土地出让、股权融资、PPP | 间接融资、政府扶持 |
| | | | 2016 | 0.99 | | | | | |
| | | | 2017 | 1.37 | | | | | |
| 33 | 云龙工业园区 | 云龙县工业园区投资开发有限责任公司 | 2015 | 0.15 | 0.55 | 78.89 | 委托贷款 | 股权出让、土地出让、产权出让、PPP | 间接融资 |
| | | | 2016 | 0.20 | | | | | |
| | | | 2017 | 0.20 | | | | | |
| 34 | 邓川工业园区 | 洱源县邓川工业园区工业投资开发有限责任公司 | 2015 | 0.75 | 2.60 | 75.07 | 产权融资、项目融资 | 商业银行、股权出让、土地出让、产权出让、PPP | 间接融资、政府扶持、直接融资 |
| | | | 2016 | 0.86 | | | | | |
| | | | 2017 | 0.99 | | | | | |
| 35 | 剑川县工业园区 | 剑川县工业园区投资开发有限责任公司 | 2015 | 0.60 | 1.60 | 0 | 银行贷款、政府扶持 | 商业银行、股权出让、土地出让、产权出让、PPP | 间接融资、直接融资 |
| | | | 2016 | 0.50 | | | | | |
| | | | 2017 | 0.50 | | | | | |
| 36 | 鹤庆兴鹤工业园区 | 鹤庆县工业投资有限公司 | 2015 | 0.20 | 0.80 | 42.18 | 银行贷款、政府扶持 | 商业银行、项目融资、土地出让、股权融资、PPP | 间接融资、政府扶持、直接融资 |
| | | | 2016 | 0.20 | | | | | |
| | | | 2017 | 0.40 | | | | | |
| 37 | 盘龙都市产业园 | 昆明市盘龙区国有资产经营投资集团公司 | 2015 | | 0 | 83.72 | 政府扶持、发行债券 | 发行债券、项目融资、土地出让、资本市场 | 间接融资、直接融资 |
| | | | 2016 | | | | | | |
| | | | 2017 | | | | | | |

| 序号 | 园区名称 | 平台公司 | 资金需求（年份） | 资金需求（亿元） | 需求总量（亿元） | 资产负债率（%） | 近年融资渠道（使用或拟用） | 融资渠道创新 | 融资模式创新 |
|---|---|---|---|---|---|---|---|---|---|
| 38 | 呈贡工业园区 | 昆明春欣开发投资有限公司 | 2015 | | 0 | 97.94 | 银行贷款、发行债券 | 发行债券、项目融资、资本市场、产权市场 | 间接融资、直接融资 |
| | | | 2016 | | | | | | |
| | | | 2017 | | | | | | |
| 39 | 昆明呈贡信息产业园区 | 昆明信息产业开发投资有限公司 | 2015 | 4.20 | 14.55 | 23.33 | 银行贷款、发行债券 | 商业银行、发行债券、资本市场、项目融资、租赁融资 | 直接融资、间接融资 |
| | | | 2016 | 7.42 | | | | | |
| | | | 2017 | 2.93 | | | | | |
| 40 | 东川工业园区 | 昆明市东川区盛鑫工业园区投资有限责任公司 | 2015 | 0.04 | 0.24 | 36.94 | 银行贷款 | 商业银行、政策性融资、项目融资、土地出让 | 直接融资、间接融资 |
| | | | 2016 | 0.10 | | | | | |
| | | | 2017 | 0.10 | | | | | |
| 41 | 富民工业园区 | 富民工业园区国有资产管理有限公司 | 2015 | 1.20 | 3.20 | 86.04 | 银行贷款、政府扶持 | 发行债券、项目融资、股权出让、PPP | 间接融资、政府扶持 |
| | | | 2016 | 1.00 | | | | | |
| | | | 2017 | 1.00 | | | | | |
| 42 | 昆明国家高新技术产业开发区 | 昆明国家高新技术产业开发区国有资产经营有限公司 | 2015 | 10.00 | 33.00 | 55.36 | 银行贷款 | 商业银行、项目融资、资本市场、租赁融资、发行债券 | 间接融资 |
| | | | 2016 | 11.00 | | | | | |
| | | | 2017 | 12.00 | | | | | |
| 43 | 昆明海口工业园区 | 昆明海口工业园区投资有限公司 | 2015 | 8.45 | 10.65 | 62.89 | 银行贷款 | 商业银行、资本市场、发行债券、产权融资 | 直接融资、间接融资 |
| | | | 2016 | 1.30 | | | | | |
| | | | 2017 | 0.90 | | | | | |

续表

| 序号 | 园区名称 | 平台公司 | 资金需求 | | 需求总量（亿元） | 资产负债率（%） | 近年融资渠道（使用或拟用） | 融资渠道创新 | 融资模式创新 |
|---|---|---|---|---|---|---|---|---|---|
| | | | （年份） | （亿元） | | | | | |
| 44 | 晋宁工业园区 | 晋宁工业园区投资开发有限责任公司 | 2015 | 2.00 | 9.00 | 62.47 | 银行贷款 | 商业银行、发行债券、项目融资、股权出让、PPP | 间接融资 |
| | | | 2016 | 3.00 | | | | | |
| | | | 2017 | 4.00 | | | | | |
| 45 | 昆明经济技术开发区 | 昆明经济技术开发区投资开发（集团）有限公司 | 2015 | 10.27 | 30.27 | 40.83 | 银行贷款、信托融资、公司债券融资 | 商业银行、资本市场、项目融资、发行债券、租赁融资 | 直接融资、间接融资 |
| | | | 2016 | 10.00 | | | | | |
| | | | 2017 | 10.00 | | | | | |
| 46 | 禄劝工业园区 | 禄劝园旗投资运营管理有限公司 | 2015 | 1.00 | 3.00 | 0 | 政府扶持、银行贷款 | 商业银行、项目融资、租赁融资、PPP | |
| | | | 2016 | 1.00 | | | | | |
| | | | 2017 | 1.00 | | | | | |
| 47 | 石林生态工业集中区 | 石林工业开发投资有限公司 | 2015 | 8.00 | 27.78 | 894.60 | 银行贷款、融资租赁 | 发行债券、项目融资、股权出让、PPP | 直接融资、间接融资 |
| | | | 2016 | 9.20 | | | | | |
| | | | 2017 | 10.58 | | | | | |
| 48 | 倘甸两区工业园区 | 昆明誉明投资开发有限公司 | 2015 | 1.90 | 6.20 | 52.86 | 项目融资、土地出让 | 商业银行、资本市场、项目融资、PPP | 直接融资、间接融资 |
| | | | 2016 | 2.30 | | | | | |
| | | | 2017 | 2.00 | | | | | |
| 49 | 昆明五华科技产业园区 | 昆明市五华区科技产业园开发投资有限公司 | 2015 | 1.50 | 5.21 | 83.30 | 银行贷款 | 发行债券、资本市场、项目融资、租赁融资、股权出让 | 直接融资、间接融资 |
| | | | 2016 | 1.73 | | | | | |
| | | | 2017 | 1.98 | | | | | |

| 序号 | 园区名称 | 平台公司 | 资金需求（年份） | （亿元） | 需求总量（亿元） | 资产负债率（%） | 近年融资渠道（使用或拟用） | 融资渠道创新 | 融资模式创新 |
|---|---|---|---|---|---|---|---|---|---|
| 50 | 宜良工业园区 | 宜良县兴源工业园区开发有限公司 | 2015 | 2.10 | 5.80 | 97.09 | 银行贷款、土地出让、政府扶持 | 发行债券、资本市场、项目融资、租赁融资、PPP | |
| | | | 2016 | 1.70 | | | | | |
| | | | 2017 | 2.00 | | | | | |
| 51 | 楚雄市苍岭工业园区 | 楚雄苍岭工业开发投资有限责任公司 | 2015 | 2.33 | 8.09 | | 银行贷款、政府扶持、土地出让 | 商业银行、股权出让、产权融资、项目融资、租赁融资 | |
| | | | 2016 | 2.68 | | | | | |
| | | | 2017 | 3.08 | | | | | |
| 52 | 楚雄工业园区 | 楚雄市工业投资有限公司 | 2015 | | 6.00 | 0.78 | 银行贷款、土地出让 | 银行贷款、股权出让、项目融资、租赁融资、PPP | |
| | | | 2016 | 2.00 | | | | | |
| | | | 2017 | 4.00 | | | | | |
| 53 | 大姚县工业园区 | 大姚县工业投资有限公司 | 2015 | 0.10 | 0.30 | 33.62 | 财政拨款、银行贷款、整合林权、土地使用权融资 | 商业银行、政府扶持、产权市场、PPP | 间接融资、政府扶持、直接融资 |
| | | | 2016 | 0.10 | | | | | |
| | | | 2017 | 0.10 | | | | | |
| 54 | 禄丰工业园区 | 禄丰创新开发投资有限公司 | 2015 | 0.30 | 1.80 | 35.18 | 项目融资、定向资产管理 | 商业银行、土地出让、政府扶持、产权市场、PPP | 直接融资、间接融资 |
| | | | 2016 | 0.50 | | | | | |
| | | | 2017 | 1.00 | | | | | |
| 55 | 牟定县工业园区 | 牟定县工业开发投资有限公司 | 2015 | 1.00 | 3.00 | | 银行贷款、招商引资 | 商业银行、产权出让、项目融资、主流融资、PPP | 直接融资、间接融资 |
| | | | 2016 | 1.00 | | | | | |
| | | | 2017 | 1.00 | | | | | |

| 序号 | 园区名称 | 平台公司 | 资金需求（年份） | （亿元） | 需求总量（亿元） | 资产负债率（%） | 近年融资渠道（使用或拟用） | 融资渠道创新 | 融资模式创新 |
|---|---|---|---|---|---|---|---|---|---|
| 56 | 南华工业园区 | 南华县工业投资开发有限责任公司 | 2015 | 2.00 | 9.31 | | 政府扶持、银行贷款 | 商业银行、产权出让、项目融资、租赁融资、PPP | 政府扶持、直接融资、间接融资 |
| | | | 2016 | 3.40 | | | | | |
| | | | 2017 | 3.91 | | | | | |
| 57 | 武定工业园区 | 武定县开发投资有限公司 | 2015 | 3.20 | 5.00 | 93.51 | 县开投公司、县国投公司融资，工程总承包 | 发行债券、产权出让、项目融资、PPP | 政府扶持、直接融资、间接融资 |
| | | | 2016 | 1.00 | | | | | |
| | | | 2017 | 0.80 | | | | | |
| 58 | 永仁县工业园区 | 永仁县工业园区开发建设有限公司 | 2015 | 0.15 | 0.35 | 54.87 | 银行贷款 | 商业银行、产权融资、股权出让、PPP | 间接融资 |
| | | | 2016 | 0.10 | | | | | |
| | | | 2017 | 0.10 | | | | | |
| 59 | 元谋工业园区 | 元谋县开发投资有限公司 | 2015 | 0.60 | 2.33 | 37.09 | 银行贷款 | 商业银行、产权融资、股权出让、土地出让、PPP | 间接融资 |
| | | | 2016 | 0.69 | | | | | |
| | | | 2017 | 1.04 | | | | | |
| 60 | 丽江市金山高新技术产业经济区 | 丽江市金山高新技术投资开发有限公司 | 2015 | 1.00 | 7.45 | 42.25 | 政府税收政策扶持、BT、债券（拟） | 商业银行、发行债券、项目融资、PPP | 直接融资、间接融资 |
| | | | 2016 | 3.00 | | | | | |
| | | | 2017 | 3.45 | | | | | |
| 61 | 华坪县工业园区 | 华坪县经济投资开发有限责任公司 | 2015 | 2.00 | 6.00 | | 银行贷款 | 商业银行、股权出让、产权融资、项目融资、PPP | 直接融资、间接融资、政府扶持 |
| | | | 2016 | 2.00 | | | | | |
| | | | 2017 | 2.00 | | | | | |

| 序号 | 园区名称 | 平台公司 | 资金需求（年份） | 资金需求（亿元） | 需求总量（亿元） | 资产负债率（%） | 近年融资渠道（使用或拟用） | 融资渠道创新 | 融资模式创新 |
|---|---|---|---|---|---|---|---|---|---|
| 62 | 古城国际空港经济区 | 丽江市古城区空港经济区投资开发有限公司 | 2015<br>2016<br>2017 | | 0 | | 银行贷款 | 商业银行、股权出让、项目融资、租赁融资、PPP | 间接融资、直接融资、政府扶持 |
| 63 | 丽江南口工业园区 | 丽江南口工业园投资开发有限公司 | 2015<br>2016<br>2017 | 0.45<br>0.50<br>1.25 | 2.20 | 94.70 | 银行贷款 | 产权融资、股权出让、项目融资、逐利融资、PPP | 产权交易 |
| 64 | 宁蒗工业园区 | 宁蒗彝族自治县工业园区投资开发有限责任公司 | 2015<br>2016<br>2017 | | 0 | | 政府扶持、银行贷款 | 商业银行、股权出让、土地出让、PPP | |
| 65 | 普洱工业园区 | 普洱工业园区建设投资开发有限公司 | 2015<br>2016<br>2017 | 2.00<br>2.40<br>2.80 | 7.20 | 111.10 | 银行贷款 | 产权融资、股权出让、项目融资、租赁融资 | 间接融资 |
| 66 | 普洱工业园区宁洱园 | 宁洱拓鑫投资开发有限公司 | 2015<br>2016<br>2017 | 0.56<br>1.00<br>1.00 | 2.56 | | 银行贷款、土地出让 | 商业银行、产权融资、股权出让、项目融资、PPP | 直接融资、间接融资 |
| 67 | 景谷傣族彝族自治县工业园区 | 景谷傣族彝族自治县工业园区建设投资开发有限公司 | 2015<br>2016<br>2017 | 1.20<br>2.20<br>2.20 | 5.60 | 83.53 | 银行贷款、土地出让 | 产权市场、政府扶持、产权融资、股权出让、租赁融资、PPP | 直接融资、间接融资 |

续表

| 序号 | 园区名称 | 平台公司 | 资金需求（年份） | （亿元） | 需求总量（亿元） | 资产负债率（％） | 近年融资渠道（使用或拟用） | 融资渠道创新 | 融资模式创新 |
|---|---|---|---|---|---|---|---|---|---|
| 68 | 景东工业园区 | 景东工业园区投资开发有限责任公司 | 2015 | 0.10 | 0.80 | | 银行贷款、土地出让 | 土地出让、商业银行、股权出让、产权融资、PPP | 直接融资、间接融资 |
| | | | 2016 | 0.50 | | | | | |
| | | | 2017 | 0.20 | | | | | |
| 69 | 砚山工业园区 | 砚山七乡工业园区投资开发有限责任公司 | 2015 | 2.00 | 9.00 | 92.46 | 银行贷款、土地出让 | 产权市场、股权出让、互联网金融市场、PPP | 直接融资、间接融资 |
| | | | 2016 | 3.00 | | | | | |
| | | | 2017 | 4.00 | | | | | |
| 70 | 丘北县产业园区 | 丘北县华晨投资开发有限责任公司 | 2015 | 0.50 | 2.50 | | 银行贷款、土地出让 | 商业银行、土地出让、股权融资、产权出让、土地出让、PPP | 直接融资、间接融资 |
| | | | 2016 | 1.00 | | | | | |
| | | | 2017 | 1.00 | | | | | |
| 71 | 马关边境经济合作区 | 马关亚邦边境经济投资有限公司 | 2015 | 2.00 | 10.00 | | 政府扶持、银行贷款 | 商业银行、股权融资、产权出让、土地出让、PPP | 直接融资、间接融资 |
| | | | 2016 | 5.00 | | | | | |
| | | | 2017 | 3.00 | | | | | |
| 72 | 临沧工业园区 | 临沧工业园区国有资产投资经营有限公司 | 2015 | 3.00 | 7.00 | 26.22 | 银行贷款、项目融资 | 商业银行、产权市场、项目融资、股权出让、发行债券、PPP | 直接融资、间接融资 |
| | | | 2016 | 2.00 | | | | | |
| | | | 2017 | 2.00 | | | | | |
| 73 | 凤庆县滇红生态产业园区 | 凤庆县滇红生态产业园区投资开发有限责任公司 | 2015 | 0.30 | 0.90 | 45.45 | 银行贷款、土地收储 | 商业银行、股权融资、产权出让、土地出让、PPP | 直接融资、间接融资 |
| | | | 2016 | 0.30 | | | | | |
| | | | 2017 | 0.30 | | | | | |

续表

| 序号 | 园区名称 | 平台公司 | 资金需求 | | 需求总量（亿元） | 资产负债率（%） | 近年融资渠道（使用或拟用） | 融资渠道创新 | 融资模式创新 |
|---|---|---|---|---|---|---|---|---|---|
| | | | （年份） | （亿元） | | | | | |
| 74 | 云县新材料光伏产业园区 | 云县新材料光伏产业投资开发有限公司 | 2015 | 1.00 | 3.00 | 33.65 | 银行贷款、土地出让、政府扶持 | 商业银行、政策性银行、政府扶持、产权出让、PPP | 直接融资、间接融资 |
| | | | 2016 | 1.00 | | | | | |
| | | | 2017 | 1.00 | | | | | |
| 75 | 永德特色工业园区 | 永德县工业投资有限责任公司 | 2015 | 1.08 | 3.63 | 50.70 | 银行贷款 | 商业银行、政策性银行、政府扶持、产权出让、PPP | 间接融资、直接融资 |
| | | | 2016 | 1.15 | | | | | |
| | | | 2017 | 1.40 | | | | | |
| 76 | 会泽县工业园区管委会 | 会泽县聚隆工业投资开发有限公司 | 2015 | 1.71 | 5.05 | 71.43 | 银行贷款、项目融资 | 商业银行、产权出让、股权融资、项目融资、PPP | 直接融资、间接融资 |
| | | | 2016 | 1.74 | | | | | |
| | | | 2017 | 1.60 | | | | | |
| 77 | 宣威工业园区 | 宣威资本管理有限责任公司 | 2015 | 2.00 | 6.00 | | 银行贷款、项目融资 | 商业银行、产权出让、股权融资、土地出让、项目融资、PPP | 间接融资、直接融资 |
| | | | 2016 | 2.00 | | | | | |
| | | | 2017 | 2.00 | | | | | |
| 78 | 师宗县工业园区 | 师宗县天源投资开发有限责任公司 | 2015 | 1.00 | 4.50 | 100.61 | 银行贷款、项目融资 | 产权出让、股权融资、土地出让、项目融资、PPP | 直接融资、间接融资 |
| | | | 2016 | 1.50 | | | | | |
| | | | 2017 | 2.00 | | | | | |
| 79 | 曲靖经济技术开发区经济发展局 | 曲靖经济技术开发区建设投资集团有限公司 | 2015 | 5.00 | 17.36 | 18.42 | 项目融资、银行贷款 | 商业银行、发行债券、土地出让、项目融资、租赁融资 | 直接融资、间接融资 |
| | | | 2016 | 5.75 | | | | | |
| | | | 2017 | 6.61 | | | | | |

| 序号 | 园区名称 | 平台公司 | 资金需求 | | 需求总量（亿元） | 资产负债率（%） | 近年融资渠道（使用或拟用） | 融资渠道创新 | 融资模式创新 |
|---|---|---|---|---|---|---|---|---|---|
| | | | （年份） | （亿元） | | | | | |
| 80 | 曲靖煤化工工业园区 | 沾益县三泰投资开发有限公司 | 2015 | | 0 | 50.63 | 银行贷款 | 商业银行、产权出让、股权融资、土地出让、项目融资、PPP | 直接融资、间接融资 |
| | | | 2016 | | | | | | |
| | | | 2017 | | | | | | |
| 81 | 罗平县工业园区管委会 | 罗平工业园区东恒投资开发有限公司 | 2015 | 2.00 | 5.00 | | 项目融资、银行贷款 | 商业银行、产权出让、股权融资、土地出让、项目融资、PPP | 直接融资、间接融资 |
| | | | 2016 | 1.50 | | | | | |
| | | | 2017 | 1.50 | | | | | |
| 82 | 越州工业园区 | 曲靖市麒麟区工业园区开发投资有限公司 | 2015 | 0.30 | 1.90 | | 发行债券、银行贷款 | 商业银行、发行债券、土地出让、项目融资、租赁融资 | 直接融资、间接融资 |
| | | | 2016 | 0.60 | | | | | |
| | | | 2017 | 1.00 | | | | | |
| 83 | 陆良县工业园区 | 陆良工业园区锦达投资开发有限公司 | 2015 | 0.58 | 1.82 | 25.50 | 银行贷款、土地出让 | 商业银行、产权出让、股权融资、土地出让、项目融资、PPP | 直接融资、间接融资 |
| | | | 2016 | 0.64 | | | | | |
| | | | 2017 | 0.60 | | | | | |
| 84 | 马龙工业园区 | 马龙开发投资公司 | 2015 | | 0 | | 银行贷款 | 土地出让、银行贷款、股权融资、产权出让、PPP | 直接融资、间接融资 |
| | | | 2016 | | | | | | |
| | | | 2017 | | | | | | |
| 85 | 曲靖西城工业园区麻黄片区 | 麒麟区麻黄工业基地投资开发有限公司 | 2015 | 0.10 | 0.70 | 57.22 | 项目融资、银行贷款 | 商业银行、产权出让、股权融资、土地出让、项目融资 | 直接融资、间接融资 |
| | | | 2016 | 0.30 | | | | | |
| | | | 2017 | 0.30 | | | | | |

续表

| 序号 | 园区名称 | 平台公司 | 资金需求 | | 需求总量（亿元） | 资产负债率（%） | 近年融资渠道（使用或拟用） | 融资渠道创新 | 融资模式创新 |
|---|---|---|---|---|---|---|---|---|---|
| | | | （年份） | （亿元） | | | | | |
| 86 | 石屏豆制品特色产业园 | 石屏精晶豆制品投资开发有限责任公司 | 2015 | | 0 | 3.82 | 政策扶持、银行贷款 | 商业银行、产权出让、股权融资、土地出让、政府扶持、PPP | 直接融资、间接融资、政府扶持 |
| | | | 2016 | | | | | | |
| | | | 2017 | | | | | | |
| 87 | 建水县工业园区 | 建水县工业园区投资开发有限公司 | 2015 | 0.50 | 1.50 | 84.77 | 项目融资 | 产权出让、股权融资、土地出让、项目融资、PPP | 间接融资 |
| | | | 2016 | 0.50 | | | | | |
| | | | 2017 | 0.50 | | | | | |
| 88 | 个旧市特色工业园区 | 个旧市开发投资有限责任公司 | 2015 | | 0 | 36.09 | 银行贷款 | 商业银行、产权出让、股权融资、政府扶持、PPP | 间接融资、政府扶持 |
| | | | 2016 | | | | | | |
| | | | 2017 | | | | | | |
| 89 | 个旧市特色工业园区 | 个旧中小企业信用担保有限责任公司 | 2015 | | 0 | 7.14 | 银行贷款 | 商业银行、产权出让、股权融资、土地出让、PPP | 间接融资、政府扶持 |
| | | | 2016 | | | | | | |
| | | | 2017 | | | | | | |
| 90 | 弥勒工业园区 | 弥勒工业园区投资开发有限公司 | 2015 | 1.00 | 5.00 | 68.73 | 银行贷款、项目融资 | 商业银行、产权出让、股权融资、土地出让、PPP | 间接融资、直接融资 |
| | | | 2016 | 2.00 | | | | | |
| | | | 2017 | 2.00 | | | | | |
| 91 | 泸西工业园区 | 泸西工业园区投资开发有限责任公司 | 2015 | 0.60 | 1.30 | 51.52 | 项目融资 | 商业银行、产权出让、股权融资、土地出让、项目融资、PPP | 直接融资、间接融资、政府扶持 |
| | | | 2016 | 0.40 | | | | | |
| | | | 2017 | 0.30 | | | | | |

| 序号 | 园区名称 | 平台公司 | 资金需求 | | 需求总量（亿元） | 资产负债率（％） | 近年融资渠道（使用或拟用） | 融资渠道创新 | 融资模式创新 |
|---|---|---|---|---|---|---|---|---|---|
| | | | （年份） | （亿元） | | | | | |
| 92 | 红河工业园区 | 红河州红元投资建设开发有限责任公司 | 2015 | 10.00 | 34.73 | 54.55 | 银行贷款、发行债券 | 商业银行、发行债券、土地出让、项目融资 | 直接融资、间接融资 |
| | | | 2016 | 11.50 | | | | | |
| | | | 2017 | 13.23 | | | | | |
| | | 所有园区合计数 | 2015 | 167.45 | 559.92 | 64.98 | 注：资产负债率合计数为各园区资产负债率的平均值 | | |
| | | | 2016 | 185.55 | | | | | |
| | | | 2017 | 206.92 | | | | | |

# 第三章　云南工业园区融资体系建设的总体原则和对策措施

建设丝绸之路经济带、21 世纪海上丝绸之路是我国现阶段的重大战略构想。地处古代南方丝绸之路要道的云南，拥有面向"三亚"（东南亚、南亚、西亚）和肩挑"两洋"（太平洋、印度洋）的独特区位优势，是"一带一路"建设中的重要省份。云南省委、省政府抓住机遇，迅速部署，提出云南作为"一带一路"建设中连接交汇的战略支点，要认真贯彻国家战略构想，依托区位优势，积极承接东部地区清洁载能产业、原材料深加工产业、先进装备制造业和节能环保新兴产业转移，加强能源基地建设，促进矿电结合，把云南建成"一带一路"中面向东南亚和印度洋沿岸国家的外向型产业基地和进出口商品生产加工基地。为此，云南省制定了实施服务业发展三年行动计划和新一轮建设创新型云南行动计划，努力打好园区经济战役，加快产业聚集区建设，促进一批工业园区转型升级。

实现省委、省政府提出的园区发展战略，关键在于园区建设投入，特别是投入资金来源的筹措。没有资金投入保障，就难以为园区配置有效的生产要素，难以满足园区基础设施供给及其环境需求，难以实现省委、省政府提出融入"一带一路"发展战略的构想。因此，课题组仅就云南省工业园区融资体系建设提出对策措施建议。

## 一、云南工业园区融资体系建设的总体原则

云南工业园区融资体系建设的总体原则依赖云南省工业园区融资体系建

设的基本方法和基本要求，遵循这些方法和要求是构建云南省工业园区融资体系建设的根本保障。因此，云南省工业园区融资体系构建，须坚持以下总体原则：

## （一）政府导向原则

基于园区对地方经济的重要作用，园区建设须依托政府对规划入园、平台入园、资本入园、项目入园、信用入园、政策入园、人才入园等方面的导向作用，确保园区融资支撑体系构建。

## （二）政策导向原则

基于园区发展目标规划的作用，园区须依托政策对园区功能定位、激励创新、规范竞争、要素配置、环境建设、生产集群集聚等方面的导向功能，确保园区融资环境体系构建。

## （三）项目导向原则

基于园区区位商构建的作用，园区须促进项目对龙头企业、关键设施、重大招商、供应链节点、核心技术、创新技术等方面的导向功能，确保园区融资需求体系的构建。

## （四）产业导向原则

基于园区建设功能定位的作用，园区须符合产业对要素配置、资源配置、区域配置、功能配置、结构调整等方面的导向功能，确保园区融资供给体系的构建。

### （五）市场导向原则

基于园区产出效用的作用，园区须构建市场对公平公正、互利互惠、要素配置、服务方式、价格选择、竞争机制等方面的导向功能，确保园区融资市场化、社会化体系的构建。

### （六）金融导向原则

基于园区信用保障的作用，园区须搭建金融对资金供求、资金渠道、模式创新、信用体系、风险控制等方面的导向功能，确保园区融资渠道体系的构建。

### （七）平台公司导向原则

基于园区资源统筹和集聚作用，加快园区融资平台的转型与升级改造，创新平台公司的功能及其运营模式，提高集聚资源和园区增量资本产出的能力，夯实平台公司实力，确保园区融资渠道畅通。

## 二、云南工业园区融资体系建设的具体对策措施

在总体原则的指导下，结合国内成功经验和云南省实际，云南省工业园区融资体系建设的对策措施是：

### （一）强化云南工业园区产业功能定位和项目规划

云南省工业园区已形成拉动地方经济的主要动力，对全省工业集聚的能力越来越强。然而，由于同质化、园区项目重复率高，使得全省工业园区功

能定位不明显、专业化和特色化不强、区位商不突出、资源配给分散、园区产出能力弱、金融支持效率低等问题明显。同时，由于受行政区划和地理环境的影响，部分县市园区空间距离较近，这样不仅造成土地资源的浪费，也造成成本趋高、竞争加剧现象。因此，完善云南省工业园区融资体系建设，首要的任务是对云南省工业园区产业功能定位和项目规划，没有明确的功能定位，没有可行的目标规划，金融资源不会相聚，园区融资能力提升也难以实现。强化云南工业园区产业功能定位和项目规划的对策措施是：

1. 整合与确定园区功能，完善园区目标规划

开展全省工业园区的普查，按照工业集中、产业集聚、土地集约的目标，对各地产业不配套、规模小、层次低、特色和功能不突出的园区进行整合调整，实现规模化、现代化、特色化、集聚化的产业园区目标功能定位规划。建议重新梳理全省优势特色产业类型，根据交通或区位进一步调整产业布局，通过园区集中或集群优势特色产业，如依托丘北辣椒生产优势构建云南省食品香料工业园区，依托昭通天麻生产优势构建云南中药材工业园区，依托红河农产品生产优势构建云南农产品生产加工园区等。

2. 构建园区融资目标与产业发展的对接机制

借鉴国内外关于园区建设的成果经验，结合本地实际，构建园区融资目标发展总体框架，改变目前"政府出钱建、政府部门管"建设模式，转变"单一投资、分头建设、多头管理、低效重复"的运营体制，按照片区优势特色资源产业布局，根据工业园区产业发展定位，确立园区融资目标规划，做到融资决策科学化、融资主体多元化、融资渠道多元化、融资对接产业发展、项目对接法人治理，通过金融资源配置推动园区产业集中集聚。

3. 完善园区项目分类与融资主体的职能责任

强化园区基础设施、公用设施、经营设施项目分类，构建非营利项目、营利项目、营利与非营利交叉项目的"项目池"，分类进行投融资管理。明确园区各类平台公司对项目的投资主体和运营管理主体责任，按照"谁投资、谁管理、谁收益"的原则，设定园区平台公司对园区融资的主体职能和责任，推进园区投融资体系的改革和创新。

4. 建立项目入园评价机制

根据园区功能定位，建立全省项目招商引资和投资项目落地评价机制，

建立由各类金融机构参与的园区项目布局与落地效能评价制度，提高项目集聚、产业集聚与金融集聚的能力，实现金融扶持体系与产业发展体系相容的园区融资体系，促进工业园区建设的可持续发展。

5. 构建园区产业发展协调机制

建立全省园区发展协调机制，实行土地指标差异、融资政策差异供给，对产业集中、集聚明显的园区给予土地指标、融资政策供给扶持，反之限制供给。建立区位商产业导向基金，对功能明显、特色突出、实力较强的园区，建立各类产业发展基金，集中金融资源，鼓励大企业和龙头企业依托园区扩大内部化，完善供应链，形成区位商，引导关联产业集聚。

6. 创建"飞地园区模式"

打破区域界线，引导园区外政府招商引资项目进入园区发展，产值等各项经济指标按照比例由引资方政府统计，税收引资项目产出按比例进行分成，打破地域和交通约束，打破各地割据发展的模式，化解资源环境与发展的矛盾，充分调动各方积极性。

## （二）构建云南工业园区金融政策支持体系

根据云南省实际，充分利用好国家产业结构调整和云南省延边金融试点政策，构建金融政策对全省工业园区的特色支持，是云南省工业园区融资体系建设的关键。目前，地方融资平台和地方举债受到宏观政策的极大限制，使得园区融资难度加剧，但是，一些产业扶持政策和金融创新政策对云南省工业园区产业发展十分有利，尤其是延边开放、桥头堡战略、"一带一路"、南亚经济走廊、产业扶贫等政策对云南省园区探索金融创新有重要意义。因此，云南省工业园区建设可借助延边开放的区位优势，着力打造园区金融创新体系，积极探索金融扶持园区发展的创新模式。构建云南省工业园区金融政策支持体系对策措施是：

1. 完善园区金融支持政策

梳理省内现有对园区扶持的金融政策，着重完善金融入园区、金融入产业、金融入项目的政策体系建设；探索金融对接园区特色产业、园区对接

"延边金融试点"、政策对接园区民间金融、园区产业基金等政策支持体系；完善土地金融杠杆作用及其收储政策、园区财税与金融对接政策、金融导向的招商引资政策、金融支持产业转移承接政策等，通过优化金融支持政策，构建工业园区稳固的融资体系。

2. 构建园区融资政策"正面清单"机制

"正面清单"即"列入即禁止"制度，明确园区融资政策的边界，鼓励民间金融机构和社会资本参与园区融资平台建设，探索混合制融资平台、产业基金、基础设施建设基金模式，探索园区融资技术、模式、渠道、环境的创新。

3. 完善园区融资政策支撑体系建设

探索和完善园区资产管理支撑政策构建，强化"所有权与经营权相分离"、"建设与管理相分离"的原则，构建设施项目竞争性投融资管理机制。对生产性设施、租赁设备、项目融资等落实加速折旧政策、回收补偿政策，对园区基础设施、公共设施投资项目落实税收减免、财政补贴等政策，对融资创新项目建立财政导向的风险资金扶持政策，对金融机构进驻园区给予与其他企业相同待遇的支持，对民间资本和创业资本进入园区给予贴息、担保、补助等扶持政策等。

4. 完善园区融资平台建设支持政策

把握国发 43 号文件精神，运用过渡期机遇逐步推行园区融资平台公司转型，完善园区财政对平台公司的扶持政策，在一定期限内通过财政补贴、税收减免、以土地及资产置换投资等方式给予平台公司过渡期的扶持，规范国有融资平台公司资本金预算管理、拨付和使用，强化园区土地集中储备及其收入分配政策的实施。

5. 构建园区融资创新政策支持体系

完善园区做强做大的政策支撑，加大地方财政对园区的政策支持力度，加大园区金融人才队伍建设的政策支持力度，加大园区基础设施建设和技术升级改造的政策支持力度，构建园区风险资本退出支持政策，建立园区与二板、三板、股权交易等资本市场的闭合金融监管政策保障机制，加大园区企业参与各类资本市场融资的政策支持。

## （三）发挥各类金融机构支持园区建设的创新功能

从云南省工业园区融资模式和渠道看，园区融资的主要模式、主要渠道还是以银行为主导的间接融资方式。由于园区及其企业规模不大，技术装备和技术创新不高，持续发展能力不强，相当长的时期内银行融资仍然是云南省园区融资的主要渠道，重视各类金融机构，特别是银行机构对园区融资的支持作用十分重要，因此，对云南省发挥各类金融机构支持园区发展的创新功能的对策措施是：

1. 鼓励金融机构入驻园区

在有条件的、规模实力较大的工业园区规划设立金融创新、创意实验区，鼓励各类金融机构进驻园区，完善金融园区金融基础设施的供给，构建资金池、资产池、项目池，为金融机构提供优质的企业或项目，积极参与金融机构对园区的企业、项目的识别和融资策划，提高园区企业和项目的自我包装能力。支持银行入园、入企对接合作，构建园区与金融机构的业务联席互动对接机制，在产业规划、项目布局、投资评估、投资决策等方面，邀请金融机构参与，形成协同、合作、互利、稳定的园区金融观测窗口。

2. 鼓励保险资金入园、入企对接合作

设立规范运作的保险基金运作平台公司，储备具有现金流的基础设施项目、选择符合保险资金标的的园区基础设施项目、商业不动产设施项目，主动提供与保险机构对接合作的机制，争取保险基金转换为开发建设基金，努力拓宽园区融资渠道。

3. 探索信托资金与工程承包商入园对接合作机制

与国内外信托基金机构对接，尝试一园一信托、一园一承包商的工程建设模式，通过信托资金主导，工程承包商承建，园区土地或项目整合打包开发模式，吸引信托资金积极参与园区建设，扩大园区融资渠道。

4. 支持金融机构创新园区融资模式

依托园区企业进行融资模式、融资技术创新，特别是在基础设施与公共设施建设、物联网与供应链建设、信息化与产业技术升级建设等方面，帮助园区及其企业开展多渠道、多模式的融资创新。

5. 加强园区融资绩效评估与监测

发挥金融机构对园区及其企业的财务指导、项目设计、融资包装、融资监管等方面的指导，充分发挥各类金融机构对园区及其企业在信贷市场、资本市场、产权市场、外汇市场、期货市场、现货市场等全方位的绩效评估与风险监测。

6. 构建园区现代金融服务体系

鼓励园区探索构建现代金融服务体制，特别是互联网金融体系，探索建立园区及其企业的第三方支付平台，搭建园区内部供应链金融及其集群融资的融资供给和风险监管，借助金融机构的辅导规范园区企业运营管理，提升园区企业自我管理能力。

7. 按园区项目特色、功能、成熟度及其建设阶段对接金融机构

各园区对所建项目进行排队梳理，根据项目建设特点、功能、建设程度和阶段等进行银行融资技术模式对接，对于有条件和实力的园区采取主力银行与协助银行的对接方式，对于实力不强的园区采取主导银行对接方式，协同银行金融机构完善项目包装，寻求银行等金融机构的指导服务。

8. 创建云南省工业园区发展基金

由云南省工信委牵头，组合在滇银行、保险、其他金融机构和有实力的园区共同创设云南产业园区共同基金。省政府积极与全国性银行、保险、证券及其信托机构开展合作，省工信委积极推进园区与银行等金融机构合作，采取直投等形式组建园区产业建设基金。

## （四）创新园区内部财税保障体系和管理服务体系

园区财税保障体系是园区建设的重要融资载体，是实现政府资金投资园区建设的管理控制部门。园区缺乏自我造血、自我生存发展的功能，缺乏完善、便利、透明的管理服务体系，不仅难以招商引资，园区吸引金融支持的基础和条件也不存在。结合省内外成功经验，园区自身实力是园区融资体系建设的根本，加强园区内部管理，提高服务质量是加强园区融资能力建设的

保障。因此，对云南省创新园区内部财税体系和管理服务体系的对策措施是：

1. 发挥园区财政融资的主渠道作用

加强园区政府财政派出机构的建设，增强园区财政事权能力，按照现代企业制度改造和组建国有控股投融资平台公司，行使财政对园区的投融资职能。加强园区在建项目和企业财务管理与服务，创新工作机制，提高财政资金和国有资产的抵押、担保能力，规范园区财务收支管理，增强园区财政对融资平台建设和融资服务的能力。

2. 拓宽园区财政融资渠道

加强园区财政资金筹措能力和管理，积极争取国家和上级政府专项扶持资金，争取境外发展资金，为园区环境改造、公益设施、技术装备改造、产业升级换代等提供更多支持。积极拓宽培育园区财源渠道，壮大园区财政实力，确保园区财政资金正常运转，支持园区项目建设。

3. 完善园区投融资便利化服务

完善园区投资便利化服务体系建设，构建园区综合服务中心，实现工商、税务、金融、公安、海关、检疫等综合部门的"一口受理"服务的"绿色通道"；全面实现园区投资备案管理机制，加大注册资金"认缴制"的落实，试行"先照后证"管理模式，努力构建园区产业建设，扩大园区企业集群集聚规模，提高园区管理的透明度和服务的便利化。

4. 全面推行"负面清单"制度

全面推行招商引资的"负面清单"制度，"不列入即开放"，按照园区功能设定鼓励企业入驻园区，加大园区招商引资力度，积极吸引有实力的大项目落地园区，营造园区资本集聚环境，提高园区创业融资能力。

5. 加强园区信息化基础建设

加强园区信息基础工作的建设，完善信息采掘、供给、变更管理机制，提高信息真实性和透明度，增强园区融资信息的可获得性。

## （五）改进园区土地集中收储与交易平台公司建设转型创新

国发 43 号文提出，建立规范的地方政府举债融资机制，建立"借、用、还"相统一的地方政府性债务管理机制，对之前粗放型的政府债务扩张进行约束。面对国家政策调整，云南省园区建设必须逐步调整以土地为主要融资对象的模式，加快融资平台公司的转型。改进园区土地集中收储与融资平台公司转型的对策措施是：

1. 继续强化园区内土地集中收储和收益平衡调剂机制

继续完善园区土地集中收储，强化园区土地增值出让，建立和完善园区土地出让与交易平台，构建园区国有资本为主导、市场化运作、法人经营管理、企业和社会参与的土地交易机制，加强园区土地资源的科学规划，计划储备、深度开发、按需供给、增值出让、提高土地资产的管理水平和效率。完善土地收益分配的综合平衡调剂机制，保障土地出让分配留存以及土地未来收益回补园区基础设施建设，加强土地出让资金纳入园区财政统筹安排，加强园区土地出让资金的专项管理，提高土地出让资金的使用效率。

2. 探索土地资产基金化融资创新和多元化发展机制

园区可通过土地增值建立园区基础设施发展基金。园区融资平台公司分类进行战略转型，随着园区的发展，一方面继续从事基础设施建设和土地一级开发业务；另一方面积极投资实体产业，进行多元化发展。云南省大多数园区融资平台公司依然围绕土地进行一级二级联动开发，条件成熟的园区，可凭借园区独特的资源、机遇，大胆进行投资多元化的拓展，通过土地增值出让、租赁等与园区有效资产、政府投入等组建园区基础设施投资基金。探索向产业投资、资产管理、金融控股、园区运营、园区旅游等多元化业务转型，不断发展壮大平台经营性业务板块，增强平台自我造血能力，形成新的利润增长点，通过经营收益反哺公益性项目，减轻地方政府的财政压力。

3. 创建园区土地供给与项目发展协同机制

建立园区"土地池"与"项目池"协同储备机制，通过土地配置实现项目与土地的配套组合，完善土地交易与项目招商的市场化运作，广泛吸引社会投资进入园区，通过土地配置、土地置换、投资补贴和补偿，给予基础设施投资、公益性投资、创业投资、高新技术投资项目合理的收益保障。

4. 创建园区土地、资源特许经营机制

建立园区土地资产、项目资源的特许经营机制。通过园区的无形资产和项目未来收益，加大项目融资规模，建立土地资源、项目资源的特许经营的收益补偿机制。通过土地导向对 BOT、BT 等项目融资模式给予合理的利益回报或置换补偿，合理确定特许期限，广泛吸引外来投资者，最大限度吸引金融资本、社会资本参与园区基础设施建设。

5. 盘活园区无形资产

充分利用园区无形资产，提高园区土地综合融资能力。将分散的优质资产、资源，如户外广告标牌经营权、公交线路经营权、加油站、市政设施冠名权等特许经营权统一到投融资平台上，进行有偿转让，规范实施"招、拍、挂"市场化运作，增强园区无形资产的筹措效用。

6. 加强土地交易平台建设和转型创新

园区土地交易平台公司应坚持以基础设施建设为核心，向多元化、区域化方向发展，进一步夯实业务能力。国家级园区应推动土地交易平台公司转型，实现实体化、跨区域化、多元化、市场化和规范化转变，参与市场化竞争。省级工业园区重视园区土地交易平台的建设，明确交易平台的职能作用，提升土地经营管理能力，提高土地作为招商引资运用水平，探索土地交易平台的运营机制。鼓励园区有实力的企业参与土地的收储和开发，理顺园区土地交易平台与园区各类融资平台的职能，探索土地资产基金化运作的融资渠道建设。

## （六）注重园区金融人才培养与融资团队建设

园区金融人才是园区人力资源的重要组成部分，高素质的园区金融人才是园区融资体系建设的重要保证，而高水平的融资团队建设是园区融资能力实现的基础条件。课题组的调研发现，云南省园区人员结构和知识能力结构远不能满足园区融资体系构建的要求，特别是园区金融人才、融资团队建设难以满足园区建设发展需要。因此，重视云南省园区金融人才培养，重视园区融资团队建设，关系到园区融资体系建设和园区可持续发展的战略实现。云南省园区金融人才培养与融资团队建设的对策措施是：

1. 完善园区人力资源战略目标，加强园区金融人才需求规划

确定园区金融人才在园区财政、土地收储、融资平台、招商引资等机构

中的配置，完善园区金融人才的聘任考核及其激励机制，借助金融机构、大专院校、培训机构等委托培养金融人才。

2. 加强园区融资团队建设

实施项目制团队管理，结合融资平台、融资渠道、融资模式、融资技术构建，完善融资规划、实施计划，完善团队融资目标及薪酬绩效机制设计，营造园区金融人才、融资团队良好的创新环境和创业氛围。

3. 构建园区人力资源管理与服务体系

增强园区金融人才、融资团队的事业心、责任感，激发园区金融人才和融资团队活力。建立以融资绩效为中心的奖惩机制，构建金融人才、融资团队的成就感；建立团队文化和服务导向的保障机制，构建金融人才、融资团队的安全感；建立以人为本的人性化管理机制，构建金融人才、融资团队的认同感；建立规范化人才资源的契约化、社会化选聘机制，构建金融人才、融资团队的竞争感；建立人才资源职业生涯管理机制，构建金融人才、融资团队的归属感。

4. 探索园区融资业务协同机制

构建与"政府—院校—金融机构—园区及企业"为联盟的金融人才、融资团队协作平台。通过园区规划、招商引资、项目合作、技术转让、产品开发、市场扩张、金融保障、人才交流、政策指导等形式，形成园区整体金融链，通过融资业务创新，提升人才载体与业务集聚的辐射能力，强化园区融资体系环境建设。

## （七）推行园区"6"个"1"融资工程建设

云南省 141 个工业园区融资模式各有特色，没有统一融资模式，但普遍存在渠道少、模式单一、不规范、信用低的情况。如何取信于金融机构、取信于社会，获得更多的金融资源成为园区融资成败与否的关键。因此，总结成功经验，结合云南省实际，选择科学、规范的融资模式对云南省园区融资体系建设极其重要。课题组认为，园区实施"6"个"1"融资工程建设十分必要，从融资模式、融资渠道、融资方法与技术等方面进行规范是云南省园区融资体系建设的有效途径。推行园区"6"个"1"融资工程建设的对策措施是：

1. 构建"一个"园区内部融资平台公司

园区内部融资平台建设的重点：一是加强产业引导和园区国有资产管理，即按照地方政府产业布局要求，积极引导园区投资的方向，按照采用规划履行投融资导向职能，在园区基础设施、公共设施建设等方面发挥作用。二是加强园区基础设施资产运营管理，即运用市场手段，对包括园区基础设施、公共设施、园区资源性资产（主要是土地）和无形资产（如广场、道路冠名权）等开展多种形式的经营管理活动，以提供公共产品或公共服务为目标，发挥融资平台公司公共产品提供者和公共服务提供者的作用。三是提供园区金融服务，开辟资金渠道、完善土地收储、招商引资、项目储备、融资创新、融资风险控制、信用支持等。四是着力打造园区金融板块，通过参股银行等金融机构，参与发行现债券、小额贷款、金融租赁、产业投资基金、担保公司等多种金融业态，实现园区融资平台公司的经济增长极。

2. 扶持"一群"特色鲜明、供应链较长的企业

按照"企业集中、资本聚集、产业集群、土地集约"的要求，结合省政府提出重点打造昆明经开区、昆明高新区、曲靖经开区、杨林经开区、蒙自经开区、祥云工业园等30个工业园区，为全省工业园区建设树立标杆，带动全省工业园区提档升级；发挥园区产业集聚特色，努力推进产业转型升级、构建优势特色产业基地、发展创新、创意示范园区建设，通过园区龙头企业带动作用，做大做强特色鲜明、供应链较长的企业群，为园区融资体系建设提供坚实基础。

3. 整合"一批"园区内部资产资源实现土地收储集中化

以园区融资平台公司为载体，加强整合园区土地资源，完善土地划拨、收回、收购、征用的规范管理，实现土地集中收储和市场化运作。建立和完善园区土地收益分配的综合平衡调节机制，落实土地出让上缴留存使用政策，确保园区平台公司通过土地收储出让获得开发资金。

4. 加强"一串"园区内部项目建设，完善项目包装和融资能力建设

构建园区融资"项目池"，对进入融资"项目池"的企业给予治理辅导、

创新指导、优先融资扶持。完善园区企业内部的法人治理结构，构建激励相容约束机制，不断提升企业发展的内生动力。按照金融机构债务资金的封闭式运作模式，强化园区闭合体系建设，强化园区融资的监督审计，提高融资项目风险管理水平，形成融资项目的内部"防火墙"管理机制。依靠金融机构指导，按照规划要求，加强对贷款项目、抵押担保项目、基金项目、企业上市等前期包装指导，实现融资项目与融资规则的对接。加强园区及其企业的包装宣传，突出特色产业、优势产业的整体营销策划，加强知识产权与品牌保护意识。

5. 编制"一套"符合金融机构要求的融资方案

按照园区发展规划和融资需要，在园区财政部门、融资平台、融资机构等指导下，合理设计融资渠道、融资方案。根据银行信贷融资要求，设计好授信额度与贷款规模、贷款周期与偿还方式、信贷价格与银行比较、增值服务与财务管理的融资方案；根据抵押担保融资要求，设计好抵押、担保物权、时间、成本、监管控制的融资方案；根据上市融资要求，设计好股权结构、上市渠道、上市成本、融资规模以及上市辅导及其流程运作等融资方案；根据基金融资要求，设计好基金类别、用途、规模、退出机制、风险控制、效益承兑等融资方案；根据债券融资要求，设计好发行时间、发行价格、发行对象、发行规模、偿还方式等融资方案；根据租赁融资要求，完善租赁物标的、租赁价格、租赁周期、租赁方式、租金支付等租赁融资方案；根据项目融资要求，设计好项目价值评价、特许经营权、建设质量标准、收费价格、运营周期、移交回收等方案；根据票据融资要求，设计好贴息、贴现等成本收益的融资方案。

6. 紧密联系"一批"金融机构协同构建的稳定融资方式

通过对接金融机构的业务链，加强新型银园、银企合作关系建设，争取扩大信用额度，建立独立自主、平等互利、相互选择、互利互惠、规范经营、融合生长的合作关系；加强金融机构与园区的合作机制建设，通过园区信贷分析咨询会、项目对接会、重点项目推介会、园区发展战略规划会等形式，邀请金融机构与企业接触、交流、沟通，建立稳定的金融机构与园区及其企业的长期合作机制；吸引金融机构入驻园区，利用园区金融机构的平台优势，完善直接融资、间接融资、项目融资、产业基金融资的项目准备和基础性工作；不断健全完善信用体系、担保体系建设，积极推进租赁融资、项目融资、票据融资等模式的开展；规范园区非银行机构的经营行为，促进产业资本与金融资本联姻，吸引国内外知名投资机构直接投资园区基础设施建设或其他建设；扩大融资渠道，以产业为基础，以金融为核心，多功能、全方位推进园区融资体系建设。

## （八）探索园区各类融资模式创新

探索各类融资模式创新是园区融资体系建设的基本要求。课题组调研发现云南省园区融资模式主要集中于依赖银行的间接融资和项目融资，而直接融资方式所占比重较小，融资模式创新受到的制约因素大，从中可以看到云南省园区融资模式与融资能力相关、融资能力与园区建设发展规模相关。鉴于此，结合云南省实际，积极探索园区各类融资模式创新是加快云南省园区建设的一项重要工作，课题组的对策措施是：

1. 利用传统融资平台，稳定融资渠道，完善融资模式

一是对营利性项目加强商业银行信贷资金的支持，争取各商业银行扩大对园区及其企业的授信额度；二是对非营利项目加大政策性银行和政府资金的支持力度，建立政策性金融支持的顾问制度，扩大园区基础设施贷款规模；三是对环保、社区服务等项目寻求利用国外政府或国际银行贷款，特别是无息、低息贷款渠道和规模；四是对增值潜力较大的项目加强上市包装、股权出让、发行债券等融资；五是对基础设施项目加大 BOT、BT、项目置换、土地置换等项目融资方式；六是对大型固定资产设施项目加大出租、抵押、经营权转让等设施融资模式；七是园区财政部门和融资平台与各类银行、非银行金融机构、证券金融机构以及大型企业财务公司建立稳定的联系机制，共同探索园区传统融资模式的创新。

2. 创新园区融资模式，拓宽融资渠道，鼓励社会资本参与园区建设

逐步推进园区融资平台转型，集中园区有效资产和项目未来收益，构建金融与投资一体化的资产管理公司，增强融资平台的杠杆能力；通过特许经

营，整合设施项目，完善 BOT、BT 等项目融资的组合模式，扩展项目融资的功能作用；通过创设产业基金、创业基金、风险基金、保险转换基金等，拓宽园区基础设施建设和园区企业融资渠道；通过区域统筹，对不同级别园区给予中长期企业债券、基础设施建设债券、公募融资指标倾斜，拓宽资本市场融资渠道；通过广泛吸纳各类社会资本、民间资本、私营资本，构建 PPP 建设模式，实施产权、股权置换，拓宽园区融资渠道；通过探索资产证券化、银行保理、金融租赁、互联网金融、供应链融资等拓宽园区融资渠道；通过建立银政、银园合作机制，结合传统融资模式构建园区全方位、立体式的融资体系。

3. 拓展园区平台公司的功能作用，建立融资模式创新机构

一是鼓励园区设立共同基金、创业创新投资基金、信托投资基金、信用担保公司、金融服务公司等，拓展融资平台的功能作用；二是通过产业资本引导金融资本，探索建立园区金融服务机构，吸引金融资本共同组建金融公司，创新园区金融服务模式；三是通过政府资本引导私人资本，探索园区政府公共项目与私人资本合作的 PPP（政府与私人组织之间，为了合作建设城市基础设施项目，或是为了提供某种公共物品和服务，以特许权协议为基础，彼此之间形成一种伙伴式的合作关系，并通过签署合同来明确双方的权利和义务，以确保项目资金筹措，完成项目建设的目的）投融资创新模式；四是通过盘活园区存量资本驱动增量资本，探索推动各种园区基础设施、公共设施、厂房、商用住宅、商业房产等融资证券化创新模式；五是通过民间资本嫁接国际资本，鼓励民营企业创新业务模式，支持"走出去"与"引进来"，扩展嫁接国际资本的融资创新模式；六是通过创新驱动促进园区金融创新，利用园区土地、园区优质资产、企业集群、供应链、互联网等资源，探索新型金融服务关系，创新新型融资模式。

4. 完善园区金融服务体系建设，提高融资效率

一是建设完善的金融扶持政策，鼓励园区探索金融服务业务创新，支持工商、税务、银行、银监等部门为园区开展各类融资服务进行注册登记；二是创建园区产权交易系统，通过股权资本吸纳公众资本，鼓励企业通过股权转让、并购等方式实现产权的直接融资；三是建立科技成果产业化的直接融

资服务机制，落实科技创新的政策扶持；四是加强对创业创新企业的上市指导和服务，支持企业发行企业债券，帮助高新技术中小企业争取"国家中小企业创新基金"的援助，促进科技成果的产业化。

5. 创新园区闭合式融资管理模式，提高园区抵抗金融风险的能力

创设园区资本运营机构，由资本运营机构对园区内部项目或企业的沉淀资金进行闭合式运营管理；由园区、所在地政府、金融机构、企业共同出资设立园区资金池，推进资金池与项目池对接，扩大资金与资产的杠杆效用；构建园区内部项目或企业的互联互保机制，完善金融机构参与的融资评价和风险纠正机制，提升园区整体融资创新与抵抗金融风险的能力。

## （九）完善园区治理结构，不断提升运营管理能力

治理结构是园区现代管理的组织框架及行为规范，是园区科学发展的条件，是增强园区融资能力和融资体系建设的重要保障。课题组调研发现，没有科学规范的治理结构，缺乏科学规范的管理机制，金融资本就不会进入园区，就不会与产业资本融合，园区融资体系建设就难以实现。构建园区融资体系首先必须完善园区治理结构，形成科学、规范、高效的现代管理体系，提高园区及其企业的管理能力。课题组认为，完善云南省园区治理结构，不断提升园区管理能力的对策措施是：

1. 按照分级管理、责权统一的原则，理顺工业园区现行管理体制

强化政府园区建设主体责任，探索园区层级管理体制创新；各级政府向园区管委会下放园区规划、土地收储、工商登记、审批权限、招商引资、财政、人事、行政等权力，建立相对独立的运行机制；理顺投融资平台和园区开发公司管理体制，同级投融资平台由同级政府授权园区直接组建和管理，园区开发公司由园区管委会自主设立并行使出资人权利；加强园区开发与融资公司的职能设计，园区开发公司对园区实施综合开发和经营行使管理权力，融资平台对园区土地收储、融资规划、渠道设计、融资渠道、融资模式等行使管理权力。

2. 促进园区产权主体多元化，提高园区管理水平

按照现代企业制度的基本要求，完善园区治理结构，推动有条件园区通

过股权交易、出让、并购等方式开放股权，建立科学规范的治理结构和管理体制。增强园区战略管理意识、社会责任意识、节能环保意识、可持续发展意识，不断提高质量管理、品牌管理、安全管理、营销管理，财务管理、投融资管理能力，通过园区治理结构调整加快推进园区现代企业制度建设。

3. 完善决策机制，提高决策能力

构建完整的责任体系，形成权力机构、决策机构、执行机构和监督机构有效制衡与协作；设置专业委员会，包括战略委员会、薪酬与考核委员会、管理层提名委员会、项目规划与招商委员会、投融资决策委员会、审计与风险监控委员会等专门委员会，发挥专业委员会参与决策的作用；建立可追究责任的企业高层会议决策规则，实行集体决策、个人负责，积极吸收外部董事、专业人士参与决策会议，提高决策水平；增强全面质量管理与风险防控能力，增强项目规划与融资均衡能力，增强融资渠道建设、融资模式创新的能力等。

4. 强化园区综合运营能力提升，不断提高园区增量资本形成率

增量资本形成率是当期固定资本形成总额与 GDP 增加值之比，这一指标主要用于衡量投融资形成能力。由于云南省园区普遍实力不强，资产规模较小，净资产形成能力不足，导致园区实际融资利率超过生产经营收益，融资成本较高，使得云南省园区资本形成率普遍较低，投融资困难。因此，应加大招商引资力度，增加园区投资规模，加快园区资产形成能力；提高政府对园区的投入，通过委托专业机构投资管理，形成国有资产，增强园区资产实力；建立园区资产负债表监管或考核体系，强化园区经营管理，鼓励园区充分利用园区资产扩大投融资规模，不断增强园区资本形成率。

# （十）完善政府办园区与市场化运作合力机制建设

课题组调研发现，云南省园区建设基本依照政府办园区的思路来运行，部分园区招商、融资、经营管理等基本都由政府来操办，这样的结果大多衍生出项目导向、产值导向、功利导向的非理性、非科学的园区发展模式。政府包办园区所有工作，特别是以市场化为导向的投融资工作，这样的结果可能事与愿

违，导致政府深陷市场竞争而带来信用困境。园区融资体系建设需要依靠市场规则来提供真实可靠的资讯及其资产增值潜能作为保障，针对云南省实际，完善政府办园区与市场化运作的合力机制建设势在必行。因此，课题组认为，完善云南省政府办园区与市场化运作合力机制建设的对策措施是：

1. 政府事权下放，强化园区自我融资的主动性

制订政府对园区权力下放的清单目录，确认放权、授权重点、方式及归还、委托、授权、转内部等流程，调整园区权力行使依据，加强权力监督；制定权力运作指导手册和流程、督促园区建立自我融资、自主承接机制，形成园区自主办园、自主融资、自我约束、自我发展的现代园区融资体制。

2. 规范园区行政权力运行，强化园区融资责任意识

达成均衡园区发展、项目规划与融资需求一致原则，实现发展与融资事项的同步，投资与融资事项的同步，完善融资业务操作流程，加强对融资项目事项办理的监管，配套融资服务对接机制，完善融资项目数据真实和完整对接，建立健全企业融资协调机制，建立对外投资项目核准与融资规模的管理及其信息反馈，加强跟踪服务。

3. 探索园区融资服务业务外包试点

通过市场化运作对园区融资规划、融资管理、市场资讯、招商引资、市场评估、投资论证、风险监测等公共服务业务委托专业机构，特别是由专业金融机构提供服务。

4. 探索股份制园区建设

扩大社会资本参与园区开发建设的路径。探索园区体系的股份制试点，通过股权设置和法人治理机制，构建多元资本参与公司体制，激活园区市场化运作属性及其能力，通过制度设计扩大社会资本参与园区开发的融资体系建设路径。

5. 强化园区与城区的协同开发建设

把园区建设纳入城市一体化建设规划中，对园区与城区结合部交通枢纽工程、水电工程、通信工程、环境工程、商业设施工程、学校医院等设施项目，应统一纳入城市基础设施建设规划和管理，增加政府预算支出比例，提高园区基础设施、公共设施建设的城市功能和运营效用。

# 第四章 工业园区融资模式创新及案例

## 一、产权融资模式案例——成渝两地
## 产权机构的合作项目①

### （一）交易背景

东莞 CDC 电缆厂成立于 1989 年，经东莞市外经委批准，是成都普天电缆股份有限公司、广东省东莞市金鹏集团公司和香港联发国际贸易公司共同出资设立的中外合资经营企业。注册资本为 2035 万美元，成都普天电缆股份有限公司出资 1037.85 万美元，持股 51％；广东省东莞市金鹏集团公司出资 488.40 万美元，持股 24％；香港联发国际贸易公司出资 508.75 万美元，持股 25％。1996 年 6 月 25 日香港联发国际贸易公司将其持有的 24％ 股权转让给成都普天电缆股份有限公司，余下的 1％ 转让给广东省东莞市金鹏集团公司；广东省东莞市金鹏集团公司收购香港联发国际贸易公司后更名为香港联发国际贸易公司。2002 年 6 月 25 日，香港联发国际贸易公司更名为鹰氏国际投资有限公司。在 2003 年以前，东莞 CDC 电缆厂经营状况良好，后因市场竞争激烈加之资金链断裂停产三年多，经评估至 2006 年 12 月 31 日净资产为 9841.71 万元，成都普天电缆股份有限公司此次转让其持有的 75％ 股权对

---

① http：//gov. finance. sina. cn/changuan/2009 - 04 - 02/75697. html.

应的评估值为 7381.28 万元。中国普天信息产业集团公司对转让方案进行审查并批准，同意以进场交易方式对外转让，转让底价为 7500 万元。

## （二）策划重点

1. 提供规范高效的服务，让转让方满意，让兄弟机构放心

转让行为经批准后，转让方成都普天电缆股份有限公司找到了成都联交所，因成都联交所不具备中央企业国有产权交易资质，决定引荐到重交所挂牌转让此项目。重交所受理后极为重视，首先这是央企项目且金额较大，其次这也是成渝两地产权机构的合作项目，务必要提供规范高效的服务，让转让方满意，让兄弟机构放心。对项目资料进行核查后，重交所于 2007 年 11 月 5 日在《中国证券报》产权周刊发布了转让公告，并于同日在重交所和成都联交所网站上对项目的详细信息进行了充分披露。

2. 多渠道征集意向受让方，有效挑起竞价

此项目早在进场交易前，转让方已自行找到了一个意向买家，但其对 7500 万元的挂牌价还不太认同，挂牌后转让方也向重交所表示了顾虑，担心 7500 万元卖不出去可能还要降一次价。转让方有此疑虑，如何才能让项目成功交易并且使国有资产实现增值保值，便是重交所工作的重心和关键所在，事实与经验证明"有效挑起竞价"才是解决之道。

要挑起竞价必须得征集两家以上的意向受让方，为实现此目标，重交所对项目进行了价值分析，召集会员机构并邀请投资人举行了一次重点项目推介会，对外地投资人还通过发传真、邮件及短信等方式告知项目信息。功夫不负有心人，挂牌期满除原意向受让方东莞市汇源实业集团有限公司外，重交所另征集到一家东莞的本地企业东莞市创裕实业发展有限公司。

## （三）交易流程

为了实现更大增值，避免意向受让方之间互相干扰，经综合考虑，此项目决定采用网络（电子）竞价方式交易。

为避免意向受让方见面，重交所通知两家在不同的时间节点缴纳保证金及办理参与竞买手续；同时，在组织竞价交易时，更是为竞买人安排了独立的贵宾竞价室并派专人提供竞价指导服务。

2007年12月14日，一场异常精彩激烈的竞价在重交所拉开帷幕，并最终以12400万元成功转让，比挂牌价7500万元净增4900万元，创造了重交所自建所以来的增值"天价"及五个"最"。

# 二、产业投资基金融资模式案例

## （一）天津滨海新区产业投资基金融资案例分析[①]

建设现代金融服务体系、金融改革和创新是滨海新区综合配套改革的重点之一。而其中的工作重点之一就是鼓励发展各类功能的产业基金，发展创业风险投资基金，进行房地产投资信托试点，发展集合资金信托业务，把天津逐步建设成中国产业基金发行、管理、交易、培训、理论研讨中心。同时开展房地产、科技企业固定资产等资产证券化业务。充分发挥其扩大融资和信托投资等方面的作用，为搞好现代制造业基地的建设，为滨海新区的更大发展提供资金支持。

产业投资基金，即国外通常所称的私募股权投资基金，对企业进行直接股权投资，由基金管理人管理，基金持有人按出资份额分享投资收益、承担投资风险。渤海产业投资基金借鉴了国际上私募股权投资基金运作的通行模式和经验，开创了我国直接投融资的新模式和新渠道，对于深化金融创新具有重要意义。

2006年12月30日，我国第一只经国家批准设立的契约型产业投资基金——渤海产业投资基金成立，同日在基金管理公司挂牌。渤海产业投资基

---

① 王恺，冯卫华，宋岗新等. 滨海新区产业投资基金运作模式研究——以渤海产业投资基金为例 [J]. 天津大学学报：社会科学版，2007，9（3）.

金由全体出资人以契约方式发起设立，总规模 200 亿元人民币，首期募集 60.8 亿元。出资发起人为全国社会保障基金理事会、国家开发银行、国家邮政局邮政储汇局、天津市津能投资公司、中银集团投资有限公司、中国人寿保险（集团）公司、中国人寿保险股份有限公司、渤海产业投资基金管理有限公司。基金以封闭方式运作，存续期 15 年，对企业进行股权类投资。渤海产业投资基金主要围绕实现国务院对天津滨海新区功能定位进行投资，同时也将支持天津滨海新区以外环渤海区域的经济发展。投资重点是具有自主创新能力的现代制造业，具有自主知识产权的高新技术企业，交通、能源基础设施项目以及符合国家产业政策的其他项目。渤海产业投资基金的设立，开创了我国资本市场直接投融资的新模式和新渠道，对深化我国金融改革、促进经济发展有着重要意义。

渤海基金的股权投资目标包括普通股、优先股、可转换优先股份、可转换债券等，非股权投资将按照有关规定购买政府证券、金融债券和其他固定收益债券等。为控制投资风险，渤海基金对民营企业的投资和担保金额，不超过基金资产总值的 10%；对单个投资企业的占股比例，控制在 10% ~ 49%，投资期拟为 3 ~ 7 年。

渤海产业投资基金的资产由交通银行托管。交通银行是我国少数几家具有产业投资基金托管资格的商业银行之一。为有效保管基金资产、监督基金投资运作，交通银行针对产业投资基金的运作特点，建立了专门的监控机制和资金清算交割系统。基金托管人的引入，对于保证基金资产的独立性，建立相互制衡的运作模式，防范基金投资风险，保证基金资产安全完整具有重要作用（见图 4 – 1）。

## （二）北京中关村科技园区产业投资基金融资模式[①]

1. 园区概况

中关村科技园区是 1988 年 5 月经国务院批准建立的中国第一个国家级高

---

① 中关村多媒体创意产业园（http://www. bjmmedia. con/.）

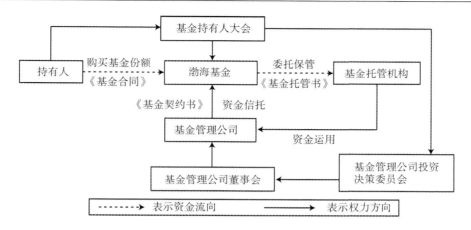

图 4 - 1　渤海基金的融资结构

新技术产业开发区。北京市政府派出机构——中关村科技园区管理委员会对园区实行统一领导和管理，中关村科技园区覆盖了北京市科技、智力、人才和信息资源最密集的区域。园区内有清华大学、北京大学、中国人民大学等高等院校 39 所，在校大学生超过 50 万人，中国科学院等各级各类科研机构 2139 个。园区内有各类高新技术企业万余家，其中有联想、方正等国内知名公司，还有诺基亚、惠普、IBM、微软为代表的 1600 余家外资企业，跨国公司在园区设立的分支机构已达到 112 家，其中包括研发机构 41 家。

2. 创业引导资金融资模式

中关村科技园区主要采用了基于信用体系平台的多元化的金融模式。其投融资体系概括为"一个基础，九条渠道"。"一个基础"是指以企业信用体系建设为基础，以信用促融资。"九条渠道"包括创业投资、天使投资、境内外上市、代办股份转让、并购重组、技术产权交易、担保贷款、信用贷款、企业债券和信托计划。

中关村科技园区的投融资促进工作是以市场为基础、政府引导为原则开展的。概括起来，以企业信用建设为基础，根据高新技术产业发展的规律，针对不同发展阶段企业的不同融资需求特征及企业首次融资难等市场失灵领域，以市场机制为基础，充分发挥政府引导作用，采用多方合作的方式，借助专业化公共服务平台，构建和优化局部投融资环境，促使优质资源和要素向有竞争力的优势创新企业集中，使有竞争力的创新型企业的多元化有效融资需求通过市场机制得到高效满足（见图4-2）。

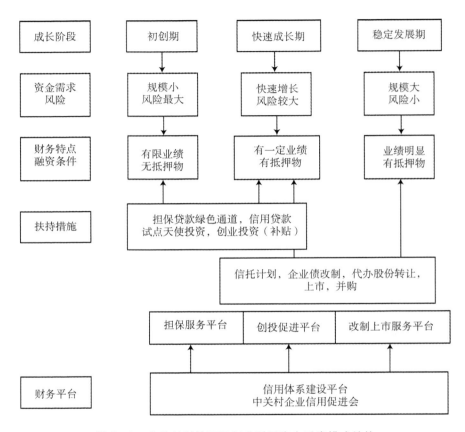

图4-2　中关村科技园区创业引导资金融资模式结构

中关村于2002年率先设立了"中关村科技园区创业投资引导资金"，对经认定合格的创业投资机构投资与园区企业给予一定比例的跟进投资资金支持，不参与投资决策和股权管理，依据"政策引导，市场化、专业化、向国际惯例靠拢"的原则运作。根据国务院《关于支持做强中关村科技园区若干政策措施的会议纪要》中同意园区根据《创业投资企业管理暂行办法》开展相关优惠政策试点的精神，园区进一步调整和完善了创业投资引导资金工作方案，加大扶持力度。将创业投资引导资金规模逐步扩大，进一步拓宽资金使用方式。

通过促进担保贷款和信用贷款，拓宽企业间接融资渠道，又通过促进创业投资发展、推动企业改制上市、促进股权私募、组织发行高新技术企业集合信托和企业债券等多渠道提高直接融资比重，初步形成了促进不同阶段企业发展的投融资体系。针对处于不同阶段企业的条件、特点和融资需求，中关村科技园区积极探索，不断创新，采取了不同的政策措施以促进高新技术产业的发展壮大。针对初创期企业融资难，在全国率先设立了创业投资引导资金，实施创业投资企业风险补贴政策，研究促进天使投资发展，搭建了创业投资促进工作平台。针对快速成长期企业担保难、贷款难问题，设立了针对重点企业群体的担保贷款绿色通道，组织发行高新技术企业集合信托计划和企业债券，开展信用贷款试点，搭建了专门服务于中小型高新技术企业的贷款担保平台。在促进稳定发展期企业发展方面，主要是实施改制上市资助政策，促进具有一定规模企业的产（股）权流动，使企业借助资本市场进一步做大做强，积极开展中关村企业股份报价转让试点，搭建产（股）权交易平台和专业化的企业改制上市服务平台。经过几年的努力，中关村信用体系建设工作取得了阶段性成果。初步形成了"政府推动，政策引导，多方参与，市场运作，配套服务，规范管理，长效保障"的具有园区特色的信用体系建设运行模式，初步建成了互为补充、相互促进、公平竞争、共同发展的园区中小企业信用体系。

中关村科技园区通过建立"一个基础，九条渠道"的投融资体系，使得园区企业享有多元化、有效的融资途径，构建了局部优化的环境，极大地促进了以自主创新为核心的高新技术产业的快速发展。并且，园区政府充分发挥其引导作用，通过设立"中关村科技园区创业投资引导资金"，引入信用贷款，构建担保平台等一系列措施，为园区内企业提供了更多的投融资途径。另外，中关村园区通过与证券机构及相关中介服务机构合作，整合各方面上市资源，设立园区企业"改制上市资助资金"，实施"中关村海外融资行动计划"等一系列的措施，积极促进园区企业快速发展和到境内外证券市场上市融资。

# 三、产业发展基金融资模式案例——沈阳市浑南新区产业发展基金融资模式[①]

沈阳市浑南新区始建于 1988 年 5 月，1991 年被国务院批准为首批国家高新技术产业开发区，是科技部重点支持的众多开发区之一。浑南新区是重点发展高新技术的国家级产业基地，是老城区延伸的新城区，即"现代服务业的中心、研发创新的基地、新兴产业的制高点和展示形象的窗口"。浑南新区立足高新技术产业，发展现代服务业，以优化产业结构和区域发展布局为主线，提高资源配置效率，进一步构建优势突出、特色鲜明的新型产业体系，创建科技创新型新城区。至 2012 年，形成以电子信息、先进制造为主导，以生物医药、新材料为优势，新兴产业崛起的产业格局。电子信息、先进制造两大产业占高新技术产业比重达到 80% 以上，在信息基础设施、信息产业、信息化生活等领域建设方面形成优势，"数字浑南"的框架基本搭建完成；新材料和生物医药产业作为优势产业将得到持续发展。

园区的融资平台——沈阳高新区科技型企业股权融资平台，成立于 2009 年。该平台由沈阳国家高新技术创业服务中心与沈阳联合产权交易所合作建立，旨在为高新技术企业、中小企业提供直接融资机会和权益性融资服务，切实解决企业科技创新、成果转化中的融资难问题。沈阳高新区科技投融资服务平台通过引进投资银行、基金管理公司、会计师事务所、评估机构、律师事务所和咨询机构等专业机构，为企业提供股份制改造、引进战略投资者、上市融资等系列化专业服务。

"十一五"期间，沈阳高新区启动种子基金、风险基金、担保基金的"三金"建设。①种子基金：高新区专项列支 8000 万元设立"三金"，优先支持进入孵化器、数字娱乐产业基地、产业区的初创高成长性企业发展，种子基金给予当期贷款 20% ~40% 的贴息。②风险基金：按企业化运作模式启

---

① http://www.syov.gov.cn/site pages/index.aspx.

动沈阳科技风险投资公司，对民间风险投资项目给予不超过20%的跟进投资或10%的风险补助金。③担保基金：与国家开发银行辽宁分行联合运营信用担保公司，并为担保公司无偿提供办公用房和部分办公设备，优先为列入高新区科技创新产业化工程的相关企业提供贷款担保服务，对获得贷款的企业贴息支持（见图4-3）。

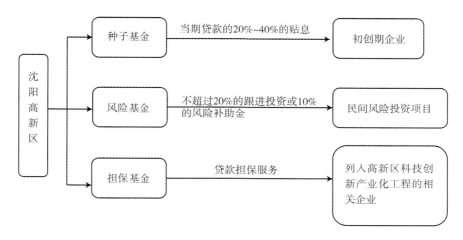

**图4-3　沈阳高新区产业发展基金融资模式**

# 四、股权（或PE）融资模式案例——昆明经济技术开发区股权融资模式①

昆明经济技术开发区于2012年成立了国家级昆明经济技术开发区金融中心（以下简称PE中心）。PE中心成立三年多以来，已入驻金融类企业148家，股权投资类企业137家，其中投资于实体项目的股权投资企业52家，二级市场股权投资企业85家，实际到位资金超过350亿元，云南PE中心已成为云南私募股权投资行业的知名品牌。中心入驻机构总注册资本占全省私募

---

① 昆明国家经济技术开发区（http：//www．ketdz．gov．cn/Views/Index．aspx）。

股权类机构的 70% 以上。至 2015 年，云南省 PE 中心的入驻机构总注册资本将达到 1000 亿元规模。昆明经开区将把 PE 中心打造成云南省投融资的重要平台，也是股权投资类企业的重要承载平台。全省 16 州市也将复制昆明经开区的 PE 招商模式，分批分期建设 PE 中心。

昆明经开区依据《昆明经济技术开发区关于给予入驻云南省 PE 中心、经开区金融中心企业若干政策的规定》，一是企业上缴的增值税、营业税及企业所得税等形成的经开区地方财政收入部分，按 40% 以企业发展资金形式扶持企业发展；另将上述企业扶持资金中的 20% 用于奖励企业法定代表人、核心管理层及相关人员；二是明确了合伙制股权投资类企业的合伙人，按照"先分后税"缴纳所得税后，按其对经开区地方财政贡献的 40% 予以奖励；三是"绑定"了经开区在高管人员生活补助、租房补贴、人才引进、户口等方面的优惠政策。

# 五、供应链融资案例——联合包裹服务公司（UPS） 与沃尔玛的合作的供应链融资模式①

作为强势的买方，世界著名的零售商沃尔玛通常会要求东南亚供应商、出口商垫付全额货款，货物到岸后 30～90 天才结清。这对其上游的中小企业造成了严重的资金压力，有些供应商甚至因此不敢与沃尔玛签订大单合约。但美国联合包裹服务公司（UPS）提供的供应链金融服务不仅保证沃尔玛能够继续延长账期，而且可以使得其供货商利用沃尔玛的信用以优惠的利率获得应收账款融资，从而巧妙地解决了这一难题。

如图 4－4 所示，UPS 首先与沃尔玛和其供应商签订多方合作协议，为后两者提供物流服务。同时，UPS 作为中间结算商，代替沃尔玛与东南亚地区数以万计的出口商进行支付结算。而 UPSC 则作为 UPS 的信用部门，保证在货物交付到 UPS 物流机构两周内把货款先行支付给出口商，以确保后者资金

---

① 谢世清，何彬. 国际供应链金融三种典型模式分析 [J]. 经济理论与经济管理，2013（4）.

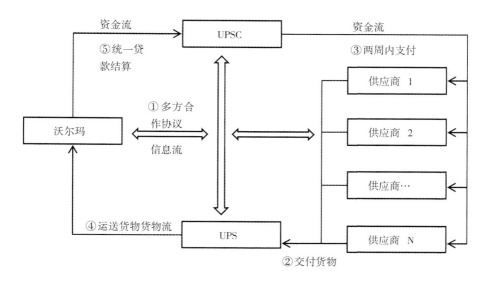

**图 4 - 4　沃尔玛供应链融资模式**

的快速运转。出口企业将包括出口清关在内的全程货运业务转交 UPS，并支付相应的物流服务费用和一定的融资费用。最后，UPSC 代表持有货物的 UPS 与沃尔玛进行统一贷款结算。

　　一方面，UPSC 的供应链金融服务使得沃尔玛避免了和大量出口商逐个结算的交易成本，帮助供应商缩短了账期。另一方面，UPS 扩大了市场份额，在物流服务与金融服务上同时获益。此外，UPSC 还可以为中小供应商企业提供为期 5 年的循环信用额度，帮助这些供应商规避沃尔玛收到货物后拖延付款的风险。对于缺乏信用支持的中小企业来说，UPSC 融资的成本也远低于其他融资渠道。因此，不管是物流企业 UPS、核心企业沃尔玛还是其上游中小企业，均受益于 UPSC 所提供的这种供应链金融服务。

# 六、PPP 融资模式案例——北京地铁 四号线的 PPP 模式分析①

## （一）项目概述

地铁 4 号线的线路自马草河北岸起偏向东，之后线路向西转向北，经由北京南站后，偏西北方向行进，逐步转向北，进入菜市口大街至陶然亭站，向北沿菜市口大街、宣武门外大街、宣武门内大街、西单北大街、西四南大街、西四北大街、新街口南大街至新街口；转向西，沿西直门内大街、西直门外大街至首都体育馆后转向北，沿中关村大街至清华西门，向西经圆明园、颐和园、北宫门后向北至龙背村。正线长度 28.65 公里，共设地铁车站 24 站，线路穿越丰台、宣武、西城、海淀 4 个行政区。是北京市轨道交通线网中的骨干线路和南北交通的大动脉。该项目已于 2003 年底开工，于 2009 年正式通车运营。

为在北京市轨道交通领域引入社会投资，提高建设和运营水平，经过深入的调查研究，结合北京地铁建设规划特点，成立了北京地铁 4 号线 PPP 项目组。按照 2003 年底北京市政府明确的轨道交通项目中政府投资与社会投资 7:3 基础比例的政策精神，及颁布的《北京市城市基础设施特许经营条例》，编制了《北京地铁四号线 PPP 运作报告》，初步确定了运作方案。经过各方努力，与社会投资者于 2005 年 2 月签署原则协议，并于 2006 年 4 月签署正式协议，前后共历时 4 年多。

① 王广宏，赵永珊，徐学才. 北京地铁四号线项目 PPP 模式应用研究 [J]. 合作经济与科技，2015（23）.

## （二）PPP 方案基本结构

根据北京地铁 4 号线 153 亿元的设计概算。按建设责任主体，将北京地铁 4 号线全部建设内容划分为 A、B 两部分：A 部分主要为土建工程部分，投资额约为 107 亿元，占 4 号线项目总投资的 70%，由已成立的 4 号线公司负责投资建设；B 部分主要包括车辆、信号、自动售检票系统等机电设备，投资额约为 46 亿元，占 4 号线项目总投资的 30%，由社会投资者组建的北京地铁 4 号线特许经营公司（简称特许公司）负责投资建设。

4 号线项目竣工验收后，特许公司根据与 4 号线公司签订的《资产租赁协议》，取得 A 部分资产的使用权。特许公司负责地铁 4 号线的运营管理、全部设施（包括 A 和 B 两部分）的维护和除洞体外的资产更新以及站内的商业经营，通过地铁票款收入及站内商业经营收入回收投资。

特许经营期结束后，特许公司将 B 部分项目设施完好、无偿地移交给市政府指定部门，将 A 部分项目设施归还给 4 号线公司。

地铁 4 号线原计划要求在 2008 年奥运会之前竣工，为此在 PPP 运作过程中，为保证工期，4 号线的土建部分已经开工，社会投资者无法参与 A 部分建设；另外，国外类似项目中土建部分也通常由政府负责。把一个完整的工程项目在物理上划分成两部分造成的主要问题，就是建设过程中出现了两个业主。A、B 部分工程的界面衔接和建设期工程管理的协调机制设计工作非常具有挑战性。鉴于 4 号线公司已将 A 部分工程的建设管理委托给北京市轨道交通建设管理公司（以下简称建管公司），所以在项目实施过程中特许公司将 B 部分的建设管理工作委托给建管公司。

## （三）PPP 项目基本经济技术指标

1. 项目总投资
项目总投资约 46 亿元。
2. 项目建设内容
车辆、通信、信号、供电、空调通风、防灾报警、设备监控、自动售检票等系统以及车辆段、停车场中的机电设备。

3. 建设标准

根据经批准的《北京地铁四号线工程可行性研究报告》（以下简称《可研报告》）和初步设计文件制定。

4. 工期

计划 A 部分 2007 年底竣工，2009 年 9 月正式通车试运营。

5. 客流量预测

根据《可研报告》客流预测结果，初期（2010 年）为 71 万人次/工作日，近期（2015 年）为 82 万人次/工作日，远期（2034 年）为 99 万人次/工作日。

在上述结构下，特许期内特许公司的主要收入就是 4 号线客流产生的票款收入。在传统投融资体制下，为使项目可批，轨道交通可行性研究报告中的客流量测算得往往过于乐观。为使客流量的预测更加科学客观，并能被广大社会投资者认同，专门聘请了国际上著名的客流预测机构 MVA 公司，对 4 号线专门作了一份独立的专业预测报告。

根据国际客流预测机构——香港弘达顾问有限公司（以下简称 MVA 公司）的客流预测结果，初期（2010 年）为 58.8 万人次/工作日，近期（2015 年）为 81.8 万人次/工作日，远期（2034 年）为 88.4 万人次/工作日。

## （四）特许经营的投资回报测算

特许期分为建设期和特许经营期。特许期的确定主要考虑到轨道交通项目所具有的投资大、回收期长的特点，根据财务模型计算投资回收期并考虑一定合理的盈利年限。建设期从《特许协议》正式签订后至正式开始试运营前一日；特许经营期分为试运营期和正式运营期，自试运营日起，特许经营期为 30 年。

1. 客流数据

依据 MVA 公司的《北京地铁四号线客流和收入预测报告》（以下简称《客流报告》）中的各运营年度客流量、客流结构等基础客流数据。

2. 平均人次票价收入水平

根据《客流报告》预测数据和预期票价结构，以 2004 年价格水平测算，运营起始年平均人次票价收入水平为 3.34 元；考虑工资、物价上涨等因素，以试运营开始年的价格水平测算，预计运营起始年平均人次票价收入水平为 3.91 元，之后各年度平均人次票价收入水平根据 MVA 公司预测的 4 号线客流量及平均运距等测算。

3. 总投资

总投资约 46 亿元。

4. 运营成本

主要包括人工成本、电费、维修费和管理费等，以 2004 年价格水平计算。

5. 折旧

按国家规定的设备使用年限和其他相关标准计提折旧。

6. 财务费用

总投资中贷款部分约 30.8 亿元，贷款期为 25 年，利率暂按年利率 5.76% 计算，等额还本付息。

7. 税收

客运服务收入缴纳 3% 的营业税，商业经营收入交纳 5% 的营业税。企业所得税暂按 15% 优惠税率计算，免缴 3% 的地方所得税。

特许公司通过获取客运服务票款收入和商业经营收入收回投资后实现合理的投资回报。根据测算，该项目的全投资内部收益率（即 IRR）为 7% ~ 8%，股权内部收益率约 10%，投资回收期 16 年。

# 七、保理融资模式案例—— 浙江苏泊尔厨具有限公司保理融资模式[①]

浙江苏泊尔厨具有限公司从 1988 年开始生产厨具，已成为中国厨具第一

---

① http：//www. sinotf. com/GB/136/1362/2010 - 01 - 18/INMDAWMDAOODEINvohtml.

品牌。随着企业的快速成长，苏泊尔出口导向日益明显，年出口额飞速增长。日益激烈的国际市场竞争加之客户对信用证结算方式的排斥使其认识到，无论产品质量与公司声誉如何卓著，事业的成功还取决于为客户提供适当的支付条件的能力。因此，在其大胆的市场营销策略中，苏泊尔为其客户提供赊销条件。然而，在赊销过程中，公司不得不面对海外客户的清偿能力风险、国际收账的困难以及资金周转的问题。而国际保理公司成为解决上述问题的当然选择。2002 年，苏泊尔首次使用中国银行的出口保理服务以获得美国进口商的信用额度。如今，向美国、英国、中国香港出口均使用保理结算方式，其保理业务量从 2002 年不到 300 万美元上升到 2004 年的 2200 万美元以上，并继续呈现上升势头。通过使用保理服务，提供信用销售，苏泊尔的国际销售量在 2013～2014 年内增长了 10 倍，为公司股票在 2004 年 8 月的深圳股票市场上市奠定了基础。对于未来进一步的海外市场拓展，苏泊尔同样充满信心。因为保理服务的买方信息调查咨询及信用担保意味着公司可以安全有效地进行经营发展决策，从而比其他竞争者做得更好。

苏泊尔作为一家民营企业，在开拓国际市场过程中面临的各种困难是可想而知的。而其能够在国际市场上取得巨大成功，使其产品远销美国、欧洲、日本以及其他国家与地区，并借助广阔的国际市场，快速增加销售量，壮大企业，成功地成长为一家上市公司，保理服务功不可没。正如公司创始人及 CEO 苏先生所说的：保理不仅免除了我们的坏账之忧，更为公司的未来成长提供了所需资金。

苏泊尔的成长经历，为中小企业的发展提供了成功的范例。在当前我国中小企业生存与发展面临严重的融资等瓶颈问题的现状下，一方面银行应热情主动地面对中小企业宣传并提供保理服务；另一方面，中小企业自身也应积极认真地去了解、接纳和尝试保理服务，充分发挥保理服务在中小企业发展中的应有作用。

# 八、园区梯形融资综合创新模式案例
## ——成都高新产业园区研究<sup>①</sup>

成都高新区在园区内根据科技型企业创业和成长阶段，通过引入风险投资资金，采用可转换债券、普通股、优先股、认股权等方式对企业进行投资，解决科技型企业初创期融资难的问题。风险投资是园区科技型企业建设发展的重要模式，是与园区建设成长规律相一致的有效方式。成都高新区的具体做法是：

## （一）在初创与成长期建立健全以政府资金为主导、民间资本为主体的多元化投融资体系

### 1. 设立或参股风险投资机构

成都高新区高度重视风险投资机构的引进、培育和园区内风险投资机制的建立完善。1997 年高新区就开始探索建立创业投资，作为国家科技部投资试点单位，对区内企业进行了一些小规模投资试点。2000 年，高新区先后参股了成都新兴创业投资股份有限公司和成都盈泰投资管理有限公司，开始了风险投资的实际运作。截至 2009 年，新兴创投等公司已有 10 多项对外投资，投资总额 1.2 亿元。2004 年，高新区成立了国有独资的成都高新创新投资有限公司，先后投资了 10 余个项目，累计投资额近 4000 万元。新兴创投等风险投资公司的试点，示范效应十分明显，随后汉能投资、博源投资、中拓投资、宝通投资、蜀王投资、环福投资、博瑞投资等投资机构先后设立并开展运营，在中国西部形成股权投资雏形。风险投资同时参与企业的管理，使企业在获得资金的同时，也获得了专业化的管理服务，有利于促进企业快速成长和实现目标。在企业发展成熟后，风险资本通过公开的资本市场转让企业

---

① 成都高新区管委会（http：//www.cdht.gov.cn/3）.

股权退出企业，可获得较高的投资回报，继而进行新一轮资本运作，继续支持其他高科技产业企业发展。

2. 营造环境吸引社会风险投资机构

成都高新区还十分重视吸引社会风险投资机构来高新区发展，高新区管委会先后制定并实施了《关于鼓励和吸引创业资本投资高新技术产业的若干规定》和《关于鼓励和吸引投资型企业的若干规定》，吸引了一批社会风险投资机构落户成都高新区，如深圳创新投资成都管理公司、四川龙蟒大地投资有限公司、四川中物创业投资有限公司、新华投资有限公司、天盈投资有限公司、金森投资管理有限公司等 20 余家投资机构和投资管理机构，注册资本达到 15 亿元。上述投资机构已投资了卫士通股份有限公司、药友科技有限公司等数十家高新技术企业，促进了高新技术产业的发展。

2008 年 6 月 30 日，成都高新区成功举办了"2008 成都创业投资洽谈会"，有 50 多家投资机构、银行、中介机构、100 多家企业参加了会议。这是灾后成都举办的第一个大型展会，也是成都第一次举办全国性的投资洽谈会，出席会议的专业投资机构几乎都是目前国内活跃的一流 VC 和 PE，如霸菱亚洲、KTB 投资集团、软银赛富、北极光投资等，此次"创业投资洽谈会"的召开引起国内外风险投资机构的高度关注。随后，KTB 投资集团、北极光投资等机构的合伙人再次专程到成都高新区商谈合作事宜，上海联创投资、德同资本等机构则在成都设立了办事处，以实质推进与高新区的合作。

3. 设立创业投资引导基金

为建立健全以政府资金为主导、民间资本为主体的多元化投融资体系，2008 年 3 月高新区管委会印发了《成都高新区创业投资引导基金管理办法》和《成都高新区创业投资引导基金参股创业投资企业管理暂行办法》，为建立政府创业投资引导基金奠定了坚实的基础。经过与进出口银行总行的多次磋商，共同发起设立规模为 15 亿元的创业投资引导基金事宜基本达成一致，预计 2016 年将签署合作协议并在成都高新区注册成立成都银科创业投资有限公司。公司将通过参股创业投资企业、跟进投资和直接投资等方式，围绕高新区的中小科技型企业开展股权融资。高新区已先后与美国 Vivo 投资、深圳创新投资集团公司等就共同建立专业创业投资基金达成了一致，上海天亿投资、KTB 等也在积极的合作洽谈中，通过参股创业投资企业的方式实现政府创业投资引导基金的放大效益，最终将吸引社会资本达 50 亿元。

## （二）在企业的成长期与扩张期形成"整合资源、协调配合、分担风险、共促发展"的债权融资模式

1. "整合资源、协调配合、分担风险、共促发展"的债权融资模式的形成

银行信贷是成都高新区企业融资的主要渠道，特别对于中小高新技术企业，银行信贷资金是企业起步期和成长期重要的资金来源。为有效解决中小高新技术企业融资难题，高新区管委会积极搭建中小企业融资平台，形成"整合资源、协调配合、分担风险、共促发展"的债权融资模式。高新区搭建的企业融资平台 2006 年共帮助 200 多家中小企业获得担保贷款 5.2 亿元，2007 年帮助 300 多家企业获得担保贷款 7 亿元，有效地缓解了中小企业融资难的问题。从高新区搭建中小企业融资平台开展中小企业融资服务以来，没有发生一起违约事件，无一家企业产生不良信用记录。

成都高新区管委会于 2005 年与国家开发银行四川省分行正式签订了第一个中小企业贷款合作协议，明确以"统借统还、风险共担"的方式为区内中小企业提供贷款，基本构建起了高新区中小企业担保融资体系的雏形。随后，高新区管委会又与国家开发银行四川省分行先后分别签署了《中小软件企业打捆担保贷款合作协议》和《海外留学人员归国创业政策性贷款合作备忘录》，获得贷款授信额度 23 亿元。以国家开发银行合作模式为基础，成都高新区管委会不断拓展企业债权融资渠道，先后与中国进出口银行签署《外向型企业贷款合作协议》、与成都市商业银行签署《软件企业贷款合作协议》、与成都市信用联社签署《中小企业贷款合作协议》等，洽谈开展中小企业贷款合作的还有建设银行和工商银行。高新区通过与金融机构搭建起各具特色的企业融资平台，有效地缓解了中小企业特别是中小科技型企业的融资难题。即由成都高新区设立专门的企业融资服务机构——金融办公室，全面负责高新区企业投融资组织、指导、协调、服务工作，通过各种渠道收集掌握中小

企业融资需求信息，逐一进行走访调查并根据企业的个体特征，帮助企业拟订融资计划。同时设立高新区中小企业担保贷款平台公司——成都高新创新投资有限公司，作为中小企业统借统还的贷款平台和工作平台，银行统一对平台公司进行授信及发放贷款。在一段时间内有融资需求的企业按照高新区与金融机构共同协商的格式进行申报，金融办牵头邀请金融机构、担保公司、律师事务所、会计师事务所以及相关行业专家等举行专家评审会，对申请贷款的企业进行评审，通过专家评审的企业经过公示后，由高新区金融办向担保机构和银行出具推荐函。担保公司对通过专家评审的企业进行保前调查，召开审保会，最后出具担保决议并报送高新区金融办和贷款银行。贷款银行对通过专家评审会和审保会的企业进行贷前调查，召开贷款审批会。通过审贷会的企业由银行一次性将贷款统一发放给平台公司，平台公司在同一天将银行贷款通过委托贷款的形式逐一发放给申请贷款的企业。高新区金融办带领平台公司与银行、担保机构一起做好企业的贷后管理服务工作。具体融资模式如图4-5所示。

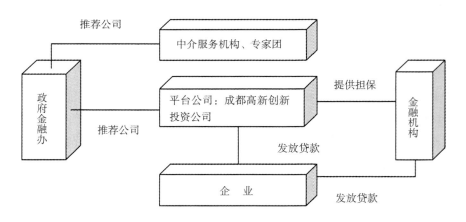

**图4-5 信贷担保融资运作模式**

2. 科技银行与硅谷银行模式的本土化运用，推动债券融资与股权融资的结合

硅谷银行（Silicon Valley Bank, SVB）是一家主要为高科技初创公司提

供金融服务的商业银行。硅谷银行的主要运作模式是面向那些有 VC 进入的创业公司发展存贷款业务，以及为那些精选的个人发放贷款，同时，对提供贷款的创业公司不需抵押物。这种模式的优点在于既能给急需资金的创业公司提供信贷支持，又能借助风险投资机构的选择，将银行的贷款风险降低。此外，一旦创业公司发展壮大，硅谷银行便可轻松获取大量的客户资源。硅谷银行另外也为风险投资机构提供直接的银行服务，常在风险投资基金中直接投资，成为他们的股东或合伙人，以便建立更坚实的合作基础。同时特别成立了一个风险投资咨询顾问委员会，确保与风险投资的密切联系，也能够控制银行信贷风险。

科技型中小企业的特点是高风险、高收益，按照传统的银行运作机制，银行只能获得贷款利息，承担了企业的高风险，却很难享受高收益。2009 年 1 月，经四川省银监局批准同意，建设银行四川省分行和成都银行分别成立科技支行，专注于为科技企业的创新进行"输血"，与以往由第三方提供担保不同，目前科技支行正重点探索与 VC/PE 合作，实现科技型中小企业的股权融资和债券融资结合。两家银行分别为都迈普和芯通科技两家科技型中小企业授信 4000 万元额度和 1000 万元的贷款。这两家科技支行的首批客户都有一个特点，那就是都曾获过 VC/PE 的投资。科技银行成果的关键在于如何在风险投资公司与银行之间进行资源共享与风险分担。具体来讲，可最初由 VC/PE、银行、企业签订三方协议，约定企业发展到一定阶段，银行就可以把所持债权以一定的价格转化为风投的股权。

## （三）在企业的成熟期，积极推动企业的改制上市与债券融资

### 1. 积极推动企业的改制上市

高新区管委会积极引导帮助企业充分利用多层次资本市场，2008 年 8 月 12 日共有 17 家企业成功挂牌上市，上市企业数量约占成都市的一半。为帮助企业改制上市，高新区建立上市企业后备库，收集、筛选、整理了 60 多家企业进入拟上市企业后备库，其中约 20 家企业为改制上市重点企业，分别瞄准主板、中小板、创业板和海外市场。同时，成都高新区早已正式递交了成

为首批"新三板"试点园区的申请，并出台相关政策，对在"新三板"成功挂牌的企业给予100万元奖励。

成都高新区为鼓励园区企业充分利用多层次资本市场上市融资，2007年9月6日发布了《成都高新区鼓励和扶持企业利用多层次资本市场加快发展的暂行办法》的通知，鼓励企业利用资本市场尽快做大、做优、做强，加快优势产业集群发展。并制定了按照"培育一批、申报一批、上市一批、做强一批"的目标，分阶段打造高新区上市企业队伍，壮大高新区上市企业板块，尽快提升区内企业的规模和层位。高新区出台新的《关于促进企业发展壮大的优惠政策》，明确规定对申请改制上市的企业，分别在改制阶段、辅导阶段、发行上市阶段给予总额达300万元的奖励，有力地促进了高新区企业改制上市的积极性。

2. 加强成都区域性产权交易中心的建设，为要素转让与风险机构的退出打下坚实基础

总体思路为将托管中心与联合产权交易所改造为地方柜台交易市场，以统一互联和分散做市的模式来扩大辐射半径，在此基础上将成都构建为西部区域性证券市场中心。

（1）整合成都地区产权交易市场，构建地方柜台交易市场。首先，增强自身实力，将成都产权交易市场由要素交易市场改造为综合资本市场。对全省那些不具备产权交易条件的中小企业交易所进行清理、重组、整合，原则上四川全省仅设立一家场外交易市场，被合并的交易所全部转变为新组建交易所的会员单位，实现资源的整合和信息的共享。其次，规范交易程序，创新交易方式，拓展服务和经营范围。一方面，成都作为西部开发的重镇，可以向国家申请交易市场试点的权力，针对那些不符合在主板上市的高科技企业和其他中小企业，制定较低的上市标准和条件，把成都产权交易市场升格为区域性的股票交易市场，成为中小企业和高科技企业重要的融资和产业投资基金与风险投资基金重要的推出渠道。另一方面，积极借鉴上海产权交易所的做法，设立类似"产权交易管理办公室"的监管机构，规范产权交易行为，防范交易风险，保护交易双方的权益。最后，明确服务对象，坚持为国有企业改制和中小企业、高新技术企业服务。

（2）通过统一互联和分散做市的方式，将成都柜台交易市场纳入全国场外交易市场体系。从理论上讲，产权交易市场如果能在更大的范围内共享和整合资源，尽管成交率较低，但是在巨大的项目基数上，依然可以获得相当数量的成交。但是产权交易市场目前难以做到资源的大范围整合。因此，成都应抓住改革契机，积极融入全国产权交易网络系统中，与长江流域产权交易共同市场、北方产权交易共同市场和黄河流域产权交易共同市场等区域性市场实现联网交易，吸引区域外的资本参与进来，将成都建设为四川乃至西部的场外交易市场中心。

# 九、银—政、银—园合作融资创新模式案例
## ——苏州工业园融资案例分析①

苏州工业园区于 1994 年 5 月破土动工，经过多年建设，在成为具有国际竞争力的新科技工业园和现代化、园林化、国际化的新城区的发展道路上取得了国内外公认的成就。其中，国家开发银行成功的投融资方式在园区建设中发挥了重要的基础性作用。

## （一）苏州工业园区：国家开发银行与政府的成功合作

### 1. 园区初期开发困难重重

从园区开发仪式，就以"先规划后建设"为核心理念，斥资千万，邀请世界著名设计公司，对园区进行了整体规划。在 70 平方公里的园区土地中，工业用地占 35%，商住、教育占 25%，道路绿化占 26%，市政公共设施占 12%，其他占 2%。园区理事会规定，未来的开发要严格按照规划，做到有序、合理，保证未来园区的均衡、可持续发展。

尽管制订了科学合理的建设规划，然而，由于当时缺乏一个完整的投

---

① 浦亦稚. 苏州工业园区融资模式研究［J］. 科学发展，2014（9）.

融资体制和成熟的融资平台，园区的开发出现了很大困难。一方面，持续提供大量资金并不现实；另一方面，中方财团财政融资和信贷融资不分，难以适应前期基础设施投资和项目收益平衡的基本需要。园区的开发进程十分缓慢，70 平方公里的规划面积，至 2000 年仅仅完成了 8 平方公里。在亚洲金融危机发生之后，新方决定收缩在园区中的职责和投资，中方将全面负责园区的环境改造、基础设施建设、地面设施建设、招商引资等职责，新方则转向提供人员培训等辅助职能。巨大的资金瓶颈摆在园区发展面前。

**2. 国家开发银行全力支持苏州工业园区开发**

政府仍然没有放弃开发区的信念和努力，积极选择投资主体。这时，长期致力于支持国家基础设施、基础产业、支柱产业、高新技术产业发展和国家重大项目建设，兼顾政府政策目标和市场运行方式的国家开发银行成为了首选。

国家开发银行的进入，代表了中国政府对中新合作的努力，增强了各方对园区建设前景的信心，迅速破解了基础设施建设的资金瓶颈，有利于园区的持续发展。从 2000 年开始，国家开发银行先后向园区承诺了四期贷款，累计承诺额 194.11 亿元，累计发放额 134.5 亿元，占到园区基础设施建设累计投资的 1/3，成为名副其实的园区开发建设的主力银行。

第一期贷款——介入金鸡湖治理，恢复信心。

金鸡湖治理是园区开发的一道难题，没有直接的经济效益，但是环境的改善对促进园区招商引资和持续发展，培育长期资金流，具有极大的推动作用。于是，2000 年国家开发银行在园区发展的"关键时期、关键领域、关键项目"贷款 4.9 亿元，经过环湖截污、引水排水、生态治理、湖周绿化、湖底清淤等各项治理措施，使金鸡湖成为全国最大的城市湖泊公园，提升了园区整体形象，为园区的长远发展奠定基础。

第二期贷款——园区二、三区基础设施建设，形成融资平台。

2000 年，园区计划进行二、三区基础设施建设，但此时没有一个接受贷款、推进建设和履行还款的商业性机构。经过双方反复研究，最终创造出一种崭新的制度安排：政府设立商业性借款机构，使借款方获得土地出让收益权，培育借款人"内部现金流"；同时通过财政的补偿机制，将土地出让收入等财政性资金转化为借款人的"外部现金流"，使政府信用有效地转化为还款现金流。2000 年，园区"地产经营管理公司"成立，下设苏州工业园区土地储备中心。2001 年国家开发银行向地产公司承诺 20 亿元贷款，园区二、三区在 30 平方公里建成区达到"九通一平"的国际水准，使滚动开发顺利展开。

第三期贷款——配套功能园区的建设，实现效益的综合平衡。

在基础设施全面建设的同时，园区土地开发，产业引进，招商引资等各项事业全面发展。2003 年，国家开发银行向园区承诺贷款 102 亿元，分别用于独墅湖高教区、国际科技园、现代物流园、商贸区以及高科技创业投资等领域，全面支持园区形成"一区多园"的开发体系，完善了功能配套和科技服务的软环境，增强了园区的科学发展能力和国际竞争力，推动园区各功能区的效益综合平衡，协调发展。

第四期贷款——提升园区整体功能效应，实现可持续发展。

为缓解苏州南部交通紧张状况，提升园区城市整体功能效应，增强城市集聚辐射能力，2006 年实施南环快速路东延工程项目，国家开发银行承诺贷款 15 亿元。2007 年实施了阳澄湖区域基础设施工程项目，国家开发银行承诺贷款 30 亿元。

在园区创新能力提高中起到重要作用的，是设立"创业投资基金"。2003 年国家开发银行与园区创业投资公司合作，设立了 10 亿元的创投引导基金、3 亿元的种子期创投基金、1.5 亿美元的基金，吸引和聚集了一大批社会资金参与创业投资。

2003 年和 2005 年国家开发银行先后承销发行了两期园区共计 22 亿元企业债券，实现了以债券上市为标志的从政府入口到市场出口的转化（见表 4 - 1）。

表4－1　苏州工业园区各阶段的融资支持反应

单位：亿元

| 阶段 | 年份 | 项目名称 | 承诺额 | 2006年末余额 | 存在问题 | 解决措施 |
|---|---|---|---|---|---|---|
| 第一阶段 | 2000 | 沪苏口岸项目 | 1.41 | 0.9 | 项目没有任何直接的经济效益，投资前景不确定 | 充分论证，培育长期资金流 |
| | 2002 | 金鸡湖环境治理工程 | 5 | 0 | | |
| | | 园区二、三区基础设施建设项目 | 20 | 10.9 | | |
| 第二阶段 | 2003 | 高科技创业贷款项目 | 20 | 11 | 不具备一个接受贷款、推进建设和保证还款的规范的商业性机构 | 设立融资平台 |
| | | 二、三区基础设施建设增贷项目 | 35 | 30 | | |
| 第三阶段 | 2004 | 独墅湖高等教育区基础设施项目 | 9.7 | 7.5 | 园区功能不完备，招商困难 | 帮助园区形成了"一园多区"的开发体系 |
| | | 国际科技园区二、三区基础设施项目 | 7 | 4 | | |
| | | 现代物流园区基础设施项目 | 2.5 | 2.5 | | |
| | 2005 | 基础设施完善工程 | 48.5 | 35.543 | | |
| 第四阶段 | 2006 | 南环东延工程 | 15 | 7.5 | 苏州南部交通紧张状况 | 推进苏州工业园区城市化进程 |
| | | 阳澄湖基础设施项目 | 30 | 0 | | |
| | | 贷款合计 | 194.11 | 109.843 | | |

3. 苏州工业园区建设结硕果

1994～2006年，园区主要经济指标年均增幅达40%左右，累计实现中央和省市各类税收520亿元，创造就业岗位超过40万个，农村人均收入10698元，城镇职工人均工资超过2.78万元。同时，园区每万元GDP耗水5.8吨、耗能0.43吨标准煤，每度电产生GDP25元、工业产值100元，达到了20世纪90年代世界先进水平，走出了一条高产出、低耗能、无污染的新型工业化发展之路，被评为跨国公司眼中最具投资价值的开发区之首。

2000 年以来，国家开发银行与园区在多个层面上合作，实现了互信互惠、政府与金融机构双赢的局面。大额资金投入到基础设施领域，迅速提升了园区资源的价值，成功吸引了 2000 多亿元内外资金，使园区各项经济指标达到和超过苏州市 1993 年的水平，相当于 10 年再造了一个苏州。园区的快速健康发展，充分体现了作为主力银行、以国家开发银行为主导的开发性金融的重要作用。

## （二）主导银行在园区建设中发挥的基础性作用

### 1. 主导银行与园区的融资规划

园区法人基础设施建设规模大、周期长、周期性风险大，如园区二、三区基础设施建设总投资约 180 亿元，投入期为 3~5 年，回收期 10~15 年。从项目现金流看，初期投入很大，后期通过土地出让、政府税收等进行平衡和弥补，呈现现金流前低后高、收益不在当期、当期损益性不平衡的特点。由此可以看出，园区开发成功的关键在于具有完整的融资规划和融资操作平台。

作为主力银行，国家开发银行巨资为园区提供中长期信贷，是以科学发展观为指导，在长期的探索中，总结了园区公共设施融资的规律，并找到了基于土地升值的现金流覆盖信贷的风险控制方法。

依据这一原理，国家开发银行详细测算园区发展中的财力变化，据以制定可行的融资规划；在融资总规划的基础上，每年定期对园区的信用能力和意愿进行评审，对财力增长、土地增值、税制变化等因素进行充分调研及预测，不断调整园区的总体授信额度。将总体贷款规模控制在总授信额度之内，实现了业务发展与风险控制的协调统一；未来园区财力能够很好地覆盖应收贷款本息，确保了其在高速发展的同时不会受到归还银行贷款的掣肘。

同时，国家开发银行严格控制政府性负债规模。目前较通用的检测标准主要包括负债率（反映一个地区国民经济状况与政府性债务相适应的关系，警戒线 10%）、债务率（反映一个地区当年可支配财力对政府性债务余额的比例，警戒线为100%）、偿债率（反映一个地区当年可支配财力所需支付当年政府性债务本息的比例，警戒线15%）。

从表4-2可以看出园区近年来在国家开发银行信贷支持下，各项财政负债指标均保持了较好的水平。

**表4-2 2003~2006年苏州工业园的三项政府负债指标**

单位：%

| 年份 | 负债率 | 债务率 | 偿债率 |
|------|--------|--------|--------|
| 2003 | 1.5 | 25.3 | 0.6 |
| 2004 | 3.2 | 62.1 | 0.6 |
| 2005 | 6.0 | 73.8 | 0.4 |
| 2006 | 5.4 | 65.2 | 1.7 |

2. 主力银行与园区信用结构建设

在园区二、三区融资过程中，双方密切合作创造出一种崭新的信用结构，使政府信用能够有效地转化为借款人的还款现金流，具体如下：

政府出函指定（特许）地块的土地开发权、土地出让权益授予借款人（地产公司）。

借款人承诺将获得的土地出让受益权质押；同时承诺在有关部门办理质押登记。

监理土地定额回流还款机制。借款人承诺根据土地出让进度动态偿还国家开发银行贷款。

设立专项资金账户。借款人做出在国家开发银行贷款的承诺后，地产公司将在国家开发银行指定结算经办行开立质押专户，并按照合同约定，将还贷资金及时划入质押专户，专项用于偿还贷款。国家开发银行对专用账户实施监管。

园区承诺：给予国家开发银行对园区未来5年内政府计划或规划的项目有限提供贷款的权利，以及对后续融资服务享有优先权。地产公司与国家开发银行签订财务顾问协议，地产公司承诺在其未来进行资本市场运作时，给予国家开发银行有限的市场推出机会，并在债券承销、财务顾问等业务上给予国家开发银行优先合作机会。

3. 主力银行与园区融资的风险管理

与商业银行贷款依赖于抵押质押的风险管理不同，国家开发银行在园区贷款的风险管理是基于土地升值的现金流覆盖原理，因此国家开发银行主要是对现金流进行监控，而不是仅仅对实物资产进行监控。

基础设施项目贷后管理的难点主要是"借、用、还"不一致，还款现金流一般不属于借款人，因此难以有效监管。为此，国家开发银行采取的措施有：

（1）将政府的行政职能和国家开发银行的监管要求有效结合。在贷后管理中首先要在政府行政职能和国家开发银行贷款监管要求之间，寻求结合点，使信贷融资规律和财政资金运用相结合。

1）制定项目建设的年度计划由政府的建设部门和财政部门负责，借款人（地产公司，下同）根据年度计划和国家开发银行协商年度用款计划。

2）在项目管理上采取招标方式，即所有造价在 50 万元以上的单项工程均采用公开招标方式，中标后的合同由借款人与中标人签订。

3）项目建设的施工管理由建设部门负责，工程款由建设部门、财政部门、借款人和园区领导审核后，交借款人直接支付给施工企业。

4）资金支付后，在单个项目竣工后，由建设部门和财政部门组织内部审计，由借款人委托外部审计，共同完成验收，形成的竣工决算由借款人按照在建工程或固定资产入账。

（2）抓住还款来源，将政府信用转化为借款人的还款现金流，构建良好的信用结构。

1）政府通过以土地使用权向借款人注入实收资本，将土地收入直接转化为借款人的自有资金。自 2001 年开始，园区管委会先后将评估价为 52 亿元的土地使用权作为实收资本投入借款人，借款人将上述土地开发出让后获得收益，既可以用于项目资本金，也可以用于归还贷款。

2）通过政府授权将土地一级市场的出让权和土地出让收益分配权益赋予借款人，使借款人获得资本金地块以外的土地收益权，以便于土地出让收益转化为借款人的现金流。为和现行的土地管理法规一致，园区管委会批准该公司同时兼挂"苏州工业园区土地储备中心"牌子，使土地出让收入转化为借款人的现金流，实现"借、用、还"一体。

3）从源头控制资金的流向。土地出让收入首先由土地储备中心获得，除上缴国家的规费外，国家开发银行全都可以控制，确保对还款来源的有效监控。

4. 主力银行与园区经济社会发展

作为园区开发的主力银行，国家开发银行以融资推动园区经济社会发展，不仅对园区内的社会投资和财政收入等经济指标起到显著的推动作用，而且推动社会信用环境、政府职能和民生领域的发展。以下为主力银行推动园区经济社会发展的"四力模型"：

（1）以组织优势缓解"信息不对称"，最大程度减少了经济发展的社会成本和金融交易成本。

（2）国家开发银行贷款产生较强的"信号传递"作用，吸引大量的民间投资和商业银行资金，并通过乘数作用引起最终投资的倍数增加。

（3）在贷款过程中通过各项制度建设，将投资于公共产品与准公共产品的正外部性予以内化，从而实现了社会资源的优化配置，提高了经济增长的效率。

（4）以贷款为载体构建了良好的社会信用体系，为园区的经济和社会发展提供了良好的基础和保障。

## （三）园区开发的双主体模式：政府组织推动＋主力银行金融支持

1. 苏州工业园区公共设施开发建设的"双主体模式"

苏州工业园区的成功得益于中新两国政府的高层次合作，在海关、税收、人事、外事等多方面获得一系列的优惠政策。中、新双方财团成立的中新苏州工业园区开发有限公司（CSSD），在前期的规划、招商引资方面发挥了积极作用。借鉴新加坡和国际先进城市规划建设经验，园区编制实施了300多项专业规划，累计派出2000多人次赴新加坡学习培训，在转变政府职能等方面进行了积极探索，确立了全新的"亲商、安商、富商"理念，建立了"精简、统一、效能"的政府组织架构和公务员队伍，对企业实行"全过程、全方位、全天候"服务体系。

但是园区首期开发进展缓慢，加之亚洲金融危机，使园区建设几近夭折。其主要原因在于，大型园区公共设施的特点是建设规模大、时间长、牵涉面广、程序复杂，除了有超前的建设规划和得力的政府（园区管委会）组织协调外，还必须有统筹安排的融资规划。由国家开发银行担当主力银行，根据园区规划和建设进度制订了科学的融资规划，有利推动了园区融资制度和体系的建设，形成园区发展的良性循环。实践证明：园区的成功主要得益于"政府＋主力银行"的双主体推动，我们将之称为双主体模式，即政府组织推动＋主力银行金融支持。

2. 双主体模式下的权能组合模型

在双主体模式下，作为政府的园区管委会和作为主力银行的国家开发银行成为推动园区发展的两大支柱，两大支柱如何配合调动各方积极性是园区开发成功的关键。我们在此以权能组合理论来概括双主体模式的运营机理。

（1）政府的权能。在园区公共设施项目建设中，地方政府可以发挥的权能有发展规划权能，政策支持权能，资产支持权能，组织增信权能和组织管理权能。

（2）主力银行的权能。主力银行用建设制度和建设市场的方法实现政府发展目标，在园区公共设施项目建设中可以发挥的权能有大额长期资金的融资支持权能，信用与制度建设权能，导向与引领合力权能。

（3）企业的权能。这里的企业是指园区地产经营管理公司等融资平台和项目实施主体，它由政府出资组建，代表政府承担园区建设的融资、建设和还贷责任。企业可以发挥的权能有资金筹措的平台权能，建设与招商引资权能，在政府和主力银行的孵化支持下，成长壮大为市场的主体。

（4）市场的权能。这里的市场主要指参与园区开发建设以及被招商引资的企业，其只能是收益转化权能，市场竞争权能，市场繁荣权能。

（5）社会的权能。在园区的开发建设中，社会政府和市场变迁推动着园区的发展，其权能是机会与价值实现权能，社会文化的建设权能。

概括来说，园区的成功有五个核心要素，分别是科学细密的建设规划，严格认真的组织管理，阶段配套的融资安排，亲商安商的招商引资，改革开放的战略机遇。这五个成功的核心要素正是在园区政府与主力银行双主体推动下，充分调动政府、银行、企业、市场和社会五大权能方的积极性、主动性和创造力，各方相互配合、冲突消融而孕育营造出来的双主体推动下的权能组合模型。

3. 双主体模式是园区建设的有效方式

园区的建设一般有自下而上和自上而下两种模式。在发达国家，政府在园区建设中往往只是合理引导和制度促进，并不起主导作用，园区开发是自下而上进行，由于要做前期规划和进行大规模的基础设施建设，因而融资成为园区开发启动和培育市场的关键。在园区建设初期，通常存在严重的资金瓶颈，双主体模式恰好能解决这个问题。从苏州园区的实践看，双主体模式具有独特的优势是：

（1）经过30几年的改革开放，园区发展有了更多的机会或可能，使得其高起点地进行体制、机制创新以及高起点地进行制度建设和市场建设成为现实。

（2）高起点地进行总体规划，与体制、机制创新相结合，高水准地进行资源（主要是土地）开发和环境保护；对园区内的二次资源进行优化组合，协调发展，缓解瓶颈，实现可持续发展。

（3）区别于其他地区，园区的公共设施建设需要适度超前；早期信用规模小，随着公共设施的逐步展开，信用规模呈积累和增长趋势。这就决定了适度超前的公共设施建设在总体规划下滚动开发，分期实现。

（4）区别于其他地区，园区公共设施的滚动开发需要与功能主体的形成相辅相成、互为因果；公共设施领域的融资活动有条件从地下向地上延伸，逐渐与商业金融相连接。

（5）不同功能区在一个有机整体内，协调和平衡不同功能区的发展，实现整体发展的高效和可持续。

国家开发银行与园区管委会紧密合作，认识并抓住了以上特点，按照科学发展观，把握住发展规律，以双主体模式推动了园区建设的成功。

从开发性金融理论考察，双主体模式正是将政府组织优势与国家开发银行融资优势结合的典范。在我国，园区建设离不开政府的组织推动，也离不开国家开发银行的大额长期融资支持，因为园区公共设施融资不但需要资金支持，而且需要发挥开发性金融建设市场、建设信用和建设制度的特有优势，需要国家开发银行作为园区建设的重要主体，和园区政府一道推进园区的建设发展。双主体模式是园区公共设施融资建设的有效方式。

4. 对推广双主体模式的政策建议

国家开发银行作为主力银行，推动苏州工业园区取得巨大成功，引起国内的广泛关注。一些发展中国家以及我国西部欠发达地区希望与国家开发银行合作进行大型园区开发。作为主力银行，国家开发银行在推广双主体模式时，将继续发挥"政府—银行—企业—市场—社会"五方的权能，组合园区开发成功的核心要素，推动园区经济社会发展。在此提出几点政策建议：

（1）务必规划先行。科学规划是园区成功开发的前提。国家开发银行入园伊始就推动园区政府进行科学细密的规划，将规划作为发放贷款的前提。进行规划时，要从经济社会发展趋势和宏观背景下把握战略机遇。完成总体规划后，配合园区政府做好融资规划，将融资与园区开发、招商引资紧密结合，把握资金"滚动使用"的特点，推动园区科学规划、有序开发。

（2）推动组织管理。在园区开发的初期一般热情很高，但经验缺乏，软环境差强人意。作为主力银行，国家开发银行主动推进园区政府的组织建设。首先是能力建设，可考虑在苏州开设培训班；其次是推动园区政府编制工作规章和管理条例，建议向苏州学习，就像当初苏州向新加坡学习一样；最后是推动在园区政府和融资平台中形成一个团结奋进的管理团队，带领园区不断向成功迈进。

（3）控制现金流量。管住现金流是国家开发银行贷款风险管理的关键。需要积极利用政府的行政职能和成熟的管理体系，对项目进度、质量和投资进行有效控制，在相关点上加入国家开发银行的监管要求，使借款人能够成为投融资和资金支付的主体，真正成为项目法人，使政府职能的履行符合信贷融资的要求。

（4）培育园区精神。园区开发需要弘扬士气，推崇奋斗、奉献、创新、求实的精神，没有这些精神，园区开发很难成功。作为主力银行，务必和政府一道推动和培育这些精神气质。主力银行不光要提供资金等物质装备，还需要主动为园区提供精神装备。

# 十、网络金融融资案例——张江高科技园区企业易贷通融资模式①

## （一）融资背景情况

"易贷通"是在上海市经济和信息化委员会、市财政局、市科学技术委员会等多部门协作下应运而生的。张江高科技园区、交通银行上海分行和上海市住房置业担保有限公司三方携手，共同打造"张江易贷通"融资产品。其中包括超短期资金融通和融资担保两种功能，可以及时解决企业的临时性流动资金短缺和因缺乏足额固定资产而导致的贷款难问题。合作三方扮演各自擅长的角色：园区利用其掌握的企业信息，向平台筛选、推荐园区内优质小企业；银行利用其资金，为平台内的小企业提供融资服务；担保公司运用其专业的风控能力，为平台内的小企业提供融资担保，以此分散融资风险，从而有效降低企业融资门槛，三方风险共担。目前，张江园区内已有近百家企业加入"易贷通"平台，一起做大"资金池"。

## （二）特色和运作优势

"张江易贷通"创新之处主要体现为：园区推荐、银行融资、第三方担保，具体如下：一是依靠园区的资源，改善银行、企业、担保公司信息的不对称状态；二是引入多方风险共担的合作机制，合理分散风险；三是遵循收益覆盖风险的原则，科学确定成员风险敞口，从而有效降低小企业授信的准

---

① http：//www. bankcomm. com/BankCommSite/shtml/zong hang/cn/2145/2158/2161/19B. shtml.

入门槛；四是简化了授信申报资料，优化了审批流程，为"张江易贷通"成员企业提供了高效快速的服务通道，最大限度满足园区内小企业融资需求。

## （三）运作模式

"张江易贷通"产品的三方合作架构依托张江高科技园区的客户资源，从园区实际入驻的 1500 多家具备一定的资质和发展潜力的企业中，甄选出优质诚信小企业，由张江集团牵头，建立互助基金。交通银行审核后，为合格的客户群提供约 1 亿元的授信额度，由上海市住房置业担保公司提供连带责任担保。企业实际发生资金需求时，由置业担保公司评估，经交通银行审查通过后发放贷款，置业公司担保。主要功能包括：一是超短期融资功能，即如果企业有 2 个月以内的资金需求，担保公司可以通过委托贷款将资金提供给企业。二是融资担保功能，担保公司可以将银行不能接受的资产作为反担保，为企业向交通银行融资提供担保。交通银行提供最高不超过 1000 万元的授信额度（见图 4 - 6）。

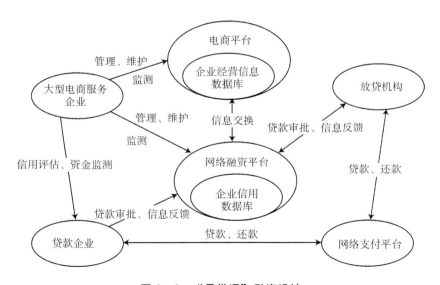

**图 4 - 6　"易贷通"融资设计**

在"张江易贷通"平台的运行中，担保公司采取配套措施灵活，手续便捷的融资解决方案。对于企业申请超短期资金融通无须抵押，对于企业申请融资担保，则可采用不动产抵押，资源类动产质押，应收账款、知识产权、收益权质押、股权质押以及信用保证等多类反担保方式的组合。

## （四）风险防控措施

一是贷前调查。一方面指定园区内的企业至交通银行办理业务，深入了解客户。另一方面，借助与张江集团良好的合作关系，通过多种渠道把握客户的真实资信情况。二是贷时审查。分行专门配备小企业团队，成员构成既有客户经理，也有审查员或经营单位综合授信管理部门的人员，具备前中后台的管理经验和能力。三是贷后管理。重点关注、指派专人监管创新模式中免担保部分贷款的风险敞口，同时加强对公司账户及销售归行率的管理，及时发现预警信号；密切与担保公司的合作，摸清公司法人的资产情况，追加其个人无限责任担保；要求相关经营单位切实摸清账户及资产，一旦发现问题快速查封资产，切实防范信用贷款风险。

## （五）业务运营情况

"张江易贷通"2007 年就开始涉足融资担保，先后与张江高科、市北高新技术园区和朱家角工业园区等 7 家园区建立合作关系，推广易贷通融资担保业务，为中小企业解决融资问题。

通过"张江易贷通"融资平台，园区内一家电子（上海）有限公司通过外资股权质押和外籍人士无限连带保证责任的方式获得了 550 万元的授信额度。此举开创了上海市外资小企业股权质押的先河。上海市经济和信息化委员会出台相关政策：对使用"张江易贷通"贷款的企业给予贷款贴息补助，最高可达 20 万元。

2011 年，公司与阿里巴巴集团成为战略合作伙伴，首次创新尝试针对网络平台小微企业的"纯信用"贷款担保。仅两个月的时间，就成功地帮助 30

户网络平台小微型企业拿到了 1350 万元信用担保贷款，平均每户贷款额度 45 万元。为网络小微商户融资开辟了全新的模式。

2012 年，上海联合融资担保有限公司继续加大研发力度。针对"无抵押、高成本、信息不对称"等小微企业融资的核心难题，按照"多方参与、风险共担、信息共享"的设计理念，公司研发了"网商易贷通"、"微商易贷通"及"外贸易贷通"的"易贷通"系列融资担保产品，分别为电商平台企业、小微商户及出口外贸型企业提供低成本、纯信用的小额融资担保产品。

"网商易贷通"依托阿里金融强大的数据支持，在贷前、贷中、贷后管理上实现全流程监控，同时，政府、银行、担保及阿里金融四方共担风险，开创了电商平台融资新模式；"微商易贷通"创新引入小微商户信用互助机制，真正实现微型商户"抱团"效应，通过独创的单体客户管理信用等级模型，突破了小微企业依靠"互保联保"融资的传统模式；"外贸易贷通"作为政府扶持出口外贸型企业的试点项目，首创风险补偿前置的风险共担模式，通过担保的杠杆效应，有效放大了政府资金的扶持力度。

如今，"张江易贷通"系列融资担保产品已分别为 74 家电商平台企业提供了 3300 万元的融资担保，户均金额 44 万元；为 136 家小微商户提供了超过 1 亿元的融资担保，户均金额 79 万元；为 47 家出口外贸型企业提供了 1.8 亿元的融资担保，户均金额 382 万元，为小微企业融资提供了一条有效的解决之道。

上海联合融资担保有限公司还大力探索新型的反担保措施和操作方式，逐步开展小额贷款担保快速受理模式、红证抵押担保业务、船舶抵押担保业务、融资租赁类担保业务等业务，使公司的担保产品日趋丰富，担保方式日趋灵活，市场竞争力日益提高。

# 十一、项目融资模式案例——BOT、BT 项目融资模式

## （一）案例：成都水厂 BOT 融资模式[①]

成都 BOT 项目严格遵循国际招标，项目的运作可分为多个阶段，即项目的确定和拟定、招标、签约和融资建设、运营和移交。

1. 项目的确定和拟定

1996 年，成都市政府经过测算，预计成都市将在 2002 年出现 40 万立方米/日的供水缺口，计划增设 46 万立方米处理能力的供水设施，以满足未来的城市用水需求。该供水设施主要建设内容包括建设 80 万立方米/日的取水工程，46 万立方米/日净水厂工程和 27 千米输水管道工程。在成都市政府的积极争取和国家的大力支持下，1997 年 1 月，国家计委正式批复同意该水厂与外商采取 BOT 投资方式建设。对外商投资者的特许经营期为 18 年（其中含建设期 2.5 年）。

2. 招标

成都水厂 BOT 项目的招标工作始于 1997 年。在该年 9 月，成都水厂 BOT 项目正式公开进行国际性招标，包括苏伊士—里昂，法国威望迪水务集团等 5 家国际知名的水务公司参与竞标。经对投标的 33 家国外公司或公司联合体进行资格预审后，最终选定了其中竞争力最强的法国通用水务集团（威望迪水务集团前身）—日本丸红株式会社联合体作为项目中标单位。

中标的项目总投资额 1.06 亿美金，与成都市政府测算的投资额相差了近 3 亿元；而中标的合同水价为 0.9 元/吨，比成都市自来水公司自己测算出的水价便宜了 35% 以上。

---

① 孙晓岭. 试论 BOT 项目在我国的运作及对策——成都市自来水六厂 BOT 项目案例分析 [D]. 西南财经大学博士论文，2000.

3. 签约和融资

1999 年 8 月，成都 BOT 项目正式签约。当月，法国通用水务集团—日本丸红株式会社联合体与成都市政府最终签订该项目的特许经营权协议。随即作为该项目投融资建设和运营主体的项目公司——成都通用水务—丸红供水有限公司正式成立，该项目正式进入实施阶段。这样，通过融资，在没有中央或地方政府的财政支持下，该项目获得 1.06 亿美元（约合 8.8 亿元人民币）运作资金。其中资本金占 30%，约 3200 万美元，由项目公司的股东方直接投入，法国威望迪占 60%，丸红占 40%；其余 70% 的投资则由项目公司通过对外贷款融资方式解决。该项目对外贷款融资业务以法国里昂信贷银行为主承销，并联合亚洲开发银行（ADB）、欧洲投资银行（EIB）和日本进出口信贷银行，共同为该项目提供融资贷款。

4. 项目建设

项目签约后，建设阶段即正式开始。项目建设由成立的项目公司作为主体进行，经过两年的建设，水厂最终按期并在预算之内完成建设，接受了来自成都市政府和自来水公司的检验和最终验收。工程竣工后，项目通过规定的竣工试验，建设阶段即结束，进入运营期。

5. 项目运营

至 2001 年 12 月底，经过两年多的建设，该项目已基本建成，正式进入了调试及试运行阶段。这个阶段持续到特许权协议期满，项目公司按照项目协定的标准和协定的条件来运营项目。在整个项目运营期间，按照协定要求对项目设施进行保养。为了确保运营和保养按照协定要求进行，贷款人、投资者、政府都拥有对项目进行检查的权利。到 2015 年，该项目已经成功进行商业运营 14 年，每天为成都市提供净水 40 万立方米/日。

6. 项目的移交

特许经营权期满后向政府移交项目。一般说来，项目的设计应能使 BOT 发起人在特许经营期间还清项目债务并有一定利润。这样项目最后移交给政府时是无偿的移交，或者项目发起人象征性地得到一些政府补偿。政府在移交日应注意项目是否处于良好状态，以便政府能够继续运营该项目。

在成都 BOT 项目中有一个特殊之处，那就是 27 公里的输水管线部分将于完工后提前移交给政府，而其他的水厂设施都将于 2017 年运营期满后，再无偿移交给成都市政府。这是因为，按照国家现行《土地法》规定，不拥有土地使用权，则不拥有地上、地下附属物的产权。所以，为降低建设成本，减少土地占用，供水管道建设用地均采用临时租地，但按《土地法》规定，则投资者不拥有管道产权。

因此，之前考虑也采用 BOT 方式的 27 公里输水管道，只好采用 BT 方式，即外商建成后即移交。所以，该工程实际上包含了 BOT 项目及 BT 项目，即在 BOT 项目建设完成后，提前对 27 公里的管线进行了完工后的检查、验收、运行的测试以及竣工文件的审查、移交（见图 4 - 7）。

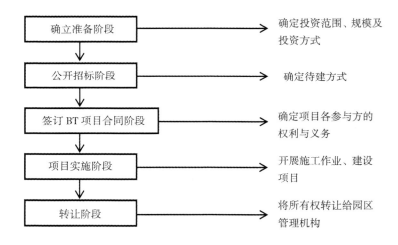

图 4 - 7　BT 模式的运行程序

## （二）案例：济南市高新区武家庄拆迁安置 BT 融资模式[①]

1. 项目前期准备阶段

武家庄拆迁安置项目采用 BT 模式建设由济南市高新区管委会于 2010 年

① 杨峰. BT - 模式研究——以济南高新区孙村片武家庄拆迁安置项目为例［D］. 山东建筑大学博士论文，2011.

1 月提出，随后高新区管委会对该项目采用 BT 模式建设进行了可行性分析并编制项目建议书，经济南市政府批准立项后，授权高新区管委会负责项目实施，高新区管委会负责办理有关行政审批手续、组织项目的初步设计、编制项目概算并解决征地拆迁问题。

2. 项目招投标阶段

高新区管委会通过公开招投标确定中国新兴建设开发总公司为项目的投资建设方，中国新兴建设开发总公司与高新区管委会签订 BT 项目特许权协议，具体负责项目的投融资和建设管理工作。

3. 项目公司的组建和合同谈判阶段

中国新兴建设开发总公司在中标后，按照与高新管委会签订的 BT 项目特许权协议的规定成立项目公司。中国新兴建设开发总公司组织成立项目公司后与高新区管委会进行合同谈判，签订有关协议。协议确定了武家庄拆迁安置项目的工程范围、工期、造价、质量、回购方式、双方的权利义务及风险分配等内容。

按照协议，武家庄拆迁安置项目的具体投融资和建设管理工作由中国新兴建设开发总公司负责，项目建筑面积为 68.8 万平方米，主要建设项目是小高层、高层、公建和地下车库，项目分三期建设，每期建设时间 18 个月。其中一期工程已于 2010 年 12 月开工建设，于 2012 年 6 月移交，二期工程于 2011 年 8 月开工建设，三期工程于 2012 年开工建设。每期工程竣工验收合格后，高新区管委会连本带息以分期付款形式对竣工项目进行回顾。每期竣工项目回购方式分为三个阶段：

第一阶段：每期竣工项目移交一年后，高新区管委会回购每期项目总投资的 30%；

第二阶段：每期竣工项目移交二年后，高新区管委会回购每期项目总投资的 30%；

第三阶段：每期竣工项目移交三年后，高新区管委会回购每期项目总投资的 40%。

按照协议，在项目的融资和建设阶段，高新区管委会注重项目宏观的协调、监督和管理，项目具体的投融资和建设管理工作由中国新兴建设开发总公司负责，包括筹集建设资金，项目的计划、组织、协调、控制等建设管理工作。待每期项目竣工验收合格后，中国新兴建设开发总公司从高新区管委会那里分期取得投资回报。

按照协议，项目公司按"35%资本金 + 65%贷款"方式，对项目进行投融资。项目融资工作由中国新兴建设开发总公司负责进行。

4. 项目建设阶段

中国新兴建设开发总公司在成立项目公司并成功融资后，便开始组织项目的建设。按照协议，武家庄拆迁安置项目分三期建设。武家庄拆迁安置项目一期工程采用的是直接施工型的 BT 运作模式，即中国新兴建设开发总公司在成立项目公司后不再通过招标方式选定施工单位，而是由其下属施工单位进行施工建设。另外，高新区管委会为加强对项目的监管，直接委托监理单位对 BT 项目实施监督管理。

5. 项目移交回购阶段

按照协议，武家庄拆迁安置项目每期工程竣工验收合格后，中国新兴建设开发总公司按约定的相关程序和期限将分期竣工项目移交给高新区管委会，并从高新区管委会那里分期取得合同价款，即该项目采用分期竣工验收后分期回购的方式进行，回购期限确定为分期工程竣工验收移交后三年内付清分期工程回购款。这样，也有利于新兴建设开发总公司滚动式地利用回购款推进工程建设。

# 十二、土地收储出让融资模式案例——杨林工业园土地出让融资模式[①]

杨林工业园区开发建设过程中遵循"管委会 + 平台公司"的模式，管委会履行管理和服务职能，平台公司履行融资和基础设施建设的职能。管委会融资平台泰佳鑫公司成立于 2008 年，不断发展和壮大，整体实力逐步提高，

---

① 云南嵩明杨林工业园区管委会（http：//www. ynsmylgyy. cn/T/1/）.

截至 2013 年底，泰佳鑫公司资产已达 57.76 亿元。

自成立以来，公司融资主要依靠园区土地资源：2008 年，公司利用土地和项目相结合的方式，通过质押土地使用权从富滇银行获得 1.8 亿元贷款，用于园区土地收储及基础设施配套建设；截止到目前，公司一直在致力于发债坐实园区的 207 公顷土地资产（32.1 亿元）；园区入园企业征收土地及开发支出约占泰佳鑫公司总资产的两成。但是在通过土地出让进行融资的过程中，各级政府提取比例过高，使得园区的融资成本大大增加。具体情况如下：

通过正常的土地招拍挂程序，云南省、昆明市、嵩明县三级政府提取的各项基金占园区整个土地出让收入的 60.4%，其中对土地出让收入（出让总价款）的计提高达 36.5%（省级计提水利基金 1.5%、地质灾害基金 1.5%，高速公路、铁路计提基金 6%、农田水利基金 1.5%，共 10.5%；市级计提水利基金 1.5%、市级统筹 5%、农田水利基金 0.9%，共 7.4%；县级计提保障性住房基金 5%、水利基金 1%、教育基金 2%、支农支出 4%、全域城镇化基金 4%、土地储备管理费 2%、农田水利基金 0.6%，共 18.6%），土地出让收益计提 57%（省级农业土地开发资金 9%，县级计提 48%）。

杨林工业园区近年来因基础设施配套建设和土地收储任务重，项目回购期临近等原因，融资压力不断增大，但是由于缺乏专业性、自身实力不强，泰佳鑫公司目前只能抓住"土地资产"进行融资。在这种境况下，各级政府对其土地出让进行大比例的提取，无疑加重了园区的融资负担。"园区因为特别缺钱才想方设法进行融资，但是筹集的资金还未投入园区发展建设就被大比例提取，融资的根本目的怎么达到？可否请各级政府体谅园区发展的难处，等土地进行市场化开发时再进行各项基金的计提？"管委会财政分局倪鸿燕局长提出这样的建议。

# 十三、园区基础设施建设债券融资模式案例
## ——苏州工业园区为园区基础
## 设施建设债券融资模式①

苏州工业园区地产经营管理公司企业债券向社会公开发售。国家开发银行担任该期债券主承销商。该期债券募集资金将全部用于苏州工业园区二、三区基础设施项目。该项目是苏州工业园区当前首要的重点项目，项目的主要内容为基础设施工程，主要包括二、三区 53.16 平方公里范围内分阶段实施的道路、供水、供电、燃气、供热、排水、排污、电信、有线电视和土地平整等"九通一平"工程。为园区今后的开发建设提供充足的工业、科技、商业和居住用地，最终形成园区的城市化形态。苏州工业园区地产经营管理公司通过该期债券的发行，可以为园区二、三区基础设施开发项目提供必要的资金保障，项目的实施对实现中新联合协调理事会既定目标，增强园区综合实力，扩大苏州工业园区在国内外的影响，促进园区经济持续、快速、健康发展有着十分重要的经济和社会意义。

该期公开发行的债券额度为 12 亿元，债券存续期十年，采取固定利率形式，票面年利率 5.05%，在该期债券存续期内固定不变，每年付息一次，最后一期利息随本金一并支付。国家开发银行为该期债券提供不可撤销连带责任保证。经大公国际资信评估有限公司综合评定，债券信用级别为 AAA 级。该期债券发行结束后，将向经批准的交易场所申请上市流通。

该期债券将通过向机构投资者销售和承销商营业网点零售相结合的方式进行发行，承销团设置的发行网点向全国公开销售，并有部分在江苏省境内的相关证券营业部零售。持有中华人民共和国居民身份证的公民（军人持军人有效证件）及境内法人（国家法律、法规禁止购买者除外）均可购买。

---

① 苏州工业园区管委会（http://www.sipac.gov.cn/）.

该期债券由国家开发银行担任主承销商。国家开发银行作为国家的开发性金融机构，主要任务是根据国家的经济社会发展战略和重点，筹集和引导社会资金，通过市场建设，支持国家基础设施、基础产业和支柱产业的大中型基本建设和技术改造等项目及其配套工程建设，支持重大高新技术在经济领域的应用，支持经济社会发展的瓶颈领域建设，为政府特定的经济政策和意图提供金融支持，促进国民经济社会全面协调可持续发展。

# 十四、园区联合债券融资模式案例——扬州经济开发区开发总公司联合债券融资模式[①]

## （一）扬州经济开发区开发总公司简介

扬州经济开发区开发总公司成立于 1992 年 6 月，隶属于扬州经济开发区管委会，性质为国有企业。作为政府对扬州经济开发区建设的唯一投资载体及融资平台，开发总公司担负着扬州经济开发区范围内所有土地的开发和基础设施建设的任务。

公司原始注册资本 2000 万元，由扬州经济开发区管理委员会出资。2002年根据扬州经济开发区管理委员会扬开管复（2002）34 号批复的规定，增加注册资本 4.8 亿元，变更后公司注册资本为 5 亿元，并于 2002 年办理了变更登记手续。2003 年 2 月 18 日根据扬州经济开发区管理委员会扬开管复（2003）3 号批复和修改后管理章程的规定，申请增加注册资本 3 亿元，变更后的注册资本为人民币 8 亿元。2006 年根据扬州经济开发区管理委员会的批复和修改后章程的规定，进行了两次增资，变更后的注册资本为人民币 19 亿元。2007 年根据扬州经济开发区管理委员会的批复和修改后的章程的规定，又进行了两次增资，于 2007 年 12 月 31 日经扬州德诚联合会计师事务所德诚

---

① 扬州国家高新技术产业开发区管委会（http：//www. hjedz. gov. cn/.）.

（2007）验 371 号验资报告验证，变更后的注册资本为人民币 33 亿元，于 2008 年 6 月 2 日领取变更后的营业执照。2008 年 11 月 7 日，根据修改后章程，申请增加注册资本 5 亿元，以货币资金投入，经扬州德诚联合会计师事务所扬德城（2008）验 331 号验资报告验证，截至 2008 年 12 月 31 日，实收资本为 38 亿元，于 2009 年 2 月 17 日在工商行政管理部门办妥了变更登记手续。

## （二）债券发行概况

1. 发行总额

发行总额为人民币 8 亿元。

2. 债券期限

该期债券为 7 年期。

3. 债券利率

该期债券为固定利率债券，票面年利率为 5.80%，该利率根据 Shibor 基准利率加上基本利差 3.95% 确定，Shibor 基准利率为发行首日前五个工作日全国银行间同业拆借中心在上海银行间同业拆放利率网（www. Shibor. org）上公布的一年期 Shibor 利率的算术平均数 1.85%（基准利率保留两位小数，第三位小数四舍五入），在债券存续期内固定不变。该期债券采用单利按年计息，不计复利，逾期不另计利息。

4. 还本付息方式

每年付息一次，同时设置债券提前偿还条款，分别于 2014 年 5 月 12 日偿还该期债券本金金额的 20%，16000 万元，2015 年 5 月 12 日偿还该期债券本金金额的 30%，24000 万元，2016 年 5 月 12 日偿还剩余的 50% 本金，40000 万元，最后三年的本金随利息的支付一起兑付。年度付息款项自付息首日起不另计利息，本金自兑付首日起不另计利息。

5. 发行价格

该期债券面值 100 元人民币，平价发行，以 1000 元为一个认购单位，认购金额必须是人民币 1000 元的整数倍且不少于人民币 1000 元。

6. 起息日

该期债券的起息日为发行首日，即 2009 年 5 月 12 日，以后该期债券存续期内每年的 5 月 12 日为该计息年度的起息日。

7. 计息期限

自 2009 年 5 月 12 日至 2016 年 5 月 11 日。

8. 本息兑付方式

通过该期债券托管机构办理。

9. 发行方式及对象

该期债券通过承销团成员设置的发行网点向境内机构投资者（国家法律、法规另有规定除外）公开发行。

10. 债券形式

实名制记账式企业债券。投资者认购的该期债券在中央国债登记结算有限公司开立的一级托管账户托管记载。

11. 承销方式

该期债券由宏源证券股份有限公司担任主承销商并组织承销团，以余额包销的方式承销。

12. 承销团成员

主承销商为宏源证券股份有限公司，副主承销商为华融证券股份有限公司和中信建投证券有限责任公司，分销商为江南证券有限责任公司、平安证券有限责任公司、华林证券有限责任公司、国信证券股份有限公司和苏州信托有限公司。

13. 信用级别

经联合资信评估有限公司综合评定，该期债券的信用级别为 AA，发行人的主体长期信用等级为 AA－。

14. 债券担保

该期债券以开发区管理委员会对发行人代建的基础设施建设项目进行回购而形成发行人对开发区管委会的应收账款，以该应收账款进行质押为该期债券提供担保，并由北京市格维律师事务所对应收账款质押的相关事宜出具专项法律意见；扬州经济开发区设立专项偿债风险准备金为该期债券的本息偿付提供保证。

15. 上市安排

该期债券发行结束后 1 个月内，发行人将就该期债券提出在经批准的证券交易场所上市或交易流通的申请。

## （三）债券发行流程

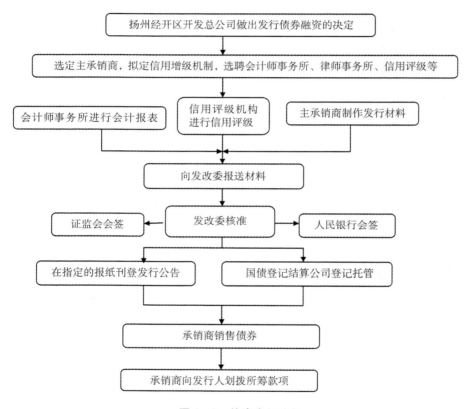

图 4 - 8　债券发行流程

# 十五、结构化融资方案——某银行园区 公司结构化融资产品方案

为满足园区公司多元化融资需求，拓宽融资渠道，降低融资成本，增加公司资金使用灵活性，现为园区公司推荐某银行结构化融资产品方案。中信银行开发的结构化融资业务实质上是以公司客户信用为基础的准信贷业务，即通过安排自有资金和对外定向募集资金等多元化渠道，为公司客户提供融资安排。

主要操作模式如下：

## （一）自有资金投资模式——证券公司 + 委托贷款

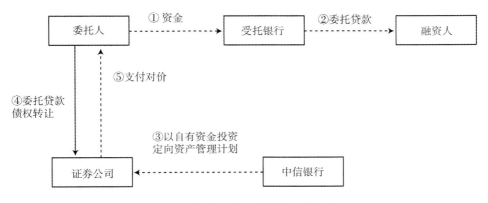

**图 4 - 9　证券公司 + 委托贷款投资模式**

注：① 委托人与受托银行签订《委托合同》；② 受托银行与融资人签订《委托借款合同》，受托银行根据委托人指示向指定融资人发放委托贷款；③ 与证券公司签订《定向资产管理合同》，以自有资金委托证券公司设立定向资产管理计划；④ 委托人、证券公司、受托银行及融资人签订《委托贷款债权转让协议》；⑤支付对价。

## （二）自有资金投资模式——信托贷款

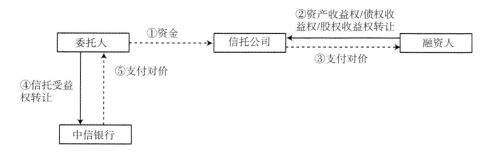

**图 4 – 10　信托贷款投资模式**

注：① 委托人与信托公司签订《资金信托合同》，将其自有资金委托给信托公司；② 信托公司与融资人签订《收益权转让协议》，根据委托人指示，受让指定融资人特定资产收益权/债权收益权/股权收益权，并支付对价；③ 与委托人签订《信托受益权转让协议》，将其合法持有的信托受益权转让给银行。

## （三）对接机构资金模式——委托贷款

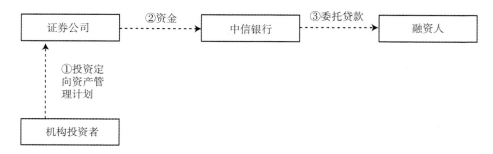

**图 4 – 11　委托贷款投资模式**

注：① 通过银行撮合，机构投资者与证券公司签订《定向资产管理合同》，以其资金委托证券公司设立定向资产管理计划；② 证券公司与银行签订《委托合同》；③ 与融资人签订《委托借款合同》，定向资产管理计划通过银行向指定融资人发放委托贷款。

## （四）对接机构资金模式——信托贷款

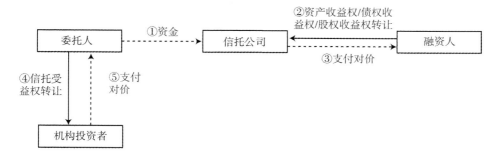

**图 4 - 12　信托贷款投资模式**

注：① 委托人与信托公司签署《单一资金信托协议》，将其自有资金委托给信托公司；
② 信托公司与融资人签订《收益权转让协议》，信托公司根据委托人指示，受让指定融资人特定
资产收益权/债权收益权/股权收益权，并支付对价；③ 通过银行撮合，委托人与机构投资者签
订《信托受益权转让协议》，委托人将其合法持有的信托受益权转让给机构投资者。

以上结构化融资产品模式及融资成本根据市场及企业具体财务情况、资
金使用情况决定。

## 附：结构化融资成功案例①

### 1. 案例项目背景

（1）威信云投粤电为国有控股企业，主要负责开发建设及经营管理 4 ×
600MW 超临界火力发电机组及配套年产 480 万吨煤矿一体化项目，其中一期
工程为 2 × 600MW 超临界火力发电机组及配套年产 240 万吨煤矿。

（2）威信云投粤电煤一体化项目一期已获得国家相关部门整体核准，一
期发电机组已进入并网试运营阶段，但尚处于项目建设期。

（3）根据总行信审批复，项目一期获得固定资产贷款授信 10 亿元，期

---

① 中信银行昆明分行投置部。

限 12 年。分行 2012 年底已放款 4 亿元，空置授信额度 6 亿元。

2. 项目融资结构及模式——自有资金信托贷款模式

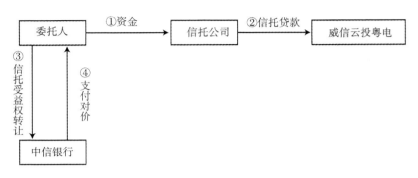

**图 4－13　自有资金信托贷款模式**

3. 运作模式

威信云投粤电股份有限公司作为贷款方，利用自有资产抵押获得授信额度，并通过委托人（贷款机构）将获得的授信额度向中信银行转让，获得信托贷款资金，信托公司将信托贷款资金转拨威信云投粤电股份有限公司用于流动资金。威信云投粤电股份有限公司通过并网发电获得收益偿还信托贷款。这种模式可以有效解决企业因固定资产投资占用现金而难以正常生产的困难。

# 十六、保险资金融资案例设计——城市建设如何利用保险投融资平台案例介绍

## （一）保险投融资平台服务于城市建设的前提条件

1. 较高的收益率

综合数据显示，投资基础设施的年收益率为 6.2% 左右，而保险资金近 5

年来简单算术平均投资收益率为 5.26%，近 9 年则为 4.66%。投资城建基础设施的回报是满足保险资金要求的。

2. 相匹配的特性

由于城市基础设施建设项目普遍具有超前性、社会性、公益性，投入量大、建设周期长、沉淀成本高、需求弹性小等特点，也恰好与保险资金运用的特性相匹配。

## （二）保险资金投资基础设施的相关政策和制度环境

正是因为上述原因，中国保监会积极推进保险公司基础设施投资试点，于 2006 年 3 月 14 日发布了《保险资金间接投资基础设施项目试点管理办法》，允许保险资金通过基础设施投资计划间接投资于基础设施项目，投资形式可以是股权、债权、经营权或物权等，保险资产管理公司可以发起设立投资计划，从而为保险资金与城市建设领域互动支持提供政策保障。中国保监会还将于近期出台包括《保险资金投资基础设施项目债权投资计划操作指引》、《保险机构投资股权管理办法》等一系列政策规定，进一步完善基础设施投资和股权投资政策，稳步扩大投资基础设施试点，确定具体投资比例，创新投资管理模式，引导保险机构以债权和股权等方式，投资重点区域、重点领域关系国计民生、符合产业政策和宏观调控要求的重点项目。

2006 年 9 月，中国保监会下发了《关于保险机构投资者投资商业银行股权的通知》，已有多家保险机构投资未上市银行股权，目前正在研究稳步开展股权投资商业银行的试点工作，允许符合条件的保险机构投资非上市优质企业股权和银行等金融机构股权，促进保险综合经营，进一步拓展保险发展空间。

## （三）投资方式

1. 债权方式

债权性投资是指为取得债权所进行的投资，如购买公司债券、购买国库券等，均属于债权性投资。企业进行这种投资不是为了获得其他企业的剩余资产，而是为了获取高于银行存款利率的利息，并保证按期收回本息。

2. 股权方式

通过投资取得被投资单位的股份，是指企业（或者个人）购买的其他企业（准备上市、未上市公司）的股票或以货币资金、无形资产和其他实物资产直接投资于其他单位，最终目的是为了获得较大的经济利益，这种经济利益可以通过分得利润或股利获取，也可以通过其他方式取得。

3. 资产证券化等间接方式投入

资产证券化是以特定资产组合或特定现金流为支持，发行可交易证券的一种融资形式。传统的证券发行是以企业为基础，而资产证券化则是以特定的资产池为基础发行证券。

### （四）保险投融资平台服务于城市建设的基本程序

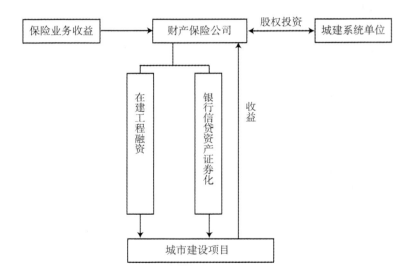

图 4－14　保险投融资平台服务于城市建设的基本程序

## （五）案例运用——安诚保险公司保险融资①

### 1. 背景

受益于资产价格的持续上扬和投资渠道的拓宽，截至 2007 年末，保险公司资金运用余额为 26721.94 亿元，较年初增长 37.2%，如此巨大的资金规模和迅猛的发展速度，为基础设施建设带来了良好的机遇，并在 2007 年进行了保险资金进入基础设施领域试点。

2007 年，保险机构多项基础设施投资计划相继设立，泰康、华泰、中国人寿、太平洋、中国人保等保险机构通过设立基础设施投资计划，涉及公路、铁路、隧道、桥梁、能源、税务、市政等基础设施领域，包括引人注目的京沪高铁项目。

### 2. 安诚保险关于保险资金为城市建设领域服务的思路

安诚保险是全国性中资财产保险公司，在发展方向上致力于立足西南、走向全国，在重点服务对象上既为重庆城投等股东单位服务，也为城建系统内各单位服务。

（1）为城建系统担任风险管理顾问。安诚保险从组建开始，就确立了"构筑风险预警体系，提供专业安全保障"的公司使命，要树立在中国财产保险领域的"风险管理顾问与专业服务"形象。在安诚保险"专业化风险管理顾问"的全力配合下，重庆城投公司及下属子公司高度重视企业关于风险识别、预防和转移的工作，不仅对自身风险事故隐患进行了全面识别，还在此基础上制定了整体风险事故预警方案和整体规划，建立起了企业风险预警机制，制定了风险转移计划。

在重庆城投全资子公司——重庆诚投路桥管理公司所属大桥营运风险防范管理过程中，安诚保险充分考虑大桥在营运过程中的风险，组织专家现场查勘，针对大桥损失的最大可能性进行风险评估，量身定制保险方案，将原来只有 9.5 亿元的保险财产扩大到 13.7 亿元，保险费由原来的 45 万元减少

---

① 金投保险网（http://insurance.cngold.org/.）.

到 39 万元，保险责任由原来的 17 项增加到现在的 25 项，从而最大限度地保障了投资者的利益。

（2）为城建系统构建项目融资平台。安诚保险作为保险公司这一特许金融机构，本身就具有投融资功能，充分发挥这一功能是使公司走上良性发展道路的重要手段，利用这一功能为城建系统服务也是公司经营思路的核心构成之一。在当前保险行业监管体系下，安诚保险将充分利用与保险资产管理公司的战略合作关系，为城建系统构建项目融资平台。

1）在建工程融资。在保险资金进入基础设施的实例中，绝大多数属于保险资金通过保险资产管理公司平台以债权形式间接投入在建工程，少量为股权方式，在基础设施建设原有的财政支持、银行信贷、债券、信托等方式之外为项目方提供新的融资渠道。

在投入基础设施的资金来源中，保险公司既可以自有资金投入，也可以根据特定项目的需求量身定做投资型产品从而以募集资金的方式进行投入。

2）银行信贷资产证券化。保险资金除了进入基础设施在建工程，也可以通过资产证券化方式，置换信贷资产，从而改善企业负债结构、扩大资产规模，在已经进行的操作实例中，华泰资产的"华泰国开—沪通支持投资产品"就属于银行信贷资产证券化方式。

中国保监会积极推动保险资金进入基础设施领域，其政策主旨是保障投资收益、防范信用风险、维护资产安全，稳定推进试点；其政策引导是重点领域、重点行业；其政策支持之一是稳步扩大保险资金投资资产证券化产品。通过银行信贷资产证券化，可以有效盘活固定资产，从另一个角度来说，由于固定资产存量规模大，也能为数额巨大的保险资金寻找到投资渠道。

（3）为城建系统股权改革和投资提供支持。除了以项目投资方式进入城市建设领域，保险资金还可以通过股权投资的方式，为城建系统的股权改革和投资提供支持，同时拓宽自身投资渠道、优化资产配置结构、改善盈利模式。

1）从为城建系统股权改革服务方面来说，保险机构可以为城建系统提供资金支持；从城建系统投资角度来说，城建系统可以通过向保险机构投资优化自身资产结构，增加利润来源。

2）从投资方式发展方向上来说，保险资金可以通过直接股权投资（保险公司或保险资产管理公司单一股权投资）和股权投资计划（保险资产管理公司集合股权投资或股权投资基金）两种方式来进行。

3）从投资对象上来说，保险机构和城建系统单位都可以作为被投资者。

# 十七、保理融资设计

## （一）概念

保理（Factoring）是一种通过收购企业应收账款为企业融资并提供债款回收和销售账户等财务管理、信用调查、信用担保方面的综合金融服务产品，是一种完全不同于银行信贷的产品。保理是包括融资、债款回收、销售账户管理、信用调查、评估、管理以及坏账担保在内的综合金融服务。保理融资是指卖方申请由保理银行购买其与买方因商品赊销产生的应收账款，卖方对买方到期付款承担连带保证责任，在保理银行要求下还应承担回购该应收账款的责任，简单地说就是指销售商通过将其合法拥有的应收账款转让给银行，从而获得融资的行为，分为有追索与无追索两种。

## （二）特点

1. 保理组织承担了信贷风险

出口商将单据卖断给保理组织，就是说如果海外进口商拒付货款或不按期付款等，保理组织不能向出口商行使追索权，全部风险由其承担。这是保理业务最主要的特点和内容。保理组织设有专门部门，有条件对进口商资信情况进行调查，并在此基础上决定是否承购出口商的票据。只要得到该组织的确认，出口商就可以赊销方式出售商品，并能避免货款收不到的风险。

2. 保理组织承担资信调查、托收、催收账款甚至代办会计处理手续

出卖应收债权的出口商，多为中小企业，对国际市场了解不深，保理组

织不仅代理它们对进口商进行资信调查，并且承担托收货款的任务；有时它们还要求出口商交出与进口商进行交易磋商的全套记录，以了解进口商负债状况及偿还能力。一些具有季节性的出口企业，每年出口时间相对集中，它们为减少人员开支，还委托保理组织代其办理会计处理手续等。

3. 预支货款

典型的保理业务是出口商在出卖单据后，立即收到现款，得到资金融通。这是保理业务的第三个主要内容与特点。但是，如果出口商资金雄厚，有时也可在票据到期后再向保理组织索要货款；有时保理组织也在票据到期日以前，先向出口商支付 80% 的出口货款，其余 20% 的货款待进口商付款后再支付。

## （三）保理业务的流程

在现实运作中，保理业务有不同的操作方式，因而有多种类型。按照风险和责任的原则，保理可以分为：追索权保理和无追索权保理；明保理和暗保理；折扣保理和到期保理等。保理业务是一种固定利率融资的业务，通常仅提供 180 天以内的短期贸易融资。保理商（商业银行或专门从事保理业务的非银行金融机构）通过承购应收账款向客户提供融资，以客户的供货合同为基础，这一融资方式主要依据客户的产品在市场上被接受程度和其盈利状况，只要企业具有相对稳定的产品销售和客户关系，就可以通过保理方式融资，融资最高可达到合同金额的 80%，不考察企业的资产负债表，不管企业的规模如何以及是否有担保或抵押（见图 4 – 15）。

## （四）现阶段保理业务的运作模式

我国仅有中国出口信用保险公司和商业银行针对大型出口企业在"打包放款担保"和"出口押汇保险"等方面有过一些合作。对于保理业务险，保险公司还未开展此类业务。

1. 国际保理模式：银行和出口信用保险公司合作

此种模式适用于出口型中小企业。一方面是因为出口信用保险公司对出

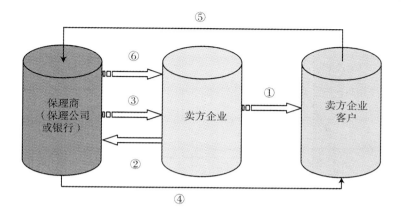

**图 4 - 15  保理业务的流程**

注：① 卖方交货或提供有关服务后，开发票给买方并附带转让通知（隐蔽型保理除外），说明债权转给保理商；② 卖方将发票副本送交保理商；③ 保理商按事先商定的比例（最多占发票金额的80%）向卖方提供融资，并扣除手续费；④ 保理商向买方催收货款，并向卖方提供财务管理服务；⑤ 买方向保理商支付发票金额的款项；⑥ 保理商从所收款项中扣除预付款、保理费利息（应收账款的0.1%～2.5%）后向卖方支付余款。

口型企业以及国际贸易惯例比较熟悉；另一方面是因为出口信用保险公司和商业银行在企业出口方面有过充分的合作，不存在准入障碍和操作上的大变动。在我国的国际保理业务操作中，大多采用的是单保理模式（国际上一般是双保理模式）。

此模式为利用出口保险公司现已开办的相关业务，建立起"企业＋银行＋出口信用保险"三位一体的信用保险体系（见图4－16）。由出口企业投保信用保险，受益人为开办保理业务的商业银行。保险公司对出口商的履约能力及进口商的资信进行调查，确定对进口商的信用额度，商业银行在此额度内对出口商进行保理。当然，这里银行所提供的保理，不包括已由信用保险公司所完成的信用调查服务。

该模式下出口商虽需承担保险费用，但能从商业银行获得较低的贴现率和较高比例的贴现额。保险公司则扩大了业务量，同时商业银行通过与出口信用保险公司合作，国际保理风险得到了一定的控制。

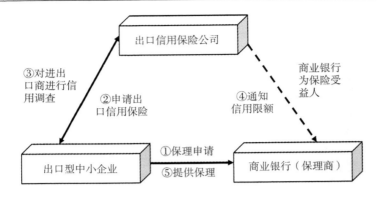

图 4-16　国际保理模式

2. 国内保理模式：银行和信用担保机构合作

信用担保机构和商业银行在中小企业融资方面已经有充分的合作，如双方合作开展的中小企业应收账款质押贷款，这样的合作基础有助于双方在保理业务上的进一步联手。同时，信用担保机构的一些业务种类正好可作为保理业务的有效补充，如履约担保等。实际上，这种合作也是信用担保机构自身发展的迫切需要。信用担保公司在这里所做的担保实际上等同于为企业所做的一种反担保。其模式运行如图 4-17 所示。

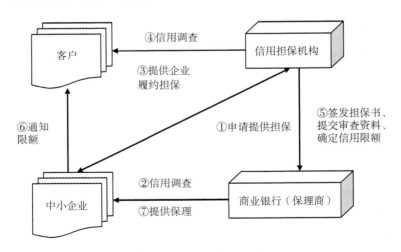

图 4-17　国内保理模式

## （五）保理融资需要满足的条件

**1. 企业的赊销业务对象应当是具备一定信用资质的客户**

如果企业提供的客户的信用能力不足，将导致保理业务失败。这就要求企业必须强化客户的资信管理能力，不断筛选优质客户，规避高风险客户。

**2. 需要严格规范赊销业务，降低交易纠纷**

尽管保理业务是以无追索权的方式提供应收账款融资，但是如果由于买方以交易纠纷为理由拒付货款，保理商将免除信用担保责任并向卖方追回融资款项。因此，寻求保理服务的企业首先需要保证自身的产品质量并严格履行供货合同。同时，企业应与客户签订严格的保理项下的赊销合同，尽量减少发生交易纠纷的可能性。

**3. 需要权衡赊销收益机会与风险成本，整体规划应收账款外包服务**

企业是否需要保理服务，首先取决于营销战略和财务融资策略。在竞争性市场条件下，采用信用方式扩大销售规模，必将面临应收账款的回收和现金流风险。此时，要求企业在统一的信用管理制度和信用政策指导下，合理安排应收账款的融资和风险控制事项。其中，保理应当作为企业获得应收账款融资的一个有效手段。对于已经发生拖欠的应收账款，企业需要寻求专业收账服务。

# 十八、园区梯形融资综合创新模式设计

## （一）概念

园区梯形融资综合创新模式是指根据园区内科技型企业生命周期的变化，通过建立"内源融资＋政府扶持资金＋风险投资＋债权融资＋股权融资＋改制上市"的"梯形融资模式"实现融资的模式。

## （二）特点

园区梯形融资综合创新模式有三个基本的特点：一是依据企业的不同阶段安排不同的融资方式；二是强调政府甘为人梯的精神，在不同的阶段给予企业不同的关注；三是梯形融资模式是一个动态发展的理论，需要我们根据实践不断进行调整。

## （三）融资原理

1. 初创期：构建内源融资+政府扶持资金模式

在初创期，由于自身的原因，企业很难从商业银行获得资金，也不易获得风险投资。这个时期企业应主要依靠所有者的资本投入，也可通过寻求合作者来获得资金；应规范企业制度，为将来吸引风险投资打下基础；应努力发展同银行的关系，以便在以后企业发展时获得银行贷款；还应积极寻求政府的支持，政府扶持科技型中小企业的重点也在于此。

2. 成长期：吸引风险投资

风险投资可以在企业发展的不同时期分期注入资本，获得一定股份或认股期权，并深入企业，规范企业经营，指导企业规范经营、制定发展战略、联系业务伙伴，但不干预日常经营。通过创业者或管理层持股等方式设立激励性很强的报酬体系，与企业形成利益共生关系，发挥创业者的积极性和天赋，弱化融资中的逆向选择行为和融资后的败德行为。由于每期注入的资本相对上一期均付出较高溢价，前期投入者承担较高风险时有更高的回报。成功的风险投资项目具有超高回报，承受多个项目的失败后收益依然可观。并且视公司发展状况，资金从小到大地分期投入，资金风险可控，这些措施降低、分摊了融资的风险和融资成本。风险投资的特点决定了它不会长期持有企业的股份，当企业发展成熟可以在一般市场融资时选择退出。因此，广泛的退出渠道和可预期的退出机制对风险投资来说是必要的。

3. 扩张期：债权融资比重上升

债权融资包括中小企业打包贷款、企业债券融资等。处于扩张期的企业资产规模较大，业务记录也较完备，信息透明度进一步提高，信用评价工作在这个阶段可以开展。技术风险在前两阶段已基本解决，但市场风险和管理风险加大。此时由于企业已经符合商业银行的贷款要求，可以获得商业贷款，因此企业融资以债权融资为主，风险投资虽然仍然存在但比重下降。而由于企业市场风险和管理风险较大，不一定符合资本市场上直接融资的要求，因此股权融资比重还很小。

4. 成熟期：股权融资 + 改制上市

股权融资，即开办创业投资引导基金，积极鼓励和吸引社会资本投资高新区的中小创新企业，拓宽企业的股权融资渠道，并鼓励处于成熟期的科技型中小企业上市融资。进入成熟期后，随着企业规模的扩大，企业盈利的增加，各方面管理制度的完善，企业融资渠道的选择也逐步增加。这时，由于盈利的增加，企业有能力增加自身积累，将盈余转化为资本。同时，商业银行也比较愿意在这个时期为企业提供贷款，企业可以通过银行贷款来获得资金。符合条件的企业还可以选择上市或发行。

## （四）具体流程

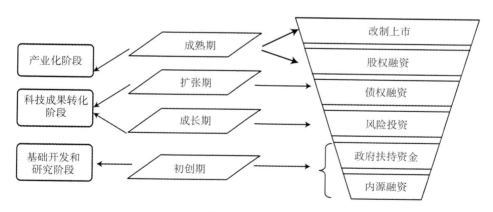

**图 4 – 18　梯形融资模式的具体流程**

# 十九、园区地方城投债融资——2012年大理经济开发投资集团有限公司市政项目建设债券[①]

## （一）案例简介

大理经济技术开发区下属投融资平台大理经济开发投资集团有限公司于2012年4月28日公开发行6.5亿元市政项目建设债券，募集资金全部用于大理市开发区满江片区市政路网工程、大理海东新区1号路下和至大竹园段建设工程、海东新城区华营至中和村道路（2号路）工程、海东城市新区排水管网（一期）工程4个项目的建设。该次债券发行属大理州首次通过发行城投债为市政建设融资。

该债券属无担保债券，发行规模人民币6.5亿元，期限7年，经资信评估机构综合评定，发行人长期主体信用级别为AA－，该债券的信用级别为AA－，债券票面年利率为8.80%，在债券存续期内固定不变。该债券采用提前偿还方式，在债券存续期的第3、第4、第5、第6、第7年末，逐年分别按照债券发行总额20%、20%、20%、20%、20%的比例偿还债券本金。

该债券的偿债资金来源于公司日常生产经营所产生的现金收入，并以公司的日常营运资金为保障。公司通过代建方式投资的满江片区市政路网工程、海东一号路、海东二号路、海东排水管网一期4个项目将由大理州财政局分8年回购，回购资金总额为16.8亿元，形成了发行人未来稳定的收入来源。同时，发行人承担大理经济技术开发区范围内土地资源的一级开发业务，盈利来源主要是土地开发业务收入，发行人截至2010年底拥有储备土地5058.54亩，土地开发收益可为公司提供稳定的现金流入和收入来源。

---

[①] 大理创新工业园区管委会（http://www.dalicx.com/）.

## （二）城投债简介及运作模式

城投债通常指地方政府通过与其有较紧密联系的城市建设投资类企业发行的企业债券，募集资金主要用于市政建设项目，债券的本息由项目产生的收益及政府补贴进行偿还，这类企业债券通常统称为城投类企业债。

城投债是《预算法》对地方发债限制的产物之一，具有"准市政债"的性质。政府一般对发行主体在平台搭建、业务开展、资产注入、收入和利润等方面有政策优惠和财政支持，并且通常对债券的还本付息进行兜底。

城投债的运作模式通常是：融资平台公司通过发行城投债募集资金用于土地收储、基础设施建设等项目，完成土地开发后，通过土地出让获取现金流用于债券偿付，或者基础设施建设完成后通过收费或者政府回购的方式获取现金流用于债券偿付。

## （三）城投债的监管和发行条件

1. 城投债的发行监管

城投债发行的监管主体为国家发改委，监管的法律法规依据主要有：

（1）1993 年 8 月 2 日国务院发布的《企业债券管理条例》。

（2）2008 年 1 月 4 日国家发改委发布的《关于推进企业债券市场发展，简化发行核准程序有关事项的通知》。

（3）《中华人民共和国证券法》、《中华人民共和国公司法》。

（4）2013 年 4 月 19 日国家发改委《关于进一步改进企业债券发行审核工作的通知》。

2. 发行条件

要在公开市场上通过发行债券为融资平台融资，需要满足一定的条件：

（1）企业规模达到国家规定要求，一般要求有限责任公司的净资产额不低于人民币 6000 万元。

（2）企业经济效益良好，具有偿债能力，一般要求发行债券前企业连续三年盈利，最近三年平均可分配利润足以支付债券一年的利息。

（3）累计债券总额不超过公司净资产额的 40%。

（4）已发行的企业债券或者其他债券未处于违约或者延迟支付本息的状态。

（5）最近 3 年没有重大违法违规行为。

（6）发行主体融资平台要具备一定的级别，国家发改委与银行间市场交易商协会根据宏观政策需要和金融体系风险状况设定发行门槛，通常针对副省级以下级别融资平台的限制随意性较大。

## （四）城投债的融资优势

城投债具有融资规模大、期限长且融资成本低、不影响所有权结构等诸多优势，并且还具有可分期发行、资金使用灵活、流动性强、投资者范围广等特点。

1. 城投债利于锁定利率、融资成本低

目前大部分城投债采取固定利率的付息方式，即发行日决定未来几年付息水平。在市场处于低利率周期时，相对于银行贷款，通过发行城投债进行融资，对于锁定长期偿付成本优势明显。并且，通常城投债利率比同期限的商业贷款利率低。

2. 城投债融资的规模大、期限长，有利于控制长期资金成本

城投债的发行规模一般在 5 亿元以上，债券期限大都以 5 年期以上为主，呈现出明显的融资规模大、存续期限长的特点。而银行贷款利率和短期金融工具利率作为国家进行宏观调控的重要工具之一，会受到国家宏观经济政策和产业政策变化的影响，利率水平的波动性较大，融资成本不确定性很强，不利于控制长期资金成本，而发行固定利率的企业债券可以在发行时即锁定长期融资成本，减少成本支出的不确定性对企业经营所造成的不利影响。

3. 发行城投债有利于减轻财务管理上的压力

由于企业债券的存续期限较长，本金一般只需在债券存续期的最后一年归还，发行人每年只需支付当年利息即可，与银行贷款等其他债务融资方式

相比，企业债券融资现金流压力较小，减轻在财务管理上的压力，增加了募集资金使用的灵活性。

4. 城投债募集资金用途较灵活

城投债通常是融资平台根据经营需要所发行，只要不违反有关制度规定，所募集资金可根据自己的需要灵活使用，相比商业贷款和政策性贷款，使用灵活。

## （五）城投债发行程序

城投债的发行一般包括以下几个阶段：

1. 筹备工作

论证发行债券的必要性和可行性；聘请有证券从业资格的会计师事务所完成前三个年度财务报告审计工作。

2. 完成内部审批程序、确定主承销商

按照公司章程规定的程序，完成董事会关于发行债券的内部决策程序；取得出资人同意发债的批准文件；与主承销商签订发行债券的承销协议。

3. 设计融资方案、制作申报材料

与主承销商紧密合作，设计并实施增资方案以达到发债条件；与主承销商紧密合作设计发债方案和信用增级方案；主承销商与国家主管部门积极沟通；主承销商制作完成全套申报材料。

4. 上报申报材料

向属地发改委报送申报材料；协助属地发改委向国家发改委转报申请材料。

5. 补充完善申报材料、与各级主管部门沟通

根据各级主管部门的要求，补充完善申报材料；主承销商和发行人一起与各级主管部门做好积极有效的沟通，确保发债计划全额得到主管部门的支持。

6. 取得国家发改委核准批文

取得国家发改委核准批文。

7. 债券的认购和销售

主承销商组团承销本期债券；发行人协助主承销商组织各类推介活动；协助主承销商完成询价和定价；公开发行；主承销商及时划付债券募集资金。

8. 后续工作

及时向投资者披露有关债券的相关信息；与主承销商一起制定二级市场维护计划，保证债券上市后在二级市场的良好表现；根据发行安排，制定财务计划，保证按时兑付债券本息。

## （六）发行人增资方式

城投债发行条件的限制使得很多融资平台公司难以达到发行条件或者使得发行规模受到限制。因此，对大多数实力较差的融资平台有必要通过增资来提升核心竞争力，从而扩大融资规模，降低融资成本。近年来，随着城投债发行人准入门槛的逐步降低，地方政府融资平台通过发债融资的意愿增强，城投债发行人出现净资产增幅攀升情况越发普遍。

通常，融资平台增资的方式主要有：

1. 土地资产及固定资产注入

土地资产注入是地方政府融资平台增资的最常见方式。土地资产注入的方式可分为出让和无偿划拨。固定资产注入指地上附属建筑或在建工程无偿划拨注入。土地资产的注入能够有效地扩大融资平台的总资产和净资产规模，也能够提高净利润规模。

2. 路网及设施资产注入

路网资产注入可提供较大的净资产增加额度；如果注入有收费权的路网，则有利于提高城投企业的利润水平。

3. 上市/非上市公司股权划拨

政府国有资产监督管理部门将其他国有独资公司作为全资子公司并入融资平台公司或者将非全资国有独资公司中的国有股权转让划拨给融资平台公司，从而能够迅速增加发行人的净资产。

4. 货币资金注入

货币资金注入可通过财政资金注入或控股方资金注入实现。

5. 隐性增资

隐性增资指由于不属于政府直接划拨或出让资产的间接方式使得融资平台公司资产增值。如通过对土地价值重估从而使得融资平台资产增值。

## （七）城投债增信方式

债券的发行定价主要取决于其信用级别。由于融资平台自身涉及偿付能力的基础条件在短期内难以改变，因此主体评级可操作空间不大。但是同一主体发行债券，却可以通过合理的担保偿付措施设计，提升其信用评级，从而降低融资成本。

常见的城投债增信方式主要有：

1. 担保

银行担保、第三方企业担保和担保公司担保是提高债项信用级别的常见和有效的方式。但是，2007 年 10 月，银监会颁布《关于有效防范企业债担保风险的意见》，宣告了银行为城投债担保的结束。

2. 流动性贷款支持

银行承诺当发行人以及债券的担保人对本期债券付息和兑付发生临时资金流动性不足时，为发行人提供流动性支持贷款，该流动性支持贷款仅限于为本期债券偿付本息，以解决发行人本期债券本息偿付困难。该方式可视作银行担保的变种，但该方式的增信效果有限。

3. 应收账款质押担保

通过应收账款质押对债券本息偿付进行担保。融资平台公司承担的基建项目通常较多，故来自政府财政的应收账款易于增信操作，且由于应收账款额大，覆盖债券发行规模倍数较高，增信效果较明显。

4. 土地使用权抵押担保

该种增信方式的效果与土地评估价值有关，通常增信效果有限，一般多与其他增信方式组合使用。

5. 设立偿债基金

发行人设立专项偿债基金账户，根据还款计划，保持该账户资金数量不低于设定值。该增信方式通常与其他增信方式组合使用。

6. 政府回购承诺

政府以回购协议的方式承诺若不能兑付债券本息时，由政府回购发行人的项目，代为偿债。该方式增信效果通常较为显著，但是增信效果基本上取决于地方财政实力。

## （八）城投债融资风险

通过发行城投债进行融资，与银行贷款相比，虽然有很多优势，但是发行人也面临一定的风险：

1. 兑付风险

与银行贷款相比，城投债对按期兑付的要求非常严格。大多数地方政府融资平台公司盈利能力并不强，当发生兑付困难时，在地方政府的支持下，对于银行贷款通常可以进行再安排，对平台公司的运营一般不会造成致命的影响，但是对于城投债，一旦发生兑付危机，后果将非常严重。

2. 信息披露风险

当通过发行债券融资时，融资平台公司必须定期向投资者披露公司最新运营情况和业务状况，任何负面的信息经金融市场放大后都可能对平台公司造成较大的影响。

3. 区域经济波动的风险

城投债的偿付很大程度上需要依靠当地的财政收入，因此，地方经济发展和财政收入将是影响城投债偿还的重要因素。另外，城投债的期限一般较长，在债券的存续期内，区域经济发展具有不确定性，加大了城投债的偿付风险。

4. 监管政策变动风险

监管部门通常会根据宏观政策需要和金融体系风险状况提高或降低城投债的发行门槛，对于大多数级别不高的融资平台公司来讲，城投债的发行成功与否很大程度上取决于监管部门的政策。

5. 宏观经济波动风险

大多数融资平台公司主要是通过土地的开发来获取收益从而为债券的偿

付提供保障。这种单一的运营模式容易受到宏观经济波动和国家宏观调控政策的影响。

# 二十、园区外国政府贷款融资——昆明经济技术 开发区利用德国政府促进性贷款①

## （一）案例简介

昆明经济技术开发区建设项目中利用国外贷款资金的工程项目有污水处理及再生利用工程、环境综合整治工程共两个项目。下面以污水处理及再生利用工程项目作为案例进行介绍。

昆明经济技术开发区环境综合整治项目于 2008 年 12 月获得云发改投资【2008】2254 号云南省发展和改革委员会《可行性研究报告批复》，2009 年 3月 31 日中华人民共和国财政部与德国复兴信贷银行签署该项目 5000 万欧元的《贷款协议》，2009 年 8 月 10 日中国进出口银行与云南省财政厅签订《转贷协议》，2009 年 10 月 9 日云南省财政厅与昆明市人民政府签订《再转贷协议》，2009 年 10 月昆明市人民政府与昆明经济开发区管委会签订《再转贷协议》。项目总投资 132901.55 万元。其中利用德国促进性贷款资金 5000 万欧元，利用进出口银行贷款资金 45000 万元，其余采用国内配套资金。

工程于 2009 年 5 月开工建设，建设内容为：马料河水环境治理工程 6.17千米、宝象河水环境治理工程 12.05 千米、污水厂管网配套工程 93.6 千米（1 万立方米/日，中途提升泵站 2 座）、再生水管网配套工程 132 千米（中途加压泵站 1 座）、黄土坡片区 A - 13 号道路工程（原 B3 号道路）3.38 千米、信息产业基地 2 号道路延长线工程（原 2 号道路）3.7 千米、昆明市普照水质净化厂及配套管网工程（近期 5 万立方米/日，土建 10 万立方米/日，污水

---

① 昆明国家级经济技术开发区管委会（http：//www. ketdz. gov. cn/Views/Index. aspx.）.

管网 30.55 千米），工程总投资调整为 175366.8 万元。项目建设完工后可以改善和保护经开区入滇池河道水环境、节约水资源、改善区域综合环境质量，满足建设环境友好型和资源节约型社会的需要。

## （二）外国政府贷款简介

外国政府贷款是指外国政府向发展中国家提供的长期优惠性贷款。它具有政府间开发援助或部分赠予的性质，在国际统计上又叫双边贷款，与多边贷款共同组成官方信贷。其资金来源一般分为软贷款和出口信贷。软贷款多为政府财政预算内资金；出口信贷为信贷金融资金。双边政府贷款是政府之间的信贷关系，由两国政府机构或政府代理机构出面谈判，签署贷款协议，确定具有契约性偿还义务的外币债务。

根据经济合作与发展组织（OECD）的有关规定，政府贷款主要用于城市基础设施、环境保护等非营利性项目，若用于工业等营利性项目，则贷款总额不得超过 200 万美元特别提款权。贷款额在 200 万美元特别提款权以上或赠予成分在 80% 以下的项目，须由贷款国提交 OECD 审核。

外国政府贷款一般根据贷款国的经济实力、经济政策和具有优势的行业，确定贷款投向范围和项目。其主要特点：一是贷款金额大，利率低，期限长，赠予成分高，便于借款国根据经济发展需要进行统筹计划，集中使用。二是外国政府贷款通常受贷款国财政预算、国际收支、政治倾向、价值观念和外交政策的影响，具有较浓的政治色彩。三是在一般情况下，借款国不能自由选择币种，而必须采用贷款国货币，因而将承担相应的汇率风险。

## （三）使用外国政府贷款应注意的问题

虽然外国政府贷款具有期限长、利率优惠的特点，但是如何合理地利用国外政府贷款，仍然有一些问题需要注意：

1. 汇率风险

借用外国政府贷款一般使用贷款国货币，使用外币贷款均存在汇率风险。

在利用外国政府贷款时，应该充分考虑汇率变化因素，讲求贷款的综合效益，采取各种可能的措施，对汇率风险加以有效防范。

2. 项目选择

选择项目首先要掌握好贷款资金的投向。根据国家产业政策，外国政府贷款应当优先用于能源、交通运输、原材料、通信、农业等基础设施和基础产业，同时也要符合贷款国的政策要求和技术特点。近年来，经济合作与发展组织加强了对政府贷款使用领域的限制，规定政府贷款只能用于较贫困地区的基础设施、扶贫、环保和其他非营利项目，在选择项目时必须考虑到这一点。选择项目还有一个前提条件，即申请使用贷款的项目必须首先完成国内审批手续。凡未批准立项，配套资金不落实，没有还贷担保的项目一律不得借款；还贷欠佳的地方和部门报送的项目，一般也不予考虑新的贷款。

3. 竞争采购

除日本和科威特外，其他国家的政府贷款均为限制性贷款，一般要求物资采购在贷款国内进行，而供货商报价又往往偏高。在这种情况下，要注意选择几家有能力的贷款国厂商参加竞争。日本、科威特采用国际竞争性招标方式对外采购，一般价格比较合理。

4. 债务管理

外国政府贷款项目，不管贷款金额大小，无论出自何种原因，只要不能按时还本付息，不仅影响借款者和项目本身，还会直接影响我国对外信誉。因此，在借用贷款时，更要重视还款，及时制订还贷计划，采取必要措施，切实保证对外按期如数偿还贷款。


## （四）外国政府贷款程序

借用外国政府贷款的一般程序：

1. 相关信息发布

财政部发布外国政府贷款信息公告，公布外国政府对华提供官方发展援助贷款规模、领域、贷款条件、采购条件等信息。

2. 贷款申请

拟借用外国政府贷款的项目单位通过项目所在地发改委向省级发改委提出列入我国政府贷款备选项目规划的申请，并抄送所在地财政部门。

3. 初步审核

省级发改委收到项目单位提出的申请后，征求省级财政部门意见，对申请项目初步审核同意后，由省级发改委向国家发改委提出列入外国政府贷款备选项目规划的申请，并抄送省级财政部门。

4. 发改委审核

国家发改委对上报的外国政府贷款备选项目进行审核，按季度向省级发改委下达备选项目规划，安排外债规模，并抄送财政部。列入备选项目规划的项目自规划下达之日起一年内有效，一年内未列入财政部拟对外提出的外国政府贷款备选项目清单的项目自动从备选项目规划中撤销。

5. 向财政部门申请

列入备选项目规划的项目，地方项目应通过所在地财政部门向省级财政部门提出拟利用外国政府贷款申请。省级财政部门对申请进行评审，对符合要求的项目，省级财政部门向财政部上报申请。

6. 财政部审核

财政部收到省级财政部门的申请后，根据贷款国对项目领域及贷款可用额度对项目进行审核，对符合各项要求的项目，纳入备选项目清单。

7. 贷款前期

列入备选项目清单的项目，由项目单位向省级或国家发改委递交项目审批、核准和备案手续；省级财政部门按照有关固定组织或指导、监督借款人限定代理采购公司、转贷银行开展转贷前期工作；财政部将项目提交外国政府和贷款机构。

8. 贷款实施

对外方未提出异议的项目，项目单位经省级发改委向国家发改委提出资金申请报告；经国家发改委审核批复后，项目单位可组织实施资金转贷，转贷银行对外签署贷款协议，并与借款人签署转贷协议。两年内该项目未签署转贷协议的，该批准文件自动失效。

# 二十一、园区政策性银行融资——中国进出口银行湖南分行对资兴市经济开发区资五工业园的贷款①

## （一）案例简介

随着承接产业转移的推进，郴州的项目建设风生水起，工业园区已成为郴州经济建设的主战场。一方面是工业园区资金需求量大，缺乏贷款条件，融资难；另一方面是作为政策性银行的中国进出口银行网点少、人员少，资金充足却难以落地。为发挥华融湘江银行的客户优势和政策性银行信贷资源优势，实现优势互补，推动共同发展，2012 年，华融湘江银行牵手中国进出口银行湖南省分行，在银团贷款、委托代理业务、中小企业统贷贷款以及园区基础设施建设贷款等领域开展全面业务合作。

为了进一步提升园区经济实力和综合竞争力，资兴经济开发区管委会正式启动资兴经济开发区扩园项目的开发建设，其中，资五产业园出口加工基地一期总投资共计 3.3 亿元，计划五年建成。面对巨大的资金需求，华融湘江银行郴州分行联手政策性银行。华融湘江银行郴州分行作为主调查行和贷款资金监管行，以中国进出口银行湖南省分行作为贷款发放行，由资兴市成诚投资有限公司向中国进出口银行湖南省分行申请项目融资 2 亿元，同时向华融湘江银行郴州分行申请借款保函 2 亿元，以资兴市成诚投资有限公司名下房地产作为反担保抵押。成功解决了资兴市经济开发区资五工业园融资难题，实现了三方共赢。通过借助华融湘江银行与中国进出口银行的银银组合贷款，资兴经济开发区成功获得项目融资 2 亿元，切实保证了园区项目建设的资金需求，将有力地推动园区和地方经济快速发展。

2012 年 9 月，华融湘江银行正式批复同意郴州分行向资兴市成诚投资有

---

① 新华湖南（http://www.hn.xinhuanet.com/）。

限公司提供借款保函，向中国进出口银行湖南分行申请项目融资 2 亿元。此举为资兴经济开发区资五产业园出口加工一期项目开发引来了"源头活水"，也创新了银行业融资模式。该项目是郴州市银行业与中国进出口银行合作的首个项目。

与此同时，通过此次融资模式的创新，华融湘江银行郴州分行与政策性银行的合作也寻找到了新的契合点。进出口银行和华融湘江银行将进一步整合信贷资源，实现客户互荐，不断推出金融创新产品，同时，双方还将积极探索相关业务系统对接，联手解决园区项目建设和中小企业融资需求，提高金融服务效率。

## （二）政策性银行简介

政策性银行是由政府设立的，以贯彻国家产业政策和区域发展政策为目的，其资金主要来源于政策性金融债券的发行及财政拨付，其经营活动不以盈利为目的，但要坚持银行经营管理的基本原则，力争保本微利。

政策性银行的主要职能既有商业银行的一般职能，也有商业银行所不具有的职能，即特殊职能。

一般职能即金融中介职能。政策性银行通过其负债业务，吸收资金，再通过资产业务将资金投入到所需单位或项目，从而担负起金融中介的职能，实现资金从贷出者到借入者之间的融通。

特殊职能有以下四种职能：①倡导性职能。政策性银行以直接的资金投放或间接地吸引民间或私人金融机构从事符合政府政策意图的放款，以发挥其首倡、引导功能，引导资金的流向。②补充性职能。政策性银行的金融活动补充和完善以商业银行为主体的金融体系的职能，弥补商业银行金融活动的不足。主要表现在：对技术、市场风险较高的领域进行倡导性投资，对投资回收期限过长、投资回报率低的项目进行融资补充，对于成长中的扶持性产业给予优惠利率放宽投资。③选择性职能。政策性银行对其融资领域或部门是有选择的，不是不加分别地任意融资。④服务性职能。可以为企业提供各方面的金融和非金融服务，也可以充当政府经济政策或产业政策的参谋，从而显示其服务性职能。

## （三）政策性银行的融资原则

首先，在融资条件或资格上，要求其融资对象必须是在从其他金融机构不易得到所需的融通资金的条件下，才有从政策性银行获得资金的资格。

其次，它主要或全部提供中长期信贷资金，贷款利率明显低于商业银行同期同类贷款利率。

最后，对其他金融机构给予偿付保证、利息补贴或者再融资，从而支持、鼓励和推动更多的金融机构开展政策性融资活动。

## （四）政策性银行与商业银行的关系

### 1. 平等关系

政策性银行与商业银行在法律地位上是平等的。前者依法享有某些优惠待遇，但并无凌驾商业银行之上的权力，否则就会构成对商业银行利益的侵犯。

### 2. 互补关系

商业银行构成一国金融组织体系的主体，承办绝大部分的金融业务，而政策性银行则承办商业银行不愿办理或不能办理的金融业务，在商业性金融业务活动薄弱或遗漏的领域开展活动。两者之间形成主辅、互补而非替代、竞争的关系。

### 3. 配合关系

许多政策性银行因受分支机构缺乏的限制，其政策性业务的开展是间接的，即通过商业银行转贷给最后贷款人。并且，政策性银行对商业银行从事的符合政府政策要求的业务活动给予再贷款、利息补贴、偿还担保等鼓励与支持，在业务上进行一定的监督。故两者之间又有一定程度的配合。

## 二十二、园区融资租赁融资——滨海新区泰达大街的光学仪器公司融资租赁①

### （一）案例简介

位于滨海新区泰达大街的光学仪器公司，成立于 2003 年，主要研发医疗光学仪器和光电子设备，公司原有注册资本 100 万元，属于中小企业，而滨海新区虽然大力开发高科技产业但是该公司规模较小，很难得到资金上的支持，但是该公司发展还需要更新一定的设备，才能有更高的产值。该公司总经理董超经人介绍了解到某金融租赁公司可以进行设备融资租赁，于是其经过仔细考虑，一次性租赁 20 套设备，约定期后由融资租赁公司收回，这样其仅仅用几十万元的当前支出就能使用价值上千万元的设备，而且在使用期结束后由融资租赁公司进行回购，这样其又能有流动资金再次更新设备，对于企业循环经营更加有利。而在税收方面，虽然滨海新区在资金上不能做到对每个中小企业的支持，但是在税收政策上，对融资租赁的方式，滨海新区还是给予相当的政策优惠，在合同签署之后董超表示，这种新的融资方式更有利于中小企业的发展，而且区政府还不用多投入，只是在税收政策上优惠，中小企业就能享受更多的实惠。

### （二）融资租赁介绍

融资租赁这种新金融形式正是适应中小企业这种需求的，融资租赁是市场经济发展到一定阶段而产生的一种适应性较强的融资方式，是集融资与融物、贸易与技术更新于一体的新型金融产品。设备落后是中小企业存在的普

---

① 杨芳. 滨海新区中小企业融资新模式：金融租赁及其税收支持［J］. 特区经济，2011（2）.

遍现象，面对日益激烈的市场竞争，对这些设备进行改造已刻不容缓，但这无疑需要大笔资金，以中小企业目前的经济地位，完全依靠银行信贷或上市融资，既不可能也不现实，在这种情况下简便快捷、信用要求较低的融资租赁不失为解决这一问题的有效补充方式。

## （三）融资租赁税收政策支持

根据我国《合同法》和《融资租赁法》的定义，融资租赁是指出租人根据承租人对租赁物和供货人的选择或认可，将其从供货人处取得的租赁物按融资租赁合同的约定出租给承租人占有、使用，向承租人收取租金，最短租赁期限为一年的交易活动。对于中小企业采用该种形式进行融资活动是十分方便的，而且在税收方面融资租赁业有其他融资方式所不具有的优势。

普通的融资方式，将资金划拨到经营者账户中，经营者自己采购相应设备，需要缴纳较多税费，且经营者需要自己采购，而融资租赁方式则由融资租赁公司采购设备，交由需求公司使用，且在税收方面享受多种优惠，如在2000年《国家税务总局关于融资租赁业务征收流转税问题的通知》有如下规定，"对经中国人民银行批准经营的融资租赁业务的单位所从事的融资租赁业务，无论租赁的货物的所有权是否转让给承租方，均按《中华人民共和国营业税暂行条例》的有关规定征收营业税，不征增值税。其他单位从事的融资租赁业务，租赁的货物的所有权转让给承租方，征收增值税，不征收营业税；租赁的货物的所有权未转让给承租方，征收营业税，不征收增值税"。而在具体的营业税方面，2003年《财政部、国家税务总局关于营业税若干政策问题的通知》（财税〔2003〕16号）明确规定，"经中国人民银行、外经贸部和国家经委批准经营融资租赁业务的单位从事融资租赁业务的，以其向承租者收取的全部价款的价外费用（包括残值）减除去租方承担的出租货物的实际成本后的余额为营业额"。"以上所称出租货物的实际成本，包括由出租方承担的货物的购入价、关税、增值税、消费税、运杂费、安装费、保险费和贷款的利息（包括外汇借款合人民币借款利息）"。该《通知》明确了营业税的范围，扣除了其之间的相关费用，这一规定也使融资租赁公司在现行税制下，名为缴纳营业税，但实际上已经针对融资租赁服务的增值部分缴纳营业税，有利于融资租赁业务的开展，较之以前的分别对待不同主体的税收政策有了很大进步。

而滨海新区中小企业的主体多为科技型企业，需要高科技设备，且设备更新频率较快，采用融资租赁的方式更新设备，成本低，税收优惠，而且由于设备更新较快，由融资租赁公司将原有设备回收会更加节省成本，更有利于公司发展。

# 二十三、园区国外银行机构贷款融资——辽宁省营口经济技术开发区中心医院利用北欧投资银行贷款①

## （一）案例简介

2007 年 11 月，国家发改委批准辽宁省营口经济技术开发区中心医院利用北欧投资银行贷款项目资金申请报告。该项目利用北欧投资银行贷款主要用于购置 X 线电子计算机断层扫描装置、医用磁共振成像设备、全数字化 X 线摄影系统以及彩色多普勒超声诊断仪等医疗设备。该项目贷款金额 200 万欧元，拟进口设备 12 台（套），需 130 万欧元，所需外汇全部为北欧投资银行贷款。

## （二）国外银行贷款介绍

国外银行贷款，是指为进行某一项目筹集资金，借款人在国际金融市场上向外国银行贷款的一种融资模式。

---

① http：//gjs. mof. gov. cn/zhuantilanmu/waiguozhengfudaikuan/.

1. 国外银行贷款的特点

（1）贷款利率按国际金融市场利率计算，利率水平较高。如欧洲货币市场的伦敦银行间同业拆放利率是市场利率，其利率水平是通过借贷资本的供需状况自发竞争形成的。

（2）贷款可以自由使用，一般不受贷款银行的限制。政府贷款有时对采购的商品加以限制；出口信贷必须把贷款与购买出口设备项目紧密地结合在一起；项目借款与特定的项目相联系；国际金融机构贷款有专款专用的限制。国际银行贷款不受银行的任何限制，可由借款人根据自己的需要自由使用。

（3）贷款方式灵活，手续简便。政府贷款不仅手续相当烦琐，而且每笔贷款金额有限；国际金融机构贷款，由于贷款多与工程项目相联系，借款手续也相当烦琐；出口信贷受许多条件限制。相比之下，国际银行贷款比较灵活，每笔贷款可多可少，借款手续相对简便。

（4）资金供应充沛，允许借款人选用各种货币。在国际市场上有大量的闲散资金可供运用，只要借款人资信可靠，就可以筹措到自己所需要的大量资金。不像世界银行贷款和政府贷款那样只能满足工程项目的部分资金的需要。

2. 国外银行贷款的准备工作

在申请国外商业银行贷款之前需要做许多准备工作，必须先提交项目建议书，经过一系列审批程序，然后向国外银行提出贷款申请，同时提交借款人法律地位证明文件、律师意见书、项目可行性研究报告和公司资产负债表以及外国金融机构需要的其他文件等。

之后借贷双方就有关贷款金额、期限、利率、费用、偿还方法等问题进行谈判，达成协议后，双方签订借款合同，借款公司按借款合同的规定分期或一次提取贷款。

# 二十四、运用"设施使用"融资——澳大利亚昆士兰州港口扩建项目①

## (一)案例简介

A、B、C 等公司以非公司型合资结构的形式在澳大利亚昆士兰州的著名产煤区投资兴建了一个大型的煤矿项目。该项目与日本、欧洲等地公司订有长期的煤炭供应协议。但是,由于港口运输能力不够,影响项目的生产和出口,该项目的几个投资者与主要煤炭客户谈判,希望能够共同参与港口的扩建工作,以扩大港口的出口能力,满足买方的需求。然而,买方是国外的贸易公司,不愿意进行直接的港口项目投资,而 A、B、C 等公司或者出于本身财务能力的限制,或者出于发展战略上的考虑,也不愿意单独承担起港口的扩建工作。煤矿项目投资者与主要煤炭客户等各方共同商定采用设施使用协议,做基础安排项目融资来筹集资金进行港口扩建(见图 4 - 19)。

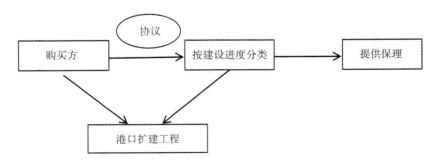

**图 4 - 19　港口扩建工程运用"设施使用"融资**

---

① http://www. in - en. com/article/html/energy - 1414492. shtml/.

第一步，煤矿项目投资者与日本及欧洲的客户达成协议，由煤炭客户联合提供一个具有"无论提货与否均需付款"性质的港口设施使用协议，在港口扩建成功的前提条件下定期向港口的所有者支付规定数额的港口使用费作为项目融资的信用保证。由于签约方是日本和欧洲实力雄厚的大公司，因而这个港口设施使用协议能够为贷款银行所接受。

第二步，A、B、C 等公司以买方的港口设施使用协议以及煤炭的长期销售合约作为基础，投资组建了一家煤炭运输港口公司，由该公司负责拥有、建设、经营整个煤炭运输港口系统。因为港口的未来吞吐量及其增长是有协议保证的，港口经营收入相对稳定和有保障，所以煤矿项目的投资者成功地将新组建的煤炭运输港口公司推上股票市场，吸收当地政府、机构投资者和公众的资金作为项目的主要股本资金。

第三步，港口的建设采用招标的形式进行。中标公司必须具备一定标准的资信和经验，并且能够由银行提供履约担保（Performance Guarantee）。

第四步，新组建的港口公司从煤矿项目投资者手中转让港口的设施使用协议，以该协议和工程公司的承建合同以及由银行提供的工程履约担保作为融资的主要信用保证框架。这样，一个以设施使用协议为基础的项目融资就组织起来了。

## （二）以设施使用协议为基础的融资模式

该融资模式如图 4-20 所示。

## （三）以设施使用协议为基础的融资模式简介

在进行项目融资时，融资的核心是一个工业设施或服务性设施的使用协议，这种融资模式就被称为设施使用协议融资模式。在工业项目中的委托加工协议，即指在某种工业设施或服务性设施的委托者和受委托者之间签订了一个"无论是否提货均需付款"的协议，这种协议也被称为设施使用协议。这种协议的核心是，在融资期限内不论项目设施的使用者是否使用了设备，

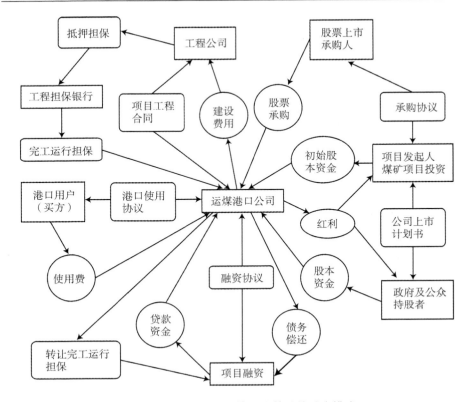

**图 4 – 20　以设施使用协议为基础的融资模式**

都必须给设施的提供者支付合约价格的设施使用费。只有以此为依托项目融资才能成功。贷款的银行作为第三方将这份无条件承诺的合约与项目投资者的完工担保共同保管。一般来讲，事先确定的项目设施的使用费足以支付融资期间项目的各项营运费并能按期还款。

　　这种融资模式的优势是灵活性非常强，可应用于公司型合资结构、非公司型合资结构、合伙制结构或信托基金结构。同时为分散项目承担的风险，节约初始资金的投入，利用设施使用者的信用融资就成为项目投资者的一个不错的选择。

# 后 记

工业进园区可以概括为利用产业集中和聚集的先决条件，把相关和相同的工业项目集中和聚集在一起，规划资源供给，有效地处理和提高环境治理效率，为工业企业创造更好的效益。云南省工业园区发展起步较晚，相对于东部沿海发达地区，全省园区建设水平低、起点低，投入不足，产业集聚度不高，主导产业不突出，特色不明显，产业结构调整主动性不强，管理体制机制创新不够，"行政化"色彩浓厚，园区对区域经济发展的示范带动作用和辐射力仍然较弱，产业不强、园区不活成为制约云南省经济发展的软肋。

针对云南省内园区发展受困于资金投入不足的问题，2015年初受云南省工业和信息化委员会园区处的委托，课题组承担了"云南省工业园区融资体系建设"课题。经过近一年的努力，在园区处的直接领导下课题组先后对27个园区进行了实地调研，收集整理全省130余个园区的信息资料，整理出全省工业园区产业布局、发展规划、财务现状、资金投入等数据，为顺利展开研究奠定了坚实的基础。课题组在研究过程中，恰逢省政府提出《关于推动产业园区转型升级的意见》：全省工业园区转型升级必须坚持5个定位，明确全省工业园区转型升级的7个目标，着力开展10个方面的重点工作，推动园区转型升级和健康发展。课题组紧紧围绕省政府提出的意见，多次召开由省工业和信息化委员会园区处、相关园区领导、银行或相关金融机构负责人、企业等代表组成的专家对课题研究进行评审指导，专家的意见和建议成为课题组研究的动力和方向。在省工业和信息化委员会园区领导的建议下，课题组还专程到部分沿海发达地区考察学习园区融资体系建设的经验，整理和撰写融资案例，使之成为研究课题的重要组成部分。

为顺利完成研究，课题组进行了分工协作。第一章由段春锦、罗宏峰、吕娅娴、铁婧、冯姝姝调研和写作；第二章由杨樱、彭博、段云龙、杨秀伟、马丽、张李丹、王静调研写作；第三章由刘尔思完成写作；第四章由张菁菁、邓威、王艺、葛欣然、闫可完成资料收集整理。刘尔思完成最后统稿和修订。此外，本研究得到云南省工业与信息化委员会工业园区处的指导和帮助，蒲丽合处长多次参与讨论并提供部分研究资料，帮助课题组沟通联系相关园区调研访谈，对研究提出修改意见。工业园区处其他同志也帮助课题组收集整理资料，提供必要的支持和帮助。在课题组成员和工业园区处领导的努力下于2015年11月顺利完成了这一课题的研究工作，在此，一并致以诚挚的谢意。

本研究报告希望能对云南省工业园区的建设发展提供一些帮助，研究报告尚有不足之处，今后的研究还需进一步提高和完善。

云南省工业园区融资体系建设课题组
2016年2月

责任编辑>杜　菲
封面设计>文　丰

云南省工业园区　融资体系建设研究

截至2014年底，国家和云南省各级地方政府先后批准了141个类型、层次不同的工业园区建设(其中已建成120个，在建12个，未建9个)。工业园区的建设，极大地促进了云南工业发展模式的转变，成为云南产业结构调整和新型工业化的样板及其经济增长的引擎。由于云南工业园区建设起步晚、基础薄弱、区域经济发展不平衡等，工业园区建设和发展遇到了许多困难和问题，尤为突出的是园区建设受资金瓶颈制约、财政扶持压力大、资金供给困难、债务成本高等。课题组对云南全部工业园区进行了调研分析，其中重点调研了21家有代表性的工业园区，对园区投融资体制和机制做了深入分析，对园区融资平台、融资方式、融资渠道、融资模式进行了分类设计，同时梳理了各类融资模式的案例，提出构建破解云南省工业园区投融资体系的路径和方法。

ISBN 978-7-5096-4353-2

9 787509 643532 >

经济管理出版社网址:www.E-mp.com.cn

定价：68.00元